Fliegende Teppiche

Simone Wiechern

Impressum

Berliner Straße 14
45966 Gladbeck
bedoumona@yahoo.de

Cover / Illustrationen: Simone Wiechern
Cover Foto: Linda Rosenfeld

Druck: epubli, ein Service der neopubli GmbH, Berlin
Printed in Germany

ISBN Taschenbuch: 9783746788272

Bibliografische Information der Deutschen Nationalbibliothek:
Die Deutsche Nationalbibliothek verzeichnet diese Publikation in der Deutschen Nationalbibliografie; detaillierte bibliografische Daten sind im Internet über http://dnb.d-nb.de abrufbar.

Für mein

Ghanem, Salan

Voller Sehnsucht in Berlin

»Das Glück besteht nicht darin, dass du tun kannst, was du willst, sondern darin, dass du immer willst, was du tust.«

- Leo N. Tolstoi -

Ich lag auf dem einsturzgefährdeten Balkon meiner Wohnung in Berlin Friedrichshain und suchte die Sterne am Firmament. Doch nur ein rabenschwarzer Baldachin war dies im Vergleich zu dem unbeschreiblichen Himmelszelt des Sinai, das ich so sehr vermisste. Das Wetter war jedoch angenehm und ich konnte der Enge der vier Wände entfliehen, meine Isomatte und Bettzeug auf den Balkon verfrachten und meine Augen schließen. Jetzt war es ein Leichtes, mir vorzustellen, ich wäre noch dort; im Land meiner Sehnsucht, wo der Himmel zum Greifen nah war und die Sterne, üppig hingeworfener Diamanten gleich, glitzerten und funkelten. In den Nächten dort hatte mich diese Aussicht bedingungslos glücklich gemacht. Die unzähligen Sternschnuppen konnten einfach mit ihrer Schönheit prahlen, ohne ihrer Aufgabe als Wunscherfüller nachkommen zu müssen. Noch einmal nahm ich den kleinen Sack mit Bergkräutern, den mir eine alte Beduinin geschenkt hatte, unter meinem Kissen hervor und inhalierte den Duft von Weite und Ferne. Kurz vor dem Einschlafen hoffte ich, dies würde mich wenigstens in meinen Träumen wieder an den Ort bringen, der eine ungeahnte Sehnsucht in mir auslöste und vor allem nachts in meinen Gedanken war.

Salim holte uns zwei Taschenlampen und Neoprenschuhe, die schon recht mitgenommen aussahen. Wir wanderten zu einem nahe gelegenen Riff. Er bat mich, dicht hinter ihm in dem knöcheltiefen Wasser zu laufen und mich so langsam und lautlos wie möglich zu bewegen. Wir hatten Neumond und es herrschte absolute Windstille; perfekte Voraussetzungen für unser Vorhaben, wie mich Salim aufklärte. Einzig der Schein unserer Taschenlampen war zu sehen und ich wunderte mich, wie viele Meerestiere wir beobachten konnten. Fische, Schnecken und Seesterne in allen Größen und Farben krochen hier des Nachts über die Riffplatte. Doch erst mal kein Zeichen der Kreatur, die wir suchten. Es war gar nicht so einfach, in dieser stockfinsteren Nacht über die Korallen zu steigen, und ich versuchte meine Füße so vorsichtig wie möglich zu platzieren, um das Riff nicht zu beschädigen. Einige Male rutschte ich aber doch auf dem glibberigen Untergrund aus und ratschte mir die Knöchel an den scharfen Kanten des Untergrunds blutig. Doch Abenteuerlust und Jagdfieber waren geweckt und da hielten mich keine kleinen blutenden Wunden auf. Für Haie war es hier zu meiner Beruhigung nicht tief genug.
Plötzlich blieb der Beduine stehen, hielt mich am Arm und deutete auf etwas in einem kleinen Loch vor uns. Ich zuckte mit den Schultern und sah - nichts. Er leuchtete direkt in den Spalt, und jetzt konnte auch ich etwas erkennen: zwei kleine orange leuchtende Punkte, die das Licht seiner Taschenlampen reflektierten.
Das sind die Augen, gab mir Salim per Zeichensprache zu

verstehen und bückte sich ganz langsam. Dann, mit einer blitzschnellen Bewegung, griff er zu und zog einen kleinen Hummer daraus hervor. Sein strahlendes Lächeln reichte von einem Ohr zum anderen und entblößte eine Reihe schwarz verfärbter Zähne, die dem Riff gefährlich ähnelten. Er bugsierte ihn in den dafür mitgebrachten Stoffbeutel und bat mich, da er scheinbar davon ausging, ich wüsste nun, wie ein Hummer aussah, etwas entfernt neben ihm zu gehen. Ich hatte das sprichwörtliche Anfängerglück. Schon nach einigen Minuten sah ich wieder zwei Leuchtperlen im matten Schein meiner Lampe blinken und winkte Salim zu mir. Als er sah, was ich gefunden hatte, rieb er sich die Hände und forderte mich auf, zuzugreifen. Doch gern überließ ich ihm diese Aufgabe und diesmal lohnte sich der Fang wirklich. Ein wunderschönes Tier hatte er da in der Hand; eigentlich viel zu schade es mitzunehmen, aber mir war klar, dass Salim diesen Fang nie und nimmer wieder hergeben würde. Er sagte mir, es wäre nun genug für unser Frühstück und wir gingen zurück ans Ufer.
Wieder im Camp, entzündeten wir ein Feuer direkt vor seiner Hütte aus den unterwegs mitgebrachten Palmwedeln und ein wenig Holzkohle, die noch in der alten Feuerstelle lag. Noch bevor die Kohle richtig durchgeglüht war, hatte ich schon Tee bereitet und wir erwarteten den Sonnenaufgang. Salim hatte den Hummer in der Zwischenzeit in der Campküche vorgekocht und legte ihn nun für eine Weile auf die glühenden Kohlen. Er bot mir meinen Fang an, aber ich entschied mich für den kleineren. Eine hitzige Diskussion entbrannte, in der mir schnell klar wurde, dass es nur

einen Verlierer geben konnte. Ich nahm also doch den größeren. Gerade als die Sonne hinter den Bergen Saudi Arabiens aufging, hatten wir einen dekadenten Gaumenschmaus, wie ich ihn selten zuvor erlebt hatte.

Das unbarmherzige Klingeln des Weckers holte mich zurück in den Berliner Morgen, der mal wieder grau und trist war. Noch verschlafen schleppte ich mich ins Zimmer. Beton ist härter als Wüstensand. Alle Glieder reckend und steckend ließ ich mich am Frühstückstisch nieder.

»Wie lange willst du eigentlich noch auf dem Balkon nächtigen?«, fragte mich mein Freund mit einem verständnislosen Grinsen auf seinem Gesicht und schob mir die Kaffeekanne herüber.

Ich goss mir die schwarze, wie immer viel zu starke Brühe in meinen Becher und zuckte nur mit den Schultern. Ich war noch ganz gefangen in den schönen Traumbildern, die genau so noch vor einigen Wochen real geschehen waren und von denen ich mich nicht trennen wollte. Dort würde ich jetzt auf das offene Meer blicken, der strahlende Glanz der Sonne würde den Tag zum Leuchten bringen, ich hätte ein Glas Tee in der Hand und Hummer zum Frühstück!

»Gehst du gleich erst in die Uni oder arbeiten?«, brachte mich Klaus wieder in die Wirklichkeit zurück.

»Zur Uni, warum fragst du?«, antwortete ich verträumt.

»Dann können wir zusammen los, ich habe gleich eine Vorlesung.«

»Ich habe ein freiwilliges Tutorium in arabischer Grammatik. Diese ist so umfangreich, da kann ich gar nicht genug lernen, um das jemals zu verstehen. Es gibt Unmengen von

Regeln und noch zahlreicher sind die Ausnahmen dazu.«
»Weißt du mittlerweile, welches Fach du noch studieren willst, um einen Magisterabschluss machen zu können?«, wollte Klaus wissen.
»Ja, ich bin mir aber noch nicht ganz sicher«, entgegnete ich.
»Ich kann dir nach wie vor Politik empfehlen, die Professoren und Angebote sind wirklich hochinteressant an der Freien Universität. Außerdem können Axel und ich dir dann immer mit Rat und Tat beistehen. Dann kannst du dich vielleicht demnächst etwas mehr an unseren nächtlichen Debatten beteiligen, ohne dass wir dir immer die Hintergründe erläutern müssen.«

›Politik verstehen‹, fragte der Zweifel in mir, ›geht das überhaupt?‹
Putativ gingen mein Freund und sein Bruder, der mit uns auf 40 qm lebte und ebenfalls Politik studierte, davon aus.
›Wäre ja mal eine Herausforderung‹, sagte die Kühnheit.

Ich nahm mir erst einmal ein Brötchen, weil es erstens zu früh war, ständig verbal zu reagieren und zweitens, weil meine Gefühle plötzlich anfingen wild durcheinanderzureden. Obwohl ich meinte, noch nicht wach zu sein, waren sie schon putzmunter. Kaum fiel das Wort Debatte, schon fühlten sie sich aufgefordert loszulegen:
›Politik? Brotlose Kunst, für jemanden mit weichem Kern‹, spuckte der Selbsterhaltungstrieb seine Worte verächtlich aus.
›Und doch hoch interessant, würde ich sagen‹, konterte die

Faszination.
›Finde ich auch. Einfach nur auf Demos rennen, ohne die genaue Problematik zu verstehen, ist Kinderkacke‹, sagte die Intelligenz ziemlich resolut und mit einem Vokabular, das sehr untypisch für sie war. Sie war wohl etwas beleidigt, auf diesem Gebiet nicht glänzen zu können.
›Ganz meine Meinung. Ihr bekommt ja mit, dass sie sich selber nie wohlfühlt, wenn sie mit den Jungs zusammensitzt und dem Gespräch nicht ganz folgen kann. Mir geht es dabei auch nicht gut‹, sagte die Zufriedenheit.
›Tatsächlich? Ist mir noch gar nicht aufgefallen‹, neckte die Ignoranz, ›mich interessiert das Weltgeschehen nicht im Geringsten.‹
›Was interessiert dich schon?‹, motzte die Intelligenz recht überheblich.
›Mich interessiert es auch gerade nicht‹, meldete sich der Hunger energisch. ›Müsst ihr schon beim Frühstück solche Diskussionen führen? Lasst sie doch erst mal einen Happen essen.‹
Ich biss in mein Brötchen, das ich mir während des Kopfradios geschmiert hatte und kaute langsam. Ich biss ein weiteres Mal ab und trank einen Schluck Kaffee, der mit dem Brötchen zusammen etwas erträglicher schmeckte. Klaus anschauend antwortete ich auf seine Frage:
»Ich werde mich am besten in die Grundschulpädagogik einschreiben. Mit Kindern verstehe ich mich eindeutig besser als mit Politikern. Politik kann ich als Wahlpflichtfach nehmen. Dann könnten wir einige Kurse gemeinsam belegen und uns die Nächte weiterhin mit euren endlosen

Diskussionen um die Ohren schlagen. Die Hauptsache für mich ist, ich schaffte das alles neben der Arabistik. Die ist mir wirklich wichtig. Je mehr ich über die Kultur und Sprache der Araber erfahre, desto neugieriger werde ich.«
Ich leckte mir den heruntergelaufenen Tropfen Marmelade vom Finger und ergänzte mit verschmitztem Gesicht:
»Wer weiß, vielleicht lasse ich mich ja später einmal in einem arabischen Land nieder, dann finde ich als Lehrerin bestimmt immer einen Job. Womöglich bei einem Ölscheich, dessen 27 Kindern ich Privatunterricht gebe.«
»Klar, der nimmt dich sicher gern in seinen Harem auf«, foppte mich Klaus.
»Was steht denn heute Abend an?«, lenkte ich das frühe Gespräch in leichtere Bahnen.
»Axel kocht frische Spaghetti, um den Parmesankäse zu würdigen, den Muttern mit der Kiste Hauswein geschickt hat. Wann kommst du heim?«
»Ich denke, ich arbeite nach der Uni noch bis circa sechs Uhr und komme dann.«
Wieder einmal wurde mir durch den kurzen Wortwechsel bewusst, wie verschieden Klaus und ich waren. Er, ein Sohn aus sehr reichem Haus, einer, dem alle Türen offenstanden und der seid jeher von seinen Eltern und Verwandten gefördert und gepuscht wurde.
Ich dagegen war in einem kleinen Hotel groß geworden, konnte mir nie irgendeinen Luxus erlauben und Zeit hatte auch selten jemand für mich gehabt.
Ich liebte Klaus, aber immer war da etwas, das mir ganz deutlich sagte, dass jeder von uns über kurz oder lang seine

eigenen Wege gehen würde. Vor allem die klare und immer wieder betonte Aussage von ihm, dass er nie heiraten und ganz sicher keine Kinder haben wollte, machte für mich jegliche Zukunftsplanung mit ihm zunichte.
Ich war in dieser Hinsicht das genaue Gegenteil; wollte sogar mehrere Kinder. Dazu gehörte für mich allerdings ein Mann, der mir das Versprechen gab, mit mir durch gute und schlechte Zeiten zu gehen. Ich war selber mehr oder weniger ohne meinen Vater groß geworden, der über 350 km entfernt lebte und den ich höchstens einmal im Jahr sah. Ich vermisste ihn immer sehr und wünschte mir als Kind nichts sehnlicher als eine heile Familie. Für meine eigenen Kinder wollte ich so einen Zustand nicht. Ich brauchte nicht unbedingt einen Trauschein, aber immer kinderlos bleiben?
Klaus und ich waren jetzt über vier Jahre zusammen und sein Standpunkt hatte sich eher verstärkt, anstatt sich, wie ich insgeheim gehofft hatte, irgendwann in einen Kompromiss umwandeln zu lassen. Ein Leben ohne Kinder war für mich nicht vorstellbar und so versuchte ich schon seid einiger Zeit, eine nötige emotionelle Mauer um mich herum zu errichten.
Nach dem Tutorium und einer Vorlesung in arabischer Geschichte ging ich in die Bibliothek, um an meiner Hausarbeit über die Geschichte des Sinai zu arbeiten.
Die Bibliothek war eines meiner liebsten Gebäude in Berlin. Kaum war ich eingetreten, umgab mich Stille. Die Hektik, die draußen herrschte, hatte hier grundsätzlich Hausverbot. Selbst an der Rezeption wurde im Flüsterton gesprochen,

um die Ruhe nicht zu stören. Die Geräusche der Schritte wurden von dicken Teppichen aufgesogen und es gab gemütliche helle Plätze, an die man sich mit seinen auserwählten Werken zurückziehen konnte.
Meine nachdenklichen Blicke verfingen sich in den Pflanzen der stilvoll hergerichteten Atrien. Ich hatte schon herausgefunden, dass die Sinai-Halbinsel angeblich seit 9000 v. Chr. besiedelt gewesen sein soll, und die meiste Zeit unter ägyptischer Hegemonie stand.
Schon 3200 v. Chr. wurden von den Pharaonen Arbeiter und Sklaven in die Minen von Manghara geschickt, um dort Türkis abzubauen. Da auch Gold und Kupfer im Sinai zu finden waren, blieb er die gesamte vorchristliche Zeit für die Pharaonen ein Landstrich mit Bedeutung. Im Jahr 106 n. Chr. wurde die Halbinsel zu einem Teil der römischen Provinz Arabia Petrae, bis sie 395 an Ostrom fiel.
640 bis 642 eroberten die Araber den Sinai und seitdem gehörte er zur Arabischen Welt.
Im frühen 6. Jahrhundert wurde durch Helena, die Mutter Konstantins des Großen, das Katharinenkloster gebaut, das bis heute nahezu unverändert besteht. Es hatte die ganzen folgenden Jahrhunderte hindurch eine Sonderstellung.
Herrscher stellten das Kloster unter besonderen Schutz. Der Schutzbrief des muslimischen Propheten Mohammed liegt immer noch gut verwahrt in der historisch bedeutsamen Bibliothek des Klosters, wo Historiker bis heute immer wieder sensationelle Funde machen.
1859 hat zum Beispiel Konstantin von Tischendorf bei Durchsicht der alten Schriftrollen die älteste Handschrift

des Neuen Testaments entdeckt. Während seiner nächsten Aufenthalte bei den Mönchen fand er weitere Teile, auch des Alten Testaments, und veröffentlichte sie als Codex Sinaiticus. Viele Touristen besuchen das Katharinenkloster heutzutage, um den brennenden Dornbusch zu sehen, in dem Gott sich Moses als flammende Erscheinung offenbart haben soll, oder um vom nahe gelegenen Berg Mose aus 2285 Metern einen atemberaubenden Sonnenaufgang zu erleben.
Im 11. und 12. Jahrhundert zogen mehrere Male die Kreuzritter durch den Sinai, und Napoleon Bonaparte hinterließ im 18. Jahrhundert seine Spuren im Sand. Er war der Erste, der die kühne Idee hatte, einen Kanal zum Mittelmeer erbauen zu lassen; musste sein Vorhaben jedoch letztendlich wegen grober Vermessungsfehler aufgeben.
1869 wurden Napoleons Zukunftsversionen dann doch noch wahr und der Suezkanal wurde nach zehnjähriger Bauzeit eröffnet.
Bis 1906 war der Sinai dann Teil des Osmanischen Reiches. In der Mitte des 20. Jahrhunderts begann die sogenannte Suezkrise und die Israelis, die kurz zuvor ihren eigenen Staat bekommen hatten, machten ihren ersten Feldzug in die Region.
Ab 1967 besetzten sie den Sinai und gaben die letzten Teile erst im Jahre 1982 gegen ein Friedensangebot durch den damaligen ägyptischen Präsidenten Sadat an die Ägypter zurück.
Die Beduinen blieben all die Jahre hindurch unabhängig und nahezu unberührt von den wechselnden Regierungen.

Erst in der letzten Besatzungszeit durch die Israelis fingen diese an, den Sinai urbar zu machen, eröffneten Farmen, Schulen und Krankenhäuser und boten die zahlreichen Tauchgebiete als Urlaubsziele an. Die Beduinen schwärmen noch heute von den medizinischen Künsten der Israelis und deren Schulen und begrüßten den finanziellen Aufschwung, der durch den Tourismus entstand.

Später an meinem Schreibtisch, in einem ökologischen Landschaftsplanungsinstitut, in dem ich in meinem gelernten Beruf als Bauzeichnerin arbeitete, um mein Studium zu finanzieren, dachte ich weiterhin unentwegt an den Sinai. Während ich 2856 Bäume des Treptower Parks auf einem Plan in verschiedenen Grüntönen ausmalte, blieb fast zu viel Zeit zum Träumen. Ich stellte mir vor, noch einmal ganz auf mich allein gestellt durch den Coloured Canyon zu wandern. Ich war dort bei meinem ersten Urlaub mit Klaus und einem befreundeten Pärchen gewesen. Leider zusätzlich mit einer Gruppe von acht weiteren Touristen, die immun gegen die Schönheit dieser Landschaft zu sein schienen.
Sie hatten sich laufend über unabdingbare Nebensächlichkeiten beschwert und mit ihrer Nörgelei einen Schatten auf dieses unvergessliche Erlebnis gelegt. Nach einem kurzen Abstieg hinunter in den Canyon durchstreiften wir damals staunend das ausgetrocknete Flussbett. Hunderte von Fluten und die Erosionen des Windes hatten hier, wie von Meisterhand eines Malers, Ornamente und unzählige Formen in den farbigen Sandstein geschliffen. Ich war vollkommen hingerissen und

starrte fasziniert in jedes noch so kleine Loch, um immer mehr einzigartige Formkreationen zu erblicken. Das Wasser, das bei Flut durch die Vertiefungen wirbelte, hatte überall kleine Kunstwerke geschaffen. Man sah die verschiedenen Gesteinsschichten meist als Kreise, wie farbenfrohe Baumringe. Von Weiß über verschiedenste Gelb- und Beigetöne bis hin zu dunklen Rot- und Lilatönen erstreckte sich die Farbenvielfalt.

Der Weg wurde an einigen Stellen so eng, dass man hintereinandergehen musste. Dann wieder fiel er über einige Meter ab und wir waren gezwungen, hinunter zu klettern oder teilweise sogar zu springen. Unsere Mitreisenden stöhnten ständig über die Hitze oder den für sie beschwerlichen Abstieg, über Sand in ihren Schuhen und den langen Weg. Ich hingegen war von Anfang bis Ende begeistert, fühlte mich wie ein Kind, das endlich wieder klettern, springen und unendlich viel entdecken darf. Die Hitze nahm ich erst wahr, als die anderen sich über sie beschwerten. Viel zu viele kleine, von der Natur erschaffene Wunderwerke zogen mich in ihren Bann und lenkten mich von den äußeren Umständen ab.

»Ich hab andauernd Sand im Schuh!«, jammerte eine junge Frau gerade. Was erwartete sie? Dass jemand die Wüste für sie frei kehrte? Ich musste mich zurückhalten, um nicht laut loszulachen über diese Bemerkung.

Am frühen Abend hatten wir vier mit unserem einheimischen Fahrer ein Feuer entfacht und uns entschlossen, diese Nacht mit dem Beduinen hier zu übernachten. Unsere Schlafsäcke hatten wir in weiser Voraussicht mitgenommen.

Die stöhnenden Touristen hingegen hatten es vorgezogen, mit den anderen Jeeps direkt wieder ins Hotel zu fahren. Sie freuten sich auf eine Dusche, ihr Buffet und auf die Hotelbar. Mir war es nur all zu recht, dass sie das Weite suchten. Ich verstand nicht, warum sie die bezaubernde Vielfalt dieser Berge nicht ebenso intensiv erlebten wie ich. Das einfache Mahl aus Brot und Bohnen, das uns der Beduine in dieser grandiosen Umgebung zubereitete, zog ich allemal dem hektischen, lauten Schieben am Hotelbuffet vor.

In der nächtlichen Stille, nur unterbrochen von Hundegebell aus weiter Ferne, schliefen wir froh und glücklich unter einem Zelt von unzähligen Sternen ein.

Mitten in der Nacht wurde ich wach und schaute mich um. Der Mond, der fast voll war und direkt über mir stand, ließ die Berge in hunderten von Grau- und Silbernuancen schimmern. Es war so ruhig, wie ich es noch nie zuvor erlebt hatte. Ich setzte mich etwas abseits meiner Freunde, um auch deren Atem nicht mehr zu hören. So tief es ging ließ ich mich auf diese absolute Stille ein. Die Nacht war einfach zu schön, um wieder schlafen zu gehen. Ich blieb sitzen und genoss jede Minute. Ich konnte alles loslassen und jegliche Spannungen der arbeitsreichen Zeit in Berlin im wahrsten Sinne des Wortes, in die Wüste schicken. Obwohl es erst halb vier war, wurde ich hellwach und fühlte mich so stark wie schon sehr lange nicht mehr. Ich hatte das Gefühl, reine Energie zu tanken. Vollkommen losgelöst lag ich auf dem Rücken, über mir zog der Mond seine Bahn und gab mir eine nicht zu erklärende aber äußerst beruhigende

Gewissheit, hier und jetzt vollkommen richtig zu sein. Gemächlich wechselten die Grautöne in ein blasses Violett und der Morgen kündigte sich an. Unser Bergführer erwachte, noch bevor es richtig hell wurde, wusch sich und betete. Der Anblick, wie sich der einsame Beduine dort im Mondlicht vor seinem Gott verneigte, ließ mich nachsinnen, wie alt diese Wüste war und wie sehr dieser Mensch damit verbunden wirkte. Als er zurückkam, half ich Holz zu sammeln, und schaute zu, wie er Tee im offenen Feuer zubereitete. Zwischendurch grinste er mich immer wieder an. Ich denke, er erkannte die Liebe zu den Bergen in meinen Augen, die in dieser Nacht tief in meinem Inneren erwacht war.

Der letzte Baum bekam seinen passenden Grünton. Ab morgen musste ich in die 2856 Bäume ihre Namen schreiben. Obwohl ich ein ausgezeichnetes Arbeitsklima, sehr liebe Kollegen, ein gutes Gehalt und sogar gleitende Arbeitszeiten hatte, konnte ich mich nicht mit dem Gedanken anfreunden, diesen Beruf für immer auszuüben. Es war sinnvoll, was ich tat und trug zum Schutz der Umwelt bei, doch fehlte mir der Bezug zum Leben an sich und oft war es einfach zu langweilig. 2856 Bäume sind sehr viel! Ich saß in einem kühlen Büro im dritten Stock und die Parks und Landschaften, die ich bearbeitete, waren Kilometer weit weg. Zum Teil bekam ich sie nicht einmal zu Gesicht.
Das Studium machte deutlich mehr Freude und brachte mich auf die innerlich spürbare, richtige Spur. Wissen aufzusaugen war für mich so wichtig wie das Atmen. Aber ich hatte zunehmend das Gefühl, in Deutschland lebte man

nur um zu arbeiten und arbeitete nicht um zu leben. Alles kostete viel zu viel Geld und immer musste man irgendwie oder irgendwo mithalten und Dinge anschaffen, die man im Grunde genommen gar nicht brauchte, sondern kaufte, weil die Gesellschaft und die Werbung einem suggerierte, man bräuchte sie. Miete, Strom, Versicherungen, Kleidung, abwechslungsreiche Kost, das alles war teuer in Berlin. Ausgehen, ohne dafür viel zu zahlen, war fast unmöglich - und mein Fernweh in den Sinai war ein weiterer Kostenfaktor.
Ein Zitat von Gabriel Laub brachte meine damaligen Gedanken auf den Punkt: »Unser Leben ist viel schwerer als das unserer Vorfahren, weil wir uns so viele Dinge anschaffen müssen, die unser Leben erleichtern.«
Noch ein paar Wochen musste ich durchhalten und einige Abende bis zum Einbruch der Nacht Bäume an- und ausmalen, beschriften oder schraffieren, dann konnte ich mir ein Ticket leisten und wieder für eine Weile entfliehen ... in das Land der Berge und Kamele. Wo die Menschen um so viel glücklicher erschienen, obwohl sie, nach unseren Standards, fast nichts besaßen. Auch ich benötigte dort kaum etwas und fand ohne viel Geld zu investieren das, was ich am meisten brauchte: Freiheit, Zeit, Ruhe und Horizonterweiterung.

Urlaub im Sinai

»Das Glück muss entlang der Straße gefunden werden, nicht am Ende des Wegs.«
- David Dunn -

Es gab endlich Direktflüge nach Sharm El Sheikh. Bei den ersten Urlauben hatte ich den umständlichen Weg über Ungarn oder die Tschechei nehmen müssen. Das hieß, man musste lange auf Flughäfen warten und die gesamte Flugzeit betrug mehr als 12 Stunden. Außerdem gingen die Flüge mitten in der Nacht. Wie angenehm, diesmal nachmittags, nach nur viereinhalb Stunden zu landen.
Ich konnte es kaum erwarten, den Flieger zu verlassen. Nach dem unterkühlten Flugzeug erschien mir die entgegenschlagende Hitze auf dem Rollfeld wie eine glühende Wand, die zu durchschreiten war. Doch diese heiße und trockene Wüstenluft, die es den Pflanzen erschwerte zu wachsen und zu erblühen, erzeugte in mir genau das Gegenteil. Den ersten tiefen Atemzug gierig eingesogen, kam in mir der Eindruck auf, zu allem fähig zu sein - sogar ohne Angst diesen Bus zu besteigen, der so aussah, als würde er nicht einmal die kurze Distanz vom Flugzeug bis zum Terminal überstehen.
Heil und unbeschadet in der Ankunftshalle angekommen, mischte ich mich in das unvergleichliche Chaos, das dort herrschte. Die Halle war mit Menschen regelrecht vollgestopft, die alle scheinbar planlos durcheinanderliefen. Ich

war froh, dass ich mich inzwischen auskannte und wusste, wo man das benötigte Visum erstehen konnte. Ich war einigen Touristen behilflich, die sich hinter, vor und neben mir, mit ihren Pässen in der Hand ratlos umschauten.
Endlich draußen angelangt hielt ich nach einem Taxi Ausschau und sah glücklicherweise einen Beduinen, der mir als Fahrer aus Dahab bekannt war. Ich sprach ihn an und schnell wurden wir uns über einen Fahrpreis einig.
Nachdem die Touristen, auf die er gewartet hatte, hinzugekommen waren, fuhren wir Richtung Dahab los. Kaum hatten wir das Flughafenareal verlassen, sah ich sie in der Ferne: die Berge. Schier endlos zogen sie sich durch den ganzen Sinai. Ein massiver, sich nur leicht verändernder Ruhepol, der mir sicher auch diesmal wieder etwas von seiner unendlichen Kraft abgeben würde.
Das junge deutsche Paar im Taxi war mir sehr sympathisch. Auch für sie war dies nicht der erste Urlaub im Sinai.
»Sagt mal«, fragte ich sie spontan auf halber Strecke, »habt ihr vielleicht Lust, kurz anzuhalten und eine kleine Pause einzulegen?«
»Ja, warum nicht, wir haben es nicht eilig«, erwiderte die junge Frau.
»Hast du einen Teepott und Tee dabei?« wandte ich mich an den Fahrer.
»Natürlich! Warum?«, war seine von mir erhoffte Antwort.
»Ich hab es so vermisst, unter einer Akazie zu sitzen und Tee zu trinken. Ich kann es nicht abwarten«, frohlockte ich.
Der Fahrer freute sich sichtlich über meinen Vorschlag und hielt nach einigen Minuten an einem schönen Platz mit

einem großen Baum an. Wir sammelten heruntergefallenes Holz der Akazie und entzündeten ein Feuer. Der Beduine bereitete den Tee. Als er ein wenig Fladenbrot aus dem Auto holte, ging auch ich an meine Tasche und steuerte deutschen Käse bei.

»Welch ein schöner Urlaubsanfang«, sagte der Deutsche und seine Freundin und ich nickten zustimmend.

In Dahab angekommen ließ ich mich am »Fighting Kangoroo« Camp absetzen und schmunzelte wieder über das handgemalte Schild über der Eingangspforte, auf dem ein kindlich gemaltes Känguru mit Boxhandschuhen abgebildet war und lachend seine Fäuste gegen eine Palme erhob.

Schon beim Eintreten wurde ich freudig von den beduinischen Betreibern begrüßt. Glücklich, die alte Besatzung wiederzusehen, ließ ich mich gerne, noch bevor ich meine Koffer in mein Zimmer brachte, zu einer weiteren Tasse des typisch süßen Tees einladen.

Ich hatte mit den Angestellten des Camps im vorherigen Urlaub viel Zeit verbracht. Sie langweilten sich oft, wenn sie das Camp, das sich in Familienbesitz befand, beaufsichtigen mussten und ich wollte schon damals alles über Land und Leute herausfinden. Die Jungs waren noch Teenager und ebenso an meinem Leben interessiert wie ich an ihrem. Die meiste Zeit verbrachte ich damals mit Sahi, mit dem ich mich vom ersten Moment an prächtig verstand. Wir konnten über Vieles lachen und er hatte immer Lust, etwas zu unternehmen.

Ich war froh, nicht allein an den Strand gehen zu müssen. Das hatte den Vorteil, dass man nicht permanent von den ägyptischen Shopbesitzern angesprochen wurde. Alle paar Meter wollte mir jemand etwas verkaufen, mich auf einen Tee einladen oder sich mit mir die Zeit vertreiben. Auf diese Small Talks hatte ich selten Lust, vor allem, da sie den Nachteil hatten, dass jeder, mit dem man einmal geredet hatte, einen sofort als seinen Freund bezeichnete und bei jedem weiteren Standbesuch wieder in ein Gespräch verwickeln wollte. Ich bevorzugte alles in Ruhe zu genießen oder von Sahi mehr über die Beduinen zu erfahren. Die Männer in den Cafés und Shops der Promenade waren zum größten Teil Ägypter und für mein Empfinden viel zu aufdringlich. Fast schon penetrant versuchten sie, die Touristen in Gespräche zu verwickeln. Mit einem sehr üppigen Repertoire an zumeist ziemlich flachen Sprüchen versuchten sie die Aufmerksamkeit potenzieller Kunden auf sich zu lenken. Die Beduinen, die nicht so zahlreich vertreten waren, gaben mir hingegen nie das Gefühl, mich in irgendeiner Art zu bedrängen.

Abends gingen Sahi und ich manchmal in die Disco. Aber nachdem er wegen mir einmal von der Polizei kontrolliert und abgeführt wurde, mochte ich dieses Risiko nicht wieder eingehen. Den Einheimischen war es verboten, mit Touristinnen auszugehen, und wir mussten immer aufpassen, nicht von den Beamten erwischt zu werden. Als sie Sahi damals abgeführt hatten, rannte ich vollkommen aufgelöst zurück ins Camp und erzählte den anderen Jungs, was geschehen war. Sie beruhigten mich; man würde Sahi nur so lange in Gewahrsam halten, bis sein Bruder ihn abholen würde. Sahis Familie hätte einen guten Draht zu der örtlichen Polizei. Tatsächlich war er am nächsten Vormittag schon wieder im Camp und erzählte mir, dass sein Bruder ihn nachts noch abgeholt hatte. Für ihn war es nichts Besonderes, als Beduine von der Polizei mitgenommen und verhört zu werden. Mich hatte der Vorfall allerdings so erschreckt, dass ich mich zukünftig lieber an Plätzen mit ihm aufhielt, wo weniger Polizei unterwegs war.

Nachts legte ich meinen Schlafsack neben seinen auf das Campdach und wir redeten oft bis die Sonne wieder aufging. Unsere Unterhaltungen waren wegen der Sprachbarrieren sehr zeitintensiv. Er brachte mir die ersten Worte Arabisch bei und ich verbesserte sein Englisch. Oftmals malte ich ihm Sachen auf, um mich verständlich zu machen, und staunte, wie schnell er lernte. In Berlin dachte ich immer gern an diese ungezwungenen und entspannten Abende mit ihm und freute mich nun, ihn wiederzusehen.

»Wo ist denn Sahi?«, fragte ich Chalid.

»Der schläft wie üblich oben auf dem Dach, faul wie immer«, entgegnete der Teenager lachend. »Wenn du ihn nicht weckst, schläft er sicher noch ein paar Stunden.«

Chalid trug mir meine Koffer in mein altes Zimmer und ich ging den gewohnten Weg zur Dachterrasse, die noch vor ein paar Monaten mein bevorzugtes Nachtlager gewesen war.

Mich leise an Sahi anschleichend, verweilte ich einen Moment an der Brüstung und war beruhigt, die Aussicht noch immer so atemberaubend wie damals vorzufinden. Ein weitläufiger, dunkelgrüner Teppich, aus sich im Wind schwenkenden Palmen, ging über in das kräftige Blau des Meeres und bildete einen malerischen Kontrast zu den

Bergen von Saudi Arabien im Hintergrund.
»Hey, kleiner Bruder, ich bin wieder da«, flüsterte ich leise auf Arabisch und rüttelte den tief Schlafenden sachte an der Schulter.
»Tayeb, tayeb!«, gut, gut!, knurrte Sahi und drehte sich mürrisch weg.
Eine Sekunde später warf er sich blitzartig wieder herum und schaute mich ungläubig aus verschlafenen Augen an.
»Ya marhaba!«, herzlich willkommen!, begrüßte er mich, indem er die Worte extrem in die Länge zog und damit sein Staunen und seine Freude gleichermaßen zum Ausdruck brachte.
»Wie geht es dir?«, fragte er mich.
»Gut! Ich bin unendlich froh, wieder hier zu sein. Wie geht es dir?«
»Müde«, entgegnete er und unterstrich das Ganze mit einem ungenierten Gähnen.
»Ja, so kenne ich dich«, sagte ich fröhlich und freute mich schon, mit ihm noch heute oder morgen zu seiner Familie ins Dorf zu gehen, was er mir beim letzten Mal versprochen hatte.
Bei seinem kargen Frühstück aus Tee und Fladenbrot um vier Uhr nachmittags leistete ich ihm Gesellschaft. Ich erzählte ihm, was ich in der Zwischenzeit gemacht hatte und gab ihm den Walkman, den ich für ihn mitgebracht hatte. Leider hatte Sahi keine Lust ins Dorf zu gehen und vertröstete mich auf morgen. Doch auch am nächsten Tag schlief er morgens sehr lang, mittags wieder und verschob unseren Ausflug erneut um einen ganzen Tag.

Er hatte sich verändert und war nicht mehr der witzige, lebenslustige Typ, mit dem ich im letzten Urlaub so viel Spaß gehabt hatte. Am dritten Tag ließ er sich doch noch überreden und wir zogen los.
Zuerst liefen wir etwa zwei Kilometer am Strand entlang. An einem herrlichen, großen Palmengarten, der seiner Familie gehörte, bogen wir ins Dorf ab. Sofort hefteten sich ein paar Kinder an unsere Fersen und bestürmten Sahi mit Fragen, die zum größten Teil mich betrafen. Bei seinem Elternhaus angekommen, liefen die Kinder zuerst in den Vorhof und riefen immer wieder: »Eine Ausländerin ist da, eine Ausländerin ist da!«
Als ich hinter Sahi auf den Hof kam, erhoben sich alle und gaben mir mit kurzer Begrüßungsfloskel die Hand. Die Familie war diesen Nachmittag vertreten durch zwei seiner Schwestern und deren Töchter. Dazu kamen ein paar Freundinnen aus der Nachbarschaft. Sahi sagte mir, die Mädchen würden mich sicher gut unterhalten und verschwand einfach, bevor ich etwas darauf erwidern konnte. Recht unsicher und verwirrt blieb ich inmitten der Frauen stehen. Doch die bildhübschen Teenagerinnen verwickelten mich schnell und ungezwungen in ein Gespräch und wir hatten keinen Moment einer peinlichen Situation des gegenseitigen Anschweigens. Je nachdem, wie es einfacher war, sich auszudrücken, redeten wir Arabisch und Englisch durcheinander. Die älteste Tochter des Hauses, Solima, sprach gut Englisch und übersetzte für die älteren Frauen, die keine Schule besucht hatten. Wenn ich Arabisch sprach, amüsierten sich die Beduininnen köstlich über meine Aus-

sprache, denn ich schaffte es nie, das »r« zu rollen, was sich für sie wohl sehr spaßig anhörte. Mein Professor auf der Universität hatte sich redlich bemüht, es mir beizubringen, doch nach zehn vollen Minuten gab er entnervt auf und behauptete, ich wolle es vielleicht einfach nicht lernen. Das war natürlich Unsinn, aber wenn ich versuchte, meine Zunge vibrieren zu lassen, kam da immer nur ein »zsss« oder »drrr« heraus.

Sahis Mutter war eine schon damals sehr alt wirkende Frau, mit markanten Falten, die sich vertieften, wenn unsere Blicke sich trafen, da sie mir bei jedem Blickkontakt ein herzliches Lächeln schenkte. Die Gesichter der älteren, verheirateten Frauen waren bis über die Nase mit einem Tuch bedeckt, und ich sah nur ihre Augen, die durch die schwarze Verschleierung, die wie ein Rahmen wirkte, eine erhöhte Ausdruckskraft bekamen. Beim Zuhören ließ ich den Ort auf mich wirken. Das einfach gemauerte und verputzte Haus von Sahis großer Schwester, Aida, bestand aus zwei aneinander gebauten Zimmern. Die Farbe an der Fassade war schon lange nicht erneuert worden. Kinderhände und der ewige Staub hatten dunkle Spuren hinterlassen und an einigen Ecken war der Putz abgebröckelt. Die Türen waren aus einfachem Holz und weder passten die Rahmen in das Mauerwerk noch die Türen exakt in den Rahmen.

›Auf deutsche Wertarbeit scheint hier niemand Gewicht zu legen‹, flüsterte mir die Ästhetik zu.

Ein Bretterverschlag, der etwas abseits stand und nur mit Palmwedeln abgedeckt war, diente als Küche.

Am schönsten war der Vorhof, in dem wir saßen; sehr geräumig und von einigen riesigen Dattelpalmen dominiert, die gerade herrlichen Schatten spendeten. In einer Ecke war neben den Palmen ein wackeliger Zaun gezogen, hinter dem ein kleiner Garten angelegt war. Es war ein bescheidener Wohnort, der jedoch sehr gut durchdacht zu sein schien. Solima, Sahis Nichte, führte mich zwischendurch herum und erläuterte mir dessen Vorzüge. Es gab einen abgegrenzten Platz um die Ecke, an dem die Männer saßen. So konnten sich die Frauen, wenn sie sich trafen, unbeobachtet fühlen. Direkt nebenan, nur durch eine kleine, leicht zu übersteigende Mauer und die zwei Zimmer getrennt, war das Grundstück der anderen Schwester, das in etwa dieselbe Anordnung hatte, nur dass ihre Küche gemauert war. Nach der Besichtigungstour saß ich mit den Frauen und Mädchen auf kleinen Teppichen, die sie schon bei meiner Ankunft ausgebreitet hatten, um eine große, runde Feuerstelle herum, und noch bevor ich mein Teeglas ausgetrunken hatte, bekam ich von einem der Mädchen nachgeschenkt.
Mir fiel auf, dass es immer mehr Kinder wurden, die sich zu uns setzten. Es hatte sich scheinbar herumgesprochen, dass eine Ausländerin zu Besuch war und neugierig wurde ich von ihren fast schwarzen Augen begutachtet. Sie tuschelten und kicherten und zogen wieder ab. Neue kamen. Oder waren die vorher schon mal da gewesen? Ich verlor den Überblick. Es gab sehr viele Kinder hier, stellte ich verzückt fest. Jedes Mal, wenn sie die Hoftür öffneten, versuchten die Ziegen der Familie, sich mit Vehemenz mit durch die Tür

zu quetschen. Beim Hinauslaufen ließen die Kinder die Tür oftmals offen und so war eines der größeren Mädchen gezwungen, alle paar Minuten aufzustehen, um die Tiere wieder nach draußen zu scheuchen. Das war offensichtlich gar nicht so einfach, denn die Ziegen wussten sehr wohl, wo es sich besser leben ließ und das Futter zu finden war. Sie versuchten überall hin zu entkommen, nur nicht zur Tür hinaus. Manchmal mussten ein oder zwei andere Mädchen helfen, um sie endlich doch noch nach draußen zu treiben. Die Situation schien für die Bewohner vollkommen normal zu sein. Keiner schimpfte mit den Kindern oder regte sich über die Ziegen auf.

Gerade kam Sabiha, die ich vom Strand her kannte. Sie hatte mich dort schon des Öfteren beim Backgammon besiegt und damit einige Flaschen Limonade gewonnen. Ihr stets geforderter Gewinn, bevor sie mit Feuereifer zu würfeln begann. Verlor sie, so bekam ich ein Armband, das sie vor meinen Augen mit schnellen, flinken und geübten Handbewegungen aus buntem Stickgarn fertigte. Ich hatte mittlerweile schon eine beachtliche Sammlung dieser Bänder. Ich kaufte den Mädchen gerne hin und wieder welche ab, da ich wusste, dass sie mit dieser Arbeit ihre Mütter unterstützten. Sabiha war fast täglich am Strand und verkaufte diese Bänder, daher sprach sie recht gut englisch und war mir oft eine wertvolle Dolmetscherin.

Kurz vor Sonnenuntergang bereitete Solima Brotteig aus Weizenschrotmehl, Salz und Wasser, während ihre Mutter ein großes Feuer errichtete und entzündete. Der fertige Teig wurde in etwa zehn gleichgroße Fladen geteilt und dann mit einem Rundholz ausgebreitet. Sehr gekonnt warf Solima diese dann von einer Hand in die andere, bis sie sich auf einen Durchmesser von etwa einem halben Meter auseinandergezogen hatten und hauchdünn waren. Die Mutter hatte inzwischen ein gewölbtes Eisenblech über das Feuer gelegt, auf dem die Fladen nun gebacken wurden. Das erste, schön geröstete und noch heiße Stück bekam ich und ergötzte mich sowohl am Geruch als auch am Geschmack des herrlich frischen Brotes. Dazu wurde eine große Schüssel Datteln, die sehr süß und saftig waren, vor mich gestellt, dass mein Gaumen sich mehr als geschmeichelt fühlte.

Früher hatte ich mir, wohl von Vorurteilen geprägt, die muslimischen Frauen grau und unscheinbar vorgestellt. Dieser Nachmittag belehrte mich eines Besseren. Die Beduininnen waren unter ihren schwarzen Umhängen kunterbunt gekleidet und fröhlicher, als ich je eine Runde Frauen erlebt hatte. Sie lachten, redeten und scherzten ununterbrochen und ihre hübschen dunklen Augen versprühten Freude und Lebendigkeit. Als wir auf die Familienzugehörigkeit zu sprechen kamen, stellte sich heraus, dass viele der Mädchen, die sich inzwischen eingefunden hatten, verwandt miteinander waren.

Diese zufriedene Großfamilie beschäftigte meine Gedanken und weckte Sehnsüchte in mir, die tief verborgen trügerisch geruht hatten: Ich erinnerte mich an die Zusammenkünfte bei meiner Großmutter, bei denen alle meine Tanten mit ihren Kindern kamen. Ich hatte mich immer schon Wochen vorher auf diese Tage gefreut. Es herrschte eine ausgelassene Stimmung, gab gutes Essen, nachmittags Kuchen und wir Kinder hatten eine aufregende, zufriedene Zeit. Nachdem ich von Zuhause weggegangen war, wurden die Treffen weniger, meine Großmutter erkrankte und der Familienzusammenhalt löste sich allmählich auf. Mir wurde an diesem Tag bei der Familie bewusst, wie sehr ich im Inneren solch ein fröhliches Beisammensein vermisste. Familie war für mich sehr wichtig. Dies war letztendlich auch der entscheidende Grund, warum ich mit Klaus nicht wirklich glücklich werden konnte. In allen anderen Belangen war er fantastisch. Wir hatten sehr gehaltvolle Gespräche, nie Streit und unsere Beziehung war durchweg positiv geprägt. Uns beiden war es wichtig, den anderen aufzubauen, zu stärken und glücklich zu machen. Aber ich suchte mehr. Ich wollte meine eigene Familie gründen, in der die natürliche Geborgenheit, die man dort erfahren kann, ganz groß geschrieben stehen würde. Deutschland entwickelte sich immer mehr weg vom typischen Familiensystem. Der Individualismus war hoch im Kurs und die Menschen hatten mehr und mehr Lebensabschnittsgefährten als einen Partner, lieber etwas Unverbindliches. Verantwortung schreckte ab und immer mehr Kindern wurde durch die Trennung ihrer Eltern das Urvertrauen geschmälert. Ich sehnte mich nach der konventionellen Art von Beziehungen, wo man, vor allem wenn Kinder vorhanden waren, durch gute und auch schlechte Zeiten gehen und gemeinsam alle Hürden überwinden würde. Nachdem was ich in all den Jahren zuvor gesehen und selbst erlebt hatte, empfand ich mich manchmal als sehr romantisch - aber es war nun einmal

mein Traum. Das Resultat aus einer Kindheit, die mit einem Stiefvater geprägt war, den ich verabscheute und der mir immer zu verstehen gab, dass ich eigentlich nur störte. Er war ein Mann, der uns hart arbeiten ließ und brutal schlug, wenn wir seine Befehle und Aufträge nicht sofort erledigten.
Ich wollte gerne Kinder, aber musste dazu erst einmal einen Mann finden, der das Herz am rechten Fleck hatte, vor allem verantwortungsbewusst war, selber Kinder wollte und mich liebte. Viele Ansprüche? Vielleicht. Meine Hoffnung war noch wohl auf und pfiff bei diesem herrlichen Anblick einer, wie mir schien intakten Familie, fröhliche Melodien.
Bei Sonnenuntergang tauchte Sahi so plötzlich, wie er verschwunden war, wieder auf und wir gingen zurück ins Camp.
Nach einer Woche in Dahab hatte ich genug vom Strandleben. Mittlerweile kannten mich zu viele Ägypter vom Sehen her und ich konnte keine fünfzig Schritte auf der Promenade wandeln, ohne angesprochen zu werden. Wenn ich baden ging, fühlte ich die Blicke der Männer in meinem Rücken.
Es wurde von Jahr zu Jahr schlimmer mit der Anmache am Strand. Die wenigen Beduinen, die man sah, hatten hingegen eine sehr angenehme, zurückhaltende Art.
Sahi hatte leider keine Lust mit mir noch einmal ins Dorf zu gehen. Ich hätte gern noch einen Nachmittag dort verbracht, war aber zu unsicher, um allein zu gehen.
Ich sehnte mich nach der Wüste und weniger Trubel am Strand.

Am nächsten Morgen beim Frühstück dachte ich an einige Szenen aus meinem ersten Urlaub in Ägypten, als ich mit Klaus, Helge und Sabine in dieses wunderschöne Land gereist war.
Wir saßen gerade in Marsa Matruh in einem Restaurant und aßen frischen Fisch, als uns ein Mann in perfektem Englisch ansprach. Wir baten ihn, sich doch zu uns zu setzen und er erzählte uns, er käme ursprünglich aus dem Irak und wäre Vertreter für Wasseranlagen. Durch seinen Beruf bedingt musste er viel in Ägypten umherfahren und langweilte sich meist auf den Fahrten, was bei ihm schnell zu Anfällen von starker Müdigkeit führte.
›Das wundert mich bei dieser extremen Hitze nicht‹, sprach mein Körperempfinden.
Es stellte sich heraus, dass wir für den nächsten Tag das gleiche Reiseziel hatten und so bot uns der freundliche Iraker kurzerhand an, uns nach Siwa mitzunehmen.
Dort angekommen lud er uns zum Essen ein und sagte, er würde in drei Tagen zurück nach Alexandria und dann nach Kairo fahren. Gerne würde er uns wieder mitnehmen. Da die Fahrt mit ihm sehr unterhaltsam war und noch dazu kostenlos, waren wir dankbar und verstauten drei Tage später unsere Taschen wieder in seinem alten Mercedes. Siwa hatte uns mit seinen alten zerfallenen Lehmhäusern und dem grünen Teppich aus tausenden von Dattelpalmen sehr gut gefallen.
Yahya kannte Ägypten sehr gut und hatte immer viel zu berichten, auch über sein Land, den Irak, der zu dieser Zeit im zweiten Golfkrieg steckte. Dort hatte er sich dem

Wehrdienst verweigert und musste nun mit einer langen Gefängnisstrafe rechnen, sollte er je in sein Land zurückkehren. Er vermisste seine Familie dort sehr, denn er war sich bewusst, sie vielleicht für eine unvorstellbar lange Zeit nicht wiederzusehen. Man merkte ihm an, wie sehr er darunter litt. Wenn er erzählte, konnte man die Sehnsucht fast greifen, so stark stand sie im Raum. Wie schon auf der ersten Strecke hatte Yahya einiges an Proviant dabei. Von allem sollten wir probieren und wann immer es eine Möglichkeit an der Straße gab, etwas Neues zu besorgen, brachte er weitere Leckereien, kleine Kuchen, arabische Süßigkeiten und allerlei Obst und Getränke. Wenn wir irgendwo anhielten, zahlte er die gesamte Rechnung. Hin und wieder nahm er auch etwas von unserem Proviant an, lehnte es aber strikt ab, dass wir unterwegs in Restaurants die Rechnung beglichen.

Kurz vor dem Suezkanal stoppten wir an einem kleinen Imbiss an der Straße und bestellten alle wohlriechende Fleischspieße, die gerade frisch gegrillt wurden. Da wir ihn endlich auch mal einladen wollten, sagte ich Klaus während des Essens, er solle doch schnell zahlen gehen, sonst käme uns Yahya sicher wieder zuvor. Das tat Klaus dann auch. Eine fatale Idee, denn nach dem Essen ging unser irakischer Freund wie gewohnt nach vorne, um zu zahlen. Wutentbrannt kam er eine Minute später zurück an unseren Tisch und verlangte lautstark, dass wir unsere Taschen aus seinem Auto nehmen sollten. So wie wir hätte noch niemand zuvor seine Gastfreundschaft beleidigt. Wir wussten gar nicht, wie uns geschah und versuchten den guten Mann zu beruhigen. Doch schon ging er mit schnellen, energischen Schritten zum Auto, öffnete verärgert den Kofferraum und warf unsere Taschen sehr unsanft auf den Boden. Dann setzte er sich ans Steuer und startete den Motor. Ich war schon seit je her sehr harmoniebedürftig, von daher recht diplomatisch und ging schnell an sein geöffnetes Fenster. Nach kurzer Diskussion gelang es mir tatsächlich, ihn zu beruhigen. Ich gab ihm zu verstehen, dass auch wir nur handelten, wie es uns beigebracht worden war und dass auch wir gewisse Traditionen hegten, zu denen es zählt, sich nicht ausschließlich aushalten zu lassen. Er wurde jedoch erst ruhiger, als ich ihm zu verstehen gab, von unseren Eltern so erzogen worden zu sein. Allerdings verlangte er eine Entschuldigung und das Versprechen, ihn nicht noch einmal so zu beleidigen. Fast augenblicklich war er wieder gut gelaunt wie zuvor und wir setzten unsere Reise mit ihm fort.

Am Suezkanal angelangt bestaunten wir die skurrile Aussicht auf Schiffe, die durch die Wüste zu schweben schienen. Der Kanal war tiefer gelegt und aus einiger Entfernung sah man nichts als Sandhügel, durch die sich riesige Frachter bewegten - wie die laufenden Hasen auf einem Schießstand im Vergnügungspark. Wir hatten uns geeinigt, nicht den Tunnel, sondern die Fähre zu benutzen, und ich war etwas enttäuscht, wie unspektakulär und klein der Kanal war. Den erwarteten Palmensaum wie an Flüssen gab es nicht. Das Wasser war überall an den Ufern befestigt und gab dem Wüstenboden nichts von seinem kostbaren

Nass ab. Die Überfahrt dauerte nur einige Minuten, schon saßen wir wieder im Auto und setzten unsere Reise fort. Als wir Yahya zwischendurch mitteilten, dass wir doch nicht mehr so gern nach Kairo, sondern direkt in den Sinai wollten, änderte auch er uns zuliebe seine Reiseroute. Zwar hatte uns Dahab als nächstes Reiseziel vorgeschwebt, aber Yahya schlug uns einen seiner Meinung nach weitaus schöneren Ort vor und setzte uns 70 km nördlich, in Nuweiba ab. Ein letztes Mal lud er uns am späten Abend zu einem opulenten Essen ein und verabschiedete sich. Natürlich durfte er wieder die Rechnung begleichen.
›Von so viel Gastfreundschaft könnten sich deine Landsleute mal ein Scheibchen abschneiden‹, flüsterte mir der Verstand zu.
Ich sah Yahya leider nie wieder.

Doch der Exiliraker hatte nicht zu viel versprochen. Nuweiba war ein bezaubernder, verschlafener Küstenort, der laut Reiseführer, 1971 von den Israelis als Moschaw Neviot gegründet worden war. Im Hintergrund die leuchtend rot schimmernden Berge, vor uns das türkisblaue Meer, Sand, Palmen und wenig Betrieb - endlich genau der Urlaub, wie ich ihn mir gewünscht hatte. Wir bezogen eine Bambushütte und duschten erst einmal, in dem wir uns mehrere Male mit einer alten Dose Wasser aus einem großen Tank über den Kopf gossen. Strom und fließendes Wasser gab es nicht. Es war sehr einfach, aber zutiefst idyllisch.
›Lieber Ruhe als Luxus‹, empfand die Sensibilität, die von der Atmosphäre, die der Ort ausstrahlte, sofort angetan war.

Alles schien sehr ursprünglich und auf das Wesentliche beschränkt zu sein. In der Hütte lagen zwei dünne Schaumstoffmatratzen auf der Erde, die mit sauberen Laken bezogen waren. Am Kopfende ein Kissen und am Fußende eine ordentlich zusammengefaltete Wolldecke. Zwischen den Matratzen stand ein kleiner runder Tisch, auf dem sich ein Windlicht befand, das aus einer abgeschnittenen Plastikflasche gefertigt war und eine halb verbrannte Kerze enthielt; darum waren viele schöne Muscheln drapiert. Statt eines Schrankes gab es nur eine Leine, die sich an einer Wand entlang zog. An der anderen Seite befand sich eine Leiste mit Nägeln. Unter einem Vordach standen zwei einfache Stühle aus Holz. Von dort hatten wir freien Blick zum Meer, das nur einen Steinwurf entfernt zum Baden einlud. Am Strand war niemand.

›Entspannung pur‹, freute sich mein Gemüt.

Am nächsten Morgen war ich extra früh aufgestanden, um den Sonnenaufgang zu sehen. Es hatte sich gelohnt. Die prächtige Veränderung der Farben und das sehr schnelle Emporklettern der Sonne über die Berge, waren Momente, die sich tief in meine Seele brannten. Kein Mensch außer mir war am Strand und ich hatte das Gefühl, die Sonne würde einzig für mich allein dieses Schauspiel aufführen.

Nach dem Frühstück sonderte ich mich von den anderen ab, um mir ein wenig die Gegend anzusehen. In einiger Entfernung erblickte ich eine Gruppe kleinerer Kinder, die Kamele, mehrere Ziegen, Schafe und einen sehr störrischen Esel an einem großen Wasserbassin tränkten. Erst beobachtete ich das mir dargebotene Schauspiel ein wenig,

ging dann näher und holte eine Tüte Bonbons aus meiner Tasche. Sofort von den Kindern umringt, prasselten massenhaft Fragen auf mich ein, die ich damals leider nicht verstand. Die Bonbontüte sprach jedoch für sich und war im Nu leer. Ein kleines Mädchen nahm mich an die Hand und zog mich einfach mit sich.
»Mama tea, Mama tea«, rief sie bittend und zeigte auf das nahe gelegene Dorf. Neugierig wie ich war, ließ ich mich gerne von ihr entführen. Die gesamte Kinderschar folgte uns. Ziegen, Schafe und Kamele ebenfalls. Immer wieder fragten mich die Kinder etwas, worauf ich nur verhalten lächelnd die Schultern zucken konnte. Das Einzige, das ich verstand, war die Bitte um Stifte. Ich hatte einen in meinem Rucksack und gab ihn dem Jungen, der gefragt hatte. Sofort stritten sie sich um das einfache Ding und ich wünschte, ich hätte ihn in der Tasche gelassen. Je näher wir dem Dorf kamen, desto mehr vermischte sich der Kies mit Ziegenkot. Auch die Anzahl der Fliegen nahm mit jedem Meter zu. Sie setzten sich bevorzugt in meine Mundwinkel, was mich ziemlich ekelte, da meine Vorstellung mir Bilder schickte, wo diese Biester eventuell vorher gesessen hatten. Die Kleine ließ mich plötzlich los und kletterte flink auf einen Stein, der neben einem aus alten Brettern zusammengezimmerten Holztor stand und entriegelte die von innen verschlossene Tür. Der mit groben Blocksteinen eingefasste Hof, auf den sie mich führte, war wohl ein beliebter Treffpunkt. Um ein Feuer, in dem ein großes Stück eines Baumstammes glühte, saßen und lagen fünf Männer unterschiedlichen Alters. Sie alle trugen lange, weiße Gewänder.

Als Kopfbedeckung dienten die typischen weißen oder rot-weiß karierten Tücher, die von einem schwarzen Doppelring gehalten wurden. Drei Frauen und ein paar Mädchen saßen ein paar Schritte entfernt. Als ich eintrat, standen die Frauen auf und gaben mir freundlich lächelnd die Hand. Die Männer bemühten sich nicht, erhoben nur eine Hand zum Gruß und warfen mir arabische Worte entgegen, die ich als Begrüßungsfloskeln interpretierte. Ein Teppich wurde ausgebreitet und man lud mich ein, bei den Frauen Platz zu nehmen. Kaum saß ich auf dem Boden, hatte ich ein Glas Tee in der Hand und verbrühte mir die Lippen.

›Haben sie den Tee in den Zucker geschüttet?‹, fragte mich mein Geschmack.

Dass arabischer Tee sehr süß getrunken wird, wusste ich ja nun schon, aber dieser hier war pures Zuckerwasser mit Teearoma.

›Ich sehe die Karies förmlich wachsen‹, gab auch die Vernunft ihren Senf dazu.

Einer der Männer lachte gerade mit weit offenem Mund und entblößte eine Reihe sehr brauner Zähne.

Die Ironie riet mir: ›Vielleicht solltest du nächstes Mal statt Bonbons und Kugelschreiber auch Zahnbürsten mitnehmen.‹

Verschiedene Versuche der Frauen, sich mit mir zu verständigen, blieben ohne Erfolg und ich nahm mir an diesem ersten Tag bei den Beduinen fest vor, arabisch zu lernen. Der Klang der beduinischen Sprache war sehr melodisch, erschallte wie Musik in meinen Ohren und ich wollte zu gern wissen, was mir die Menschen hier erzählen konnten.

Es war sehr eindrucksvoll für mich, einen so unverfälschten Einblick in das Leben der Beduinen zu bekommen, aber dass ich nicht in der Lage war, mich mit ihnen zu unterhalten, bereitete mir Unbehagen. So beobachtete ich für eine Weile die mir präsentierten Alltagsszenen. Hinter den Frauen spielten zwei kleine Jungen ohne Hosen im Kies und steckten alles in den Mund, was sie mit ihren Patschehändchen ergreifen konnten. Ihre Gesichter waren verschmiert und um den Mund herum klebten kleine Kiesel. Bei jeder ihrer Bewegungen flogen zahlreiche Fliegen auf, nur um sich Sekunden später wieder in ihre kleinen süßen Gesichter zu setzen. Die Jungen schienen sich daran gewöhnt zu haben und beachteten sie nicht. Die Mütter zeigten denselben Gleichmut. Zwei Männer erhoben sich und verschwanden grußlos. Das Mädchen, das mich hergeführt hatte, bat ihre Mutter um etwas. Die Mutter beachtete sie nicht. Das Mädchen wurde lauter und fordernder, doch die Mutter unterhielt sich weiter mit einer anderen Frau, ohne das Mädchen auch nur im Geringsten wahrzunehmen. Es begann an der Kleidung ihre Mutter zu zerren und bettelte nun regelrecht. Auf einmal herrschte die Mutter ihre Tochter in lautem Ton an und schubste sie ziemlich barsch auf den Kiesboden. Jetzt fing die Kleine an zu heulen und versuchte, ihren Willen mit verweinten, Mitleid erzeugenden Blicken durchzusetzen und fragte abermals. Während die Mutter weiter mit der anderen Frau redete, zog sie ein Portemonnaie aus dem Dekolleté und gab ihrer Tochter einen Geldschein. Diese wischte sich schnell mit ihrem Hemdärmel den Rotz aus dem Gesicht,

lachte und rannte nach draußen. Einige Minuten später kam sie mit einer Packung Keksen zurück. Jetzt wunderte mich die Eindringlichkeit des Mädchens nicht mehr. Ihre Beharrlichkeit hatte sich in diesem Fall gelohnt. Ohne Aufforderung gab sie mir und den Jungen etwas ab - den Fliegen sah man die Partystimmung an.
Mit Zeichensprache versuchte ich, den Frauen nach dem dritten Glas Tee klarzumachen, dass ich nun zurück musste, und ebenso gestikulierend entgegneten sie, dass ich wiederkommen sollte. Es schien für diese Familie ganz und gar normal zu sein, mich als völlig Fremde in ihr Haus einzuladen, und ich fragte mich, ob mir so etwas jemals in Deutschland passieren könnte - höchst unwahrscheinlich.
Wieder im Camp trieb uns mittags der Hunger in ein kleines Restaurant am Strand. Dort setzten wir uns an einen der drei niedrigen Tische, die auf Teppichen standen. Unter den bunten Flickenteppichen befanden sich Matratzen und Palmstämme, die als Rückenlehne dienten. Die großzügig verteilten, farbenfrohen Kissen luden zur Gemütlichkeit ein. Am Nachbartisch schlief ein Beduine mit einem über sein Gesicht ausgebreiteten Kopftuch. Ich machte es mir zwischen den vielen Kissen auf dem Boden bequem. Ein Sudanese begrüßte uns ausgesprochen freundlich und empfahl ein beduinisches Gericht mit Huhn. Das Huhn wurde mit Kartoffeln, Tomaten, Zwiebeln Zucchini und einigen Gewürzen in Aluminium im Feuer bereitet und schmeckte hervorragend. Besser hätte ich in Berlin in einem der teuersten Restaurants nicht essen können. Nach dem opulenten Mittagstisch rauchten wir gemeinsam mit dem

Sudanesen eine *Shisha,* eine arabische Wasserpfeife, und genossen die bequeme Art, sich auf dem Boden zu lümmeln.
»Welcome, welcome!«, tönte es plötzlich neben uns. Ein hochgewachsener Beduine, in strahlend weißem Gewand, mit einer dick gefütterten Weste, sprang leichtfüßig über die Kissen und setzte sich ohne Aufforderung zu uns.
›Wie kann dieser Mensch bei 45 Grad im Schatten eine mit Fell gefütterte Weste tragen?‹, fragte sich mein Verständnis.
›Frag ihn doch!‹, konterte der Wissensdrang, aber der gut gelaunte Beduine gab mir keine Gelegenheit dazu.
»Woher kommt ihr?«, fragte er frei heraus.
»Aus Deutschland.«
»Ahhh, deutsche Leute mag ich sehr gerne«, sagte er auf Englisch. Und mit »Guten Tag, wie geht es Ihnen? Alles Scheiße heute und dem Lied, Alle Vögel sind schon da ...«, präsentierte er uns seine Deutschkünste in einer bemerkenswerten Schnelligkeit und Auswahl. Er selbst lachte am lautesten über sein Repertoire.
»Wenn ihr wollt, kommt später zu der großen Hütte dort drüben«, fuhr er fort und zeigte auf einen verfallenen Wellblechschuppen.
»Da treffe ich mich am Abend mit meinen anderen Freunden. Die sind wirklich nett. Ich heiße übrigens Soliman, und Ihr?«
Während er wieder aufstand, stellten wir uns alle vor. Theatralisch schüttelte er jedem mit einer überschwänglichen Verbeugung die Hand. Daraufhin ging er, ebenso plötzlich wie er aufgetaucht war, drehte sich im Gehen noch

einmal kurz um und rief, bevor er zwischen den Palmen verschwand: »Ich erwarte euch!«
Da wir keine anderen Pläne hatten, schlenderten wir nach Sonnenuntergang an den beschriebenen Platz. Wir klopften und wurden eingelassen. Schon an der Tür schlug mir ein süßlicher Geruch in die Nase. Mich umschauend ahnte ich, woher der Duft kam. Um einen alten Eisentisch herum saßen ein paar Beduinen und einige israelische Touristen, die ein riesiges Schillum, eine indische Haschischpfeife, rauchten. Wir waren junge, experimentierfreudige Studenten und so nahmen auch wir, nachdem wir zwischen den anderen Platz genommen hatten, die Pfeife entgegen und ich inhalierte den Rauch wohl etwas zu reichhaltig. Ein heftiger Hustenanfall war das Resultat, während sich für kurze Zeit alles um mich herum drehte. Als mein Gleichgewichtssinn sich wieder eingependelt hatte, erreichte ich nach kurzer Zeit einen Zustand absoluter Freude und Gelassenheit. Ein breites Grinsen setzte sich in meinem Gesicht fest und verblieb dort den Rest des Abends. Unser Gastgeber nahm ein Leinensäckchen aus seiner Innentasche und ich traute meinen Augen nicht. Zum Vorschein kam ein riesiges Stück Haschisch, von der Größe und Form einer Tafel Schokolade, nur doppelt so dick. Es hatte einen in Rot aufgedruckten libanesischen Stempel mit dem Symbol der Zeder. Er brach es in vier Teile. Nachdem er etwa drei Viertel wieder in seiner Westentasche verstaut hatte, nahm er das abgebrochene Viertel zwischen seine Handballen, zerdrückte das Stück und ließ es auf den Tisch rieseln. Das zu Bröseln zerfallene Haschisch schüttete er in eine große

Tasse und fügte den Tabak einer ganzen Schachtel Zigaretten hinzu. Dann stopfte er wieder und wieder die Pfeife und drehte einen Joint nach dem anderen. Kleine, dicke, dünne, sogar einen, der wie eine Mistgabel aussah und drei Tüten auf einmal beinhaltete. Das Drehen von Joints schien sein liebstes Hobby zu sein, er war geradezu ein Perfektionist auf diesem Gebiet. Wir rauchten wörtlich bis zum Umfallen. Denn nach circa einer Stunde kippte der erste Israeli einfach nach hinten über, Gott sei Dank auf eine Matratze und schlief an Ort und Stelle ein. Unser Gastgeber legte ihm, mit einem Grinsen, das mich an die Katze aus »Alice im Wunderland« erinnerte, eine Decke über und fuhr fort, uns zu unterhalten.

Mein Freund und ich erwachten in unserer Hütte. Ich hatte nur noch eine schemenhafte Erinnerung, wie wir inmitten der Nacht zurückgeschlendert waren. Noch am Morgen fühlte ich mich wie in Watte gepackt und nach der ersten Zigarette hatte ich das Gefühl, erneut vollkommen benebelt zu sein. Ich musste dringend ins Wasser. Wir wollten den Tag mit der Literatur unserer Semesterarbeiten am Strand verbringen und schnorcheln gehen. Das Equipment dafür gab es günstig bei dem Sudanesen im Restaurant zu leihen.

Man musste beachtlich weit hinaus laufen, um in tiefes Wasser zu gelangen, aber es war den langen Weg mehr als wert. Kaum hatte ich die Taucherbrille aufgezogen und war über die Riffkante abgetaucht, wurde ich regelrecht erschlagen von der Fülle der Meeresbewohner und schimmernden Farbvielfalt unter Wasser: Korallen in allen Größen und Formen, Schwämme und Muscheln, die sich

sofort schlossen, sobald ich ihnen zu nah kam und Unmengen verschiedener Fische, wohin ich auch blickte. Das Wasser war tiefblau und glasklar. Ich hatte schon gehört, dass das Rote Meer ein Tauchparadies sein sollte, doch so schön hatte ich es mir im Traum nicht vorstellen können.
Die überwältigende Unterwasserwelt zog mich völlig in ihren Bann und ich merkte erst an meinen brennenden Schultern, dass ich schon viel zu lang schwamm und staunte. Das Gefühl, eine ganz neue Welt zu entdecken, stieg in mir empor. Dazu kam die himmlische Ruhe unter Wasser.
›I want to be - under the sea‹, sang mein Gemüt fröhlich.
Am Abend trafen wir wieder den Meister des Jointdrehens, der uns erneut in seine Wellblechhütte einlud. Doch wir waren uns einig, dass wir nicht noch einmal solch einen Abend überleben würden, und lehnten dankend ab. Wir trafen am blauen Bus andere Beduinen und einige Touristen, die sich um ein Feuer versammelt hatten. Der Beduine, dem dieser Platz gehörte, hatte sich eine Küche in einen alten Bus gebaut, ihn blau angemalt und bewirtete davor auf den typischen Sitzgelegenheiten am Boden seine Touristen. Die Beduinen erzählten einiges über ihr Leben und die Touristen über Erlebnisse von hier und aus fernen Ländern, die sie bereist hatten.
Wir saßen nun unsere restlichen verbleibenden Tage am Abend dort.
›Hier erfährst du weit mehr über die zeitgenössische Welt dort draußen als in deiner gesamten Schulzeit‹, stellte die Erkenntnis fest.

Das Frühstück war beendet und ich entschied, nach Nuweiba aufzubrechen. Sahi war etwas traurig, aber ich wollte mehr über die Beduinen erfahren und das ging in Nuweiba besser.

Dort war es noch genau so, wie ich es in Erinnerung hatte. Ich bezog eine kleine Hütte am Strand und stürzte mich ins Meer, das mich immer stärker in seinen Bann zog. Stundenlang schwamm ich an dem Riff entlang und entdeckte immer wieder neue Fische und Korallen. Ein kleines Paradies unter der Oberfläche. Am Strand konnte man sich frei bewegen, ohne unangenehm angesprochen oder beobachtet zu werden. Sowohl die Einheimischen als auch die Touristen waren erfrischend freundlich zueinander. Man lächelte sich an und sprach mit jedem, den man traf, ein paar Worte. Abends saß ich mit den Beduinen und den anderen Urlaubern am Feuer und trank mehr Tee als in Berlin über das ganze Jahr verteilt. Wenn ich müde wurde, nahm ich meinen Schlafsack und legte mich zum Schlafen an den Strand. Einige Beduinen taten das auch und hatten mir versichert, hier absolut sicher zu sein, sie würden schon auf mich acht geben. Wo konnte man dies noch als alleinreisende Frau?
Morgens erwachte ich von dem Geräusch der Wellen und der aufgehenden Sonne. Das Schlafen im Sand war zwar hart, aber wie Balsam für meinen immer wieder schmerzenden Rücken. Gleich am zweiten Tag traf ich vor meiner Hütte die Kleine wieder, die mich damals mit ins Dorf genommen hatte und ließ mich gerne wieder von ihr an die Hand nehmen und zu ihrer Familie führen - nicht ohne eine eigens für diesen Ausflug mitgebrachte Tasche mitzu-

nehmen. Die Familie freute sich sehr, mich wiederzusehen, und ich verteilte ein paar Geschenke. Für die Frauen hatte ich Parfum und Cremes, für die Kinder Zahnbürsten, Stifte und Süßigkeiten. Meiner kleinen Freundin Chadidscha schenkte ich eine Puppe. Ihre großen staunenden Augen, als sie das Babyimitat das erste Mal schwenkte und dieses ein lautes »Mama« von sich gab, waren unvergesslich. Sofort wollten alle anderen, selbst die Erwachsenen, die Puppe einmal ausprobieren und das Lachen nahm kein Ende mehr. Ausnahmslos alle Anwesenden wurden plötzlich zu fröhlich verspielten Kindern. Dass mein Geschenk so viel Heiterkeit auslösen würde, hatte ich nicht vermutet und war daher sehr angenehm überrascht. Die Mutter bat mich, am nächsten Tag zum Mittagessen zu kommen. Ich erschien dort nachdem der Muezzin zum *Al Suhar*, dem Mittagsgebet, gerufen hatte. Der Hausherr hatte extra für mich eine Ziege geschlachtet. Ich wurde aufgefordert, mit Selma, der ältesten Tochter, getrennt von der Familie zu essen. Wir bekamen eine riesige Platte Reis vorgesetzt, auf deren Mitte ein Berg Fleisch lag, der rundherum sehr dekorativ mit Gurken- und Tomatensalat verziert war. Dazu gab es das köstlich schmeckende, frische, noch warme Fladenbrot und eine Schüssel mit Suppe. Das unerwartet äußerst zarte Ziegenfleisch schmeckte fantastisch. Mir wurde zwar ein Löffel angeboten, aber ich versuchte, wie Selma mit der Hand zu essen. Das stellte sich als gar nicht so einfach heraus, denn man durfte nur die rechte Hand benutzen. Die linke Hand galt bei den Moslems als unrein. Ich nahm wahr, dass sich mittlerweile sehr viele Leute eingefunden hatten.

Über den ganzen Hof waren Gruppen mit Menschen verteilt, die sich über das Festessen sichtlich freuten. Der Hof leerte sich recht schnell wieder, nachdem das Essen beendet war. Ein paar Frauen und eine ganze Schar junger Mädchen halfen der Hausherrin aufzuräumen und abzuwaschen. Als ich ein paar Gläser zusammenstellen wollte, wurde ich sehr energisch daran gehindert, mich nützlich zu machen. Ein Mädchen brachte mir schnell ein Kissen, dazu ein Glas Tee und unterstrich damit den Wunsch der Gastgeber, ich solle es mir gemütlich machen und das süße Nichtstun genießen. Nachdem alle Arbeiten erledigt waren, setzte sich Selma zu mir. Sie hatte bis vor Kurzem noch bunte Bänder, selbst genähte Hosen und anderes Beduinenhandwerk an Touristen verkauft und sprach recht gut Englisch. Auch Hebräisch konnte sie, wie sie mir stolz erzählte. Als wir kurz allein waren, vertraute sie mir an, dass sie nächste Woche heiraten würde und wie glücklich sie wäre, einen so tollen Mann wie Ateiek gefunden zu haben.
»Durftest du dir deinen Mann selber aussuchen«, fragte ich neugierig.
»Ja, Allah sei Dank, ich kenne ihn schon, seit ich denken kann. Er wohnt direkt nebenan, und so kann ich immer nah bei meiner Familie bleiben. Er hat mir ein sehr schönes Haus gebaut - mit drei Zimmern!«, ergänzte sie hocherfreut.
»Wäre es schwer für dich, in eine andere Gegend zu ziehen?«, bohrte ich weiter.
»Misch mumkin - nicht möglich!«, schoss es aus ihr heraus, und sie nahm schnell die Hand vor den Mund, damit die

deutschen Kekse, die sie genussvoll knabberte, nicht folgen konnten. Mit vollem Mund zu sprechen war hier anscheinend nicht tabu.

»Hier sind alle meine Freundinnen, und wenn mir mein Mann später einmal Ärger machen sollte, sind meine Brüder und meine Familie gleich zu Stelle.«

»Wie alt bist du?«, wollte ich noch wissen. Sie wirkte auf mich wie ein unbedarfter Teenager.

»16, im Frühling werde ich 17«.

»Oh, das ist aber sehr jung«, gab ich zu Bedenken, »bist du dir wirklich schon sicher, dass er der Mann deines Lebens ist?«

»Das war ich schon, als ich noch klein war«, entgegnete sie vollkommen überzeugt. »Außerdem will ich mein eigenes Haus haben. Hier bin ich die Älteste und muss für die ganze Familie von Hand waschen, aufräumen, Essen kochen… eben alles machen, das im Haus anfällt. Du hast gesehen, wie groß unsere Familie ist. Erst einmal nur für einen da zu sein und zu sorgen, wird wunderbar werden.«

»Wer waren denn die anderen Leute, die eben beim Essen da gewesen sind?«

»Wenn bei uns oder den anderen Familien eine Ziege geschlachtet wird, spricht es sich oft durch die Kinder schnell herum und die ganze Nachbarschaft kommt vorbei«, klärte sie mich auf. »Jeder ist überall willkommen! Es ist nicht vorstellbar, einem Gast das Essen zu verweigern.«

»Und wenn das Essen nicht ausreicht?«, fragte ich weiter.

»Es reicht immer. Wenn nicht viel da ist, essen eben alle weniger.«

Ich musste an meine Oma denken. Sie hatte ein Geschirrhandtuch besessen, auf dem eingestickt war: »Fünf sind geladen, Zehn sind gekommen, gieß Wasser zur Suppe, heiß alle willkommen.« Es schien früher in Deutschland ähnlich gewesen zu sein. Heute kommt das wohl eher selten vor.
»Womit verdient deine Familie euer täglich Brot?«
»In unserer Familie sind alle Fischer. Schon seit Generationen. Mein Vater hat ein Boot und meine Brüder gehen fast täglich mit Netzen fischen. Siehst Du die drei Tiefkühltruhen dort?«
Sie zeigte auf einen aus groben Brettern gezimmerten Unterstand.
»Die sind randvoll! Oft fahren wir alle zusammen für einige Tage oder manchmal sogar Wochen an fischreiche Plätze und trocknen den gefangenen Fisch. Meine Brüder verkaufen diesen dann an die Beduinen in den Bergen, die sehr selten weder frischen noch getrockneten Fisch bekommen. Meine Mutter und ich übernehmen den Fischverkauf hier im Dorf.«
Wir gingen zusammen zu den Truhen und stolz zeigte sie mir, was ihre Familie erwirtschaftet hatte. Große und kleine Fische waren in Plastikkisten nach ihrer Art unterteilt und bis zum Deckel gestapelt. Auch einige Oktopusse waren darunter.
Als die Mutter des Mädchens mir später ein Nachtlager anbot, war ich wieder überrascht, wie weit die Gastfreundschaft der Menschen hier ging. Ich schlug ihr Angebot dreimal aus, das bedeutete, dass ich wirklich zurückwollte. Gerade am Vortag hatte ich mich erkundigt, warum

mir immer alles mehrfach angeboten wurde, obwohl ich doch schon dankend abgelehnt hatte. Das wäre bei den Wüstenbewohnern so üblich, wurde mir erklärt. Oft würden Menschen aus Höflichkeit oder Verlegenheit etwas ablehnen, was sie eigentlich doch gern hätten und so blieben ihnen noch zwei weitere Chancen, es sich anders zu überlegen oder ihre Scham zu überwinden. Sehr zutreffend und geschickt gelöst, fand ich.

Nach etwa einer Woche in Nuweiba erzählte mir ein Israeli im blauen Bus, von einem nahen Ort namens Ras Gitan. Das bedeutete Teufelskopf. Seine Schilderungen des Touristencamps dort klangen jedoch trotz des erschreckenden Namens sehr verlockend und ich entschloss mich mit ihm und einigen anderen israelischen Touristen, am Morgen dahin aufzubrechen.

In Ras Gitan war ich die einzige Europäerin. Es gab ansonsten nur Beduinen und Israelis und ich dachte schon bei der Ankunft, in die Flower-Power-Zeit zurückversetzt worden zu sein. Die Mädels trugen wallende, bunte Röcke, die Herren indische Wickelhosen und eher selten ein Shirt darüber. Tagsüber malte ich, schrieb oder ging schnorcheln. Abends trafen sich alle im einzigen Café bei einem großen Feuer. Es wurde musiziert, über Gott und die Welt palavert und vor allem viel gelacht. Jeder mochte den anderen. Schon nach ein paar Tagen hatte man das Gefühl, in einer großen Familie zu leben, in der Toleranz, Verständnis und die Liebe zum Leben großgeschrieben wurden. Ich traf dort auf viele Beduinen, die mit mir mein beliebtes Frage-und-Antwort-

Spiel spielten. Es machte ihnen sichtlich Freude, dass ich mich so sehr für ihr Leben interessierte. Mehrmals wurde ich mit ins Dorf genommen und bei den Frauen abgesetzt, wo ich mein Spiel weiter treiben konnte.
Da sich damals noch sehr wenige Touristen nach Ras Gitan verirrten, war das Riff sehr gut erhalten und ich war hellauf begeistert, dass die Vielzahl der Farben und Fische, die ich bisher gesehen hatte, hier noch übertroffen wurde. Eines Nachmittags, als ich am Strand lag und aufs Meer hinaus schaute, sah ich nicht weit vom Riff entfernt eine Gruppe von sechs Delfinen, die munter mit hohen Sprüngen durch das Wasser schossen. Zusammen mit den Farben des nahenden Sonnenuntergangs war der Anblick atemberaubend.
Beim täglichen Schnorcheln hatte es mir ganz besonders ein kleiner Tintenfisch angetan. Er hatte es sich in einem alten Autoreifen bequem gemacht, der wohl schon Jahre hier im Meer lag. Er war so sehr mit in allen Farben leuchtenden Korallen und Algen zugewachsen, dass man ihn kaum noch als Reifen erkennen konnte. Der Tintenfisch schien nicht im Geringsten Notiz von mir zu nehmen und gab mir die Möglichkeit, ihn ausgiebig zu beobachten. Der deplatzierte Gegenstand war sein Stammplatz, denn wann immer ich zu der Stelle schnorchelte, fand ich ihn in seinem kleinen Reich.
Die Zeit der Abreise nach Deutschland nahte. Mein Magen verkrampfte sich bei dem Gedanken an den bevorstehenden Abschied. Mir wurde immer öfter schwindelig und in Intervallen überkam mich eine leichte Übelkeit. Eine

typische Körperreaktion, wenn mir etwas bevorsteht, dem ich gar nicht freundlich gesonnen bin. Tief im Inneren wollte ich wohl nicht mehr weg von hier. Die Abende mit den Beduinen und den Israelis am offenen Feuer waren mir so lieb und vertraut geworden, dass der Gedanke an das graue Alltagsleben in Berlin mir sehr zusetzte. Am Vorabend der Rückreise war ich ein in mich verschlossenes Bündel der Trauer. Ich lag allein vor meiner Hütte, direkt am Strand, auf den wunderschönen sauberen Steinen, und schickte ein Versprechen in den mit Sternen übersäten Himmel: Es wird nicht viel Zeit vergehen und ich komme wieder. In das Land der Stille, der Beduinen und der malerischsten Farben unter und über Wasser.

Jetzt oder nie

»Der Ausgangspunkt für die großartigsten Unternehmungen liegt oft in kaum wahrnehmbaren Gelegenheiten.«
- Demosthenes -

Wieder zurück in Berlin war es leider eindeutig zu kalt, um auf dem Balkon zu nächtigen. Ich ging so viel wie möglich nach draußen, da ich mich, in meiner doch eigentlich gemütlichen Wohnung, wie eingesperrt fühlte. Wenn ich am Schreibtisch saß, sah ich direkt gegen eine Wand. Selbst auf dem Balkon wurde mir von umstehenden Häusern die Sicht versperrt. Meine Gedanken konnten nicht schweifen, mein Horizont war zu beschränkt. Der einzige Ort, an dem ich mich noch richtig wohlfühlte, war der Park nahe der Uni.
Dick angezogen saß ich an einem der wenig sonnigen Tage auf einer Bank und öffnete einen Brief von der Freien Universität, den ich am Morgen erhalten hatte. Ich war zusätzlich in Grundschulpädagogik und Politik angenommen worden. Schnell packte ich meine Sachen zusammen, um sogleich Klaus die freudige Botschaft mitzuteilen. Da wir in Ostberlin immer noch keine eigene Telefonleitung bekommen hatten, ging ich auf dem Rückweg in eine Telefonzelle und rief gut gelaunt meinen Vater an. Bisher hatte ich mein Studium selbst finanziert, aber mit drei Studienfächern war dies nicht mehr möglich. Noch war ich überzeugt, er würde stolz auf mich sein. Nachdem ich ihm von der erfolgreichen Immatrikulation berichtet hatte, kam

er recht schnell zu dem mir unangenehmen Thema. Er hatte mir schon meine Ausbildung als Bauzeichnerin finanziert und ich konnte seinen Unmut, jetzt wieder für mich zahlen zu müssen, gut verstehen. Die Summe, die er letztendlich bereit war, mir zu geben, reichte jedoch unmöglich aus, in Berlin zu studieren. In Grundschulpädagogik hätte ich viele Praktika zu absolvieren und währenddessen kaum Zeit zum Arbeiten. Das Arabistik-Studium war sehr schwer und kostete mich viel Zeit am Schreibtisch und in der Bibliothek.

Ich war zutiefst niedergeschlagen, da ich keine Möglichkeit sah, gewissenhaft zu studieren und gleichzeitig noch ausreichend für meinen Lebensunterhalt aufzukommen. Mein Herzensfach, die Arabistik aufzugeben, war keine annehmbare Alternative für mich. Einen Kredit aufzunehmen jagte mir höllische Angst ein. Bafögberechtigt war ich nicht, und Schulden zu machen war etwas, das mir schlaflose Nächte bereiten würde. Mich von Klaus aushalten zu lassen ebenfalls. Er riet mir, meinen Vater zu verklagen.

›Ausgeschlossen!‹, rief das Gewissen, ›das könnte sie nie, dafür ist sie ihrem Vater viel zu dankbar, dass er schon ihre Ausbildung ermöglicht hatte.‹

Außerdem liebte ich meinen Vater und hätte das allein aus diesem Grund nie tun können.

Eine Woche überlegte und rechnete ich und kam immer wieder zu dem gleichen Ergebnis: Ich würde es nicht schaffen. Zumindest traute ich es mir nicht zu. In den kommenden Nächten konnte ich nicht einschlafen und vergoss viele Tränen. Ich ging lustlos zum Frühstück, saß lustlos an der Arbeit und hing lustlos in unserer Wohnung herum. Als ich eines Morgens meine verquollenen Augen im Spiegel sah, traf ich eine Entscheidung, die mein gesamtes bisheriges Leben auf den Kopf stellen sollte.

Eine neue Zufriedenheit und Zuversicht war plötzlich in mein Spiegelbild zurückgekehrt. Ich zog mich in Windeseile an und rannte beinahe zur U-Bahn. Am Kurfürstendamm stieg ich aus und stand ein paar Minuten später vor meinem Ziel. Ich atmete tief durch und sah in den sich spiegelnden Scheiben immer noch die mutige Zuversicht in den Augen, die die letzten Tage so leer gewesen waren.
»Sie schon wieder?«, begrüßte mich der alte, libanesische Reisebürobesitzer herzlich. »Wie geht es Ihnen?«
»Bald wieder richtig gut, hoffe ich«, war meine Antwort. »Wann geht der nächste verfügbare Flug in den Sinai?«
»Moment bitte, ich schau mal nach.«
Er setzte sich suchend vor seinen Computer, während ich aufgeregt von einem Fuß auf den anderen trat. Die Plastikblumen auf dem Tresen erinnerten mich an die Rezeption des Camps in Dahab. Da hatte ein ähnliches Sträußchen den Tisch geziert, genauso kitschig und genauso verstaubt.
»Am 14. November, also in knapp drei Wochen habe ich einen günstigen Platz frei ... aber warten sie ... nein, da gibt es keinen passenden Rückflug. Dann ...«
»Den nehme ich!«, platzte es aus mir heraus, »ich fliege one way.«

Noch am selben Tag gab ich auf der Arbeit meine Kündigung bekannt, schrieb einen Brief an die Uni zur Exmatrikulation und berichtete Klaus von meinen Plänen. Er war einerseits betrübt, mich gehen sehen zu müssen, andererseits konnte er mich sehr gut verstehen. Meine unstillbare Liebe zum Sinai war oft Inhalt unserer Gespräche gewesen und manchmal glaubte ich, Klaus hatte als einziger eine ungefähre Ahnung, wie stark diese Verbundenheit war. Ich hatte oft erwähnt, dass ich gerne einmal für längere Zeit dort leben würde, aber nie gedacht, den erforderlichen Mut dazu aufbringen zu können. Mein Freund war derselben Meinung: Eine akademische Ausbildung ohne ausreichende finanzielle Mittel sei kaum zu bewältigen und konnte nachvollziehen, dass ich diesen ungeheuren Tiefschlag erst einmal allein verarbeiten musste. Drei lange Jahre hatte ich damit verbracht, neben meinem Job als Bauzeichnerin mein Abitur nachzuholen, immer mit der Vorfreude auf das anschließende Studium ... Und jetzt das!

Meine Freunde hatten für mich eine sensationelle Abschiedsparty veranstaltet und gaben mir viele gute Wünsche mit auf den Weg. Eine meiner besten Freundinnen, die den Sinai schon mal mit mir bereist hatte, fragte mich, ob ich zum nächsten Semester zurückkommen würde. Während ich mit der Antwort lange gewartet hatte, wurde mir bewusst, dass ich darauf keine klare Antwort hatte. Ich sagte ihr, ich wüsste es nicht. Die Enttäuschung, nicht studieren zu können, war allgegenwärtig und niederschlagend. Ich war soweit mir vorzustellen, eventuell gar nicht mehr wiederzukommen. Denn da war zusätzlich diese ganz starke Sehnsucht nach einer Familie, so wie es damals bei meiner Großmutter noch war oder wie ich sie bei den

Beduinen kennengelernt hatte. Ich sagte ihr, ich würde das kommende Semester voll ausnutzen, um die Sprache zu lernen und mir Klarheit über meine weitere Zukunft zu verschaffen.

Drei Wochen später stand ich mit 90 Kilo Gepäck am Flughafen.
In Sharm El Sheikh gelandet, entschloss ich mich, von dort aus zuerst nach Dahab zu fahren und Sahi einen Besuch abzustatten. Er war sehr angenehm überrascht, mich schon so bald wiederzusehen.
Was mir in Dahab am besten gefiel, waren die Abende, an denen ich mit anderen Touristen in die nahe liegenden Wadis fuhr, um dort zu übernachten. Es gab für mich nach wie vor nichts Schöneres, als bis spät in die Nacht hinein mit den beduinischen Fahrern zusammen zu sitzen und mir aus ihrem Leben berichten zu lassen. Hungrig nach immer neuen Einblicken in ihre Traditionen und Gebräuche, ließ ich mich mit Informationen füttern. Da die Fahrer sehr begrenzt englisch sprachen, wuchs außerdem mein arabischer Wortschatz recht schnell. Sprachen ließen sich meines Erachtens wesentlich besser lernen, wenn man versuchte, sie zu sprechen. In der Universität war man der Sprache sehr theoretisch begegnet und ich freute mich nun, sie endlich praktisch anwenden zu können.

Abjad

»Wer Großes versucht, ist bewundernswert,
auch wenn er fällt.«
- Lucius Annaeus Seneca -

Da mein Geld sich rapide verringerte, musste ich mir etwas einfallen lassen, wie ich den verbliebenen Rest sinnvoll einsetzen konnte, um hier über die Runden zu kommen. Vielleicht hätte ich in Berlin besser noch eine Weile arbeiten sollen, um mir ein Startkapital anzusparen, aber ich war so frustriert und trotzig gewesen, dass ich mich von meinen Gefühlen geleitet zu diesem schnellen Abflug entschlossen hatte. Bisher hatte ich es nicht bereut, aber etwas musste geschehen, wenn ich nicht bald betteln gehen wollte.

Seitdem ich Deutschland verlassen hatte und hier, viel mehr mit mir selbst konfrontiert war, kam es immer öfter vor, dass meine Gefühle tief in meinem Inneren aus dem Nichts heraus aufkommende Konversationen abhielten.
›Jetzt wäre es gut, ein Kamel zu besitzen‹, sprach in mir die Abenteuerlust plötzlich, als ich eines Morgens im Wadi gerade meine Sachen verstaute, ›dann könnten wir noch hierbleiben.‹
›Au ja!‹, jubelte die Muse.
›Welch verrückte Idee!‹, konterte der Verstand.
Die Touristen, mit denen ich zum Übernachten in die Wüste gefahren war, drängten jedoch vehement zum Aufbruch an

den Strand und unterbrachen meine Gedanken. Ich hingegen schätzte bei diesen Ausflügen besonders die frühen Stunden. Daher wachte ich schon mit dem Sonnenaufgang auf und nutzte die Zeit der morgendlichen Frische, durch die stille Einsamkeit der Wüste zu laufen. Immer weiter die schmalen Pfade hochsteigend, erfreute ich mich an der nahezu unberührten Schönheit der Wildnis, den Farben, Pflanzen und den verschiedenen Steinformationen. Sie inspirierten mich, meine kubistische Ader auf Papier zu übertragen. Wenn ich mich stark auf eine Felswand konzentrierte, sah ich nach einiger Zeit Gebilde, manchmal gar Szenen, die sich aus dem Gestein heraus schälten und mich geradezu drängten sie malerisch festzuhalten. Das Skizzenbuch war mein ständiger Begleiter. Mir wurde nie langweilig, ich konnte wandern, meinen Gedanken freien Lauf lassen, schreiben, oder auch einfach nur den verspielten, schwarz-weißen Vögeln bei ihrer Morgentoilette zusehen. Manchmal meditierte ich und war nicht überrascht, wie viel schneller es mir in der kargen Landschaft gelang, Klarheit aufzubauen. Wenn ich manchmal zu lange wegblieb oder die Abfahrt der anderen Touristen absichtlich nicht wahrnahm, musste ich zu Fuß, circa eine Stunde, zum Ort zurückmarschieren. Ich fuhr immer mit denselben Beduinen in die Wüste und diese wussten inzwischen, dass sie mich ruhig einfach zurücklassen konnten. Ich lief gerne zu Fuß, allerdings ging der Rückweg durch eine wenig einladende, mit Müll überhäufte Ebene, deren Weg sich unbarmherzig in die Länge zog.
Auf die Dauer war das nicht erquickend und so schien mir

auf einer Rückfahrt, eingezwängt zwischen den Touristen, auf der Ladefläche eines Pick-up sitzend, der abenteuerliche Gedanke, ein Kamel zu besitzen, äußerst praktisch. Außerdem könnte ich mit einem eigenen Wüstenschiff Safaris für die Touristen anbieten, damit Geld verdienen und gleichzeitig endlich auf eigene Faust die wirkliche, tiefe Wüste erkunden. Ich war mit einem Mal wie besessen von meiner spontanen Idee und kannte mich gut genug; wenn mich einmal ein Vorhaben so richtig gepackt hatte, musste ich es einfach verwirklichen. Schon allein aus der Angst davor, mir später einmal vorwerfen zu müssen, ich hätte eine Chance zu neuen Horizonten verpasst. Zurück im Camp erzählte ich Sahis Cousins von meiner Idee. Ihre Familie besaß auch Kamele und sie boten mir begeistert ihre Zusammenarbeit an. Gleich setzten sie sich mit mir unter den Schatten spendenden, großen Baum im Camp und gemeinsam entwickelten wir unternehmungslustig Routenpläne.

›Du solltest es versuchen. Was hast du zu verlieren?‹, bestärkte mich die Abenteuerlust beim Einschlafen.

›Falls es sich als zu schwierig herausstellt, kannst du das Tier jederzeit wieder verkaufen‹ wurde sie vom Tatendrang unterstützt.

Die Vernunft resultierte: ›Das könnte sogar eine vielversprechende Geldanlage sein.‹

›Und wenn du runterfällst und dir das Genick brichst?‹, wimmerte die Angst.

›So ein Quatsch! Halt dich doch einfach da raus, du Weichei‹, konterte der Mut energisch und die Angst ver-

kroch sich schnell hinter den dicksten Gehirnwindungen.
Eine außergewöhnlich große Sternschnuppe, die in diesem Moment vom Himmel fiel und einen langen leuchtenden Schweif hinterließ, erschien mir als gutes Omen.
›Siehst du‹, sagte der Aberglaube, ›wenn das kein klares Zeichen war.‹

Am nächsten Mittag bat ich Sahi frohen Mutes, einen Beduinen zu suchen, der ein Kamel zu verkaufen hatte. Endlich, nachdem er mich über eine Stunde lang überzeugen wollte, ich sei nun komplett verrückt, da Kamele schon Menschen getötet hätten und meine Idee ihm ganz und gar nicht behagte, zog er trotz alledem zähneknirschend los. Er sah ein, es war sinnlos, mich umstimmen zu wollen. Tatsächlich fand Sahi jemanden, und der nette Beduine, den er mitbrachte, versicherte mir, sein Kamel wäre ein ganz liebes Exemplar und ich würde sicher ohne Probleme mit ihm zurechtkommen. Etwa eine Stunde später stand der Verkäufer mit einem ungewöhnlich hellen, fast weißen Kamel vor mir. Es war Liebe auf den ersten Blick. Mit Sattel und gefülltem Futtersack erstand ich das schöne Tier für mein gesamtes restliches Geld.
›Du setzt mal wieder alles auf eine Karte‹, hatte die Skepsis noch versucht, meine Entscheidung zu beeinflussen, aber der Wille war stärker und fand immer neue Gründe, warum ich bei meinem Entschluss bleiben sollte.

Ich war entzückt. Die stolzeste Kamelbesitzerin, die man sich vorstellen kann. Manchmal glaubte ich, dass der Stolz, der den Beduinen tief im Blut verankert liegt, nicht zuletzt

auf die Herrschaft über solch Respekt einflößende Kreaturen zurückzuführen ist. Die beeindruckenden Wüstentiere haben durch ihren überheblichen Gesichtsausdruck und den ständigen Kaubewegungen, die sie vollführen, einen Ausdruck zwischen Erhabenheit und absoluter Gleichgültigkeit. Ich reichte dem Hengst gerade mal bis zur Halsbeuge und dies realisierend glaubte ich Sahi augenblicklich, dass dieses Tier mich innerhalb einer Sekunde töten könnte. Daher entschloss ich mich, ihm meine Freundschaft vorerst in Form einer großen Portion Futter und einigen Leckereien anzubieten. Er nahm sie begeistert entgegen und fraß sie mir mit seinem weichen Maul vorsichtig aus der Hand.
›Okay, ihr seid zumindest keine Feinde und sicher hat er keinen Grund, dir etwas zu tun‹, sprach die Zuversicht.
›Aber immer schön vorsichtig, nimm bloß Abstand‹, wimmerte die Angst schon wieder, wurde aber vom Mut mit einem resoluten: ›Wimmer nicht ständig!‹, zurück in ihre Ecke gedrängt.

An diesem ersten Tag war ich zu aufgeregt, ihn direkt zu reiten, und wollte das zarte Band der Freundschaft, das ich gerade spann, nicht überstrapazieren, sondern vorerst lieber mit noch mehr Leckereien verstärken. Mit einem Zeichenblock auf den Knien setzte ich mich zu ihm in den Sand und skizzierte ihn. Zwischendurch warf ich ihm immer wieder Melonenschalen in seinen Trog. Ich schaute mir das fertige Bild an und schrieb darunter Abjad, das arabische Wort für die Farbe Weiß. Er hatte seinen Namen bekommen. Als ich das Datum zufügte, fiel mir auf, dass wir den 6. Dezember hatten.

Die Freude schnurrte: ›Was ein schönes Geschenk wir uns bereitet haben.‹
Die Zufriedenheit stimmte ihr zu.
Als der neue Tag sich gerade dem Rest der Dunkelheit entledigte, ging ich hinaus und hängte Abjad den als Zubehör mitgekauften Futtersack um, der immer noch halb voll war. Somit bekam er sein Frühstück und hatte gleichzeitig keine Möglichkeit, mich vielleicht doch noch zu beißen. Mit dieser großen Futtertasche, die über den halben Kopf reichte, war sein Maul gut gesichert. Der alte Besitzer hatte mir gesagt, man dürfe einem Kamel nie trauen, nicht einmal, wenn man es schon eine Ewigkeit besäße. Ich nahm mir seine Worte zu Herzen und ließ besondere Vorsicht walten. Vom Beobachten und Hinhören wusste ich, dass man *»jiiiierch«* sagen und das Kamel am Seil dabei nach unten ziehen musste, um ihm verständlich zu machen, dass er sich hinlegen sollte.
Ich sagte: *»jiiierch«*, und zog am Halfter. Nichts passierte.
Ich zog abermals am Halfter, etwas strenger und sagte lauter: *»jiiierch!«*
Das Kamel schaute mich verwundert an und fraß gemütlich weiter.
Die Selbstironie fing lauthals an zu lachen, aber die Wut schaute sie grimmig an und schubste die Nebenniere, die sofort etwas Adrenalin ausschüttete.
Ich wurde etwas ungehalten von dem Durcheinander in mir, sagte noch lauter und deutlicher: *»JIIIIIIEEERRRCH!«*, und zog mit meiner ganzen Kraft das Seil nach unten.
Da entzog mir Abjad mit einem kräftigen Ruck seinen Kopf.

Das Seil schürfte die Innenflächen meiner Hand auf.
›Holla!‹, erschreckte sich die Angst, die von dem Adrenalin in Alarmbereitschaft versetzt wurde.
›Verflixt!‹, wetterte das Schmerzempfinden.
Die Vernunft befahl mir: ›Ruhe bewahren! Er will wohl direkt zu Beginn deine Kräfte messen und seine Grenzen austesten.‹
Mir war klar, dass sich in diesem Moment entscheiden sollte, wer hier wem gehorchen würde. Ich war geladen und stand unter extremer Spannung. Mich vorbeugend, um meine Wut tief auszuatmen und Kraft zu schöpfen, fiel mir zufällig ein besonders schöner Stein ins Auge. Ich hob ihn instinktiv auf, da ich, seit ich denken kann, einen absoluten Faible für besondere Steine habe. Plötzlich bewegte das Kamel seinen Kopf abrupt zur Seite.
›Was war denn jetzt?‹, fragte die Aufmerksamkeit.
Er hatte unerwartet Angst vor irgendetwas. Das war gut. Schnell nahm ich den Zügel, schaute ihn grimmig an und sprach: *»jiiierch!«*, zog das dicke Seil nach unten und »juchuuuh!«, er legte sich hin.
›Wovor hatte er jetzt solche Angst gehabt?‹, fragte der Verstand. ›Warum parierte er auf einmal?‹
Die Erinnerung, die gute Seele, schickte mir Bilder von ein paar Beduinenjungen auf ihren Kamelen und ich realisierte den Stock, den einer in der Hand gehalten hatte. Das war es also. Er dachte, ich würde nach dem Stock greifen, der direkt neben dem Stein gelegen hatte. So weit so gut. Aber wie sollte ich denn jetzt den Sattel auf das Kamel bekommen? Ich hatte ihn bisher nur einmal abgenommen.

Mein Bestes versuchend hievte ich ihn hinauf, schnallte die Gurte fest und das Ergebnis schien ganz akzeptabel.
›Also rauf da‹, rief die Abenteuerlust vergnügt und stieß dabei die Nebenniere an, die sich sofort ihrer Aufgabe bewusst wurde. Leicht zitternd, aber vollen Mutes, ritt ich los. Die Wüste rief!
Am Anfang lief alles prima, ich zog das Seil links herum, das Kamel ging nach links, ich zog das Seil rechts herum, er lief nach rechts und wenn ich das Seil stark an mich heranzog, blieb Abjad brav stehen.
›Super!‹, rief die Zufriedenheit, ›der Sonne entgegen. *Jallah!*‹, Los!
Wir gingen einfach immer der Nase nach, geradeaus, über Müll und ungepflasterte Wege, bis wir nach ca. 20 Minuten den bewohnten Teil Dahabs verließen und in Richtung Lagune marschierten.
›Ganz schön hoch, hier oben‹, winselte die Angst.
›Dafür hast du einen schönen Ausblick‹, erwiderte die Ästhetik.
›Und wenn das Kamel jetzt losgaloppiert und du runterfällst?‹, argwöhnte die Angst weiter.
›Ach, lass dich bloß nicht von der Memme anstecken und genieße es einfach‹, riet mir der Mut.
›Das werden wir tun, also Ruhe jetzt‹, beendete der Tatendrang die Diskussion.
Langsam konnte ich mich auf meine momentane Existenz in dieser wundervollen Umgebung einlassen. Einmal dem Ort und dem Müll hinter den Hotelanlagen entkommen, lag die Wüste ausgebreitet vor mir und wartete, mich in aller Stille

zu empfangen. Da mein Kamel der besonders langsamen Sorte anzugehören schien, hatte ich Zeit, alles sinnlich wahrzunehmen und den heranbrechenden Morgen in seiner ganzen Farben- und Formenpracht zu bestaunen. Die Angst hatte es aufgegeben zu jammern. Vielleicht hielt der Mut ihr auch einfach den Mund zu. Auf jeden Fall genoss ich meinen Ausritt, fühlte mich frei, ungebunden und sehr erhaben. Ich wurde nicht nur von meinem Kamel, sondern vor allem von meinem Stolz über meinen Mut getragen. Je näher wir den Bergen kamen, desto steiniger, hügeliger und holpriger wurde der Weg. Abjad setzte seine gepufferten Hufe erst äußerst sachte auf, um dann bergab mit ein paar schnellen Schritten kleine Hindernisse zu überwinden. Ich musste mich fest am Sattelknauf halten, um nicht hinunter geschüttelt zu werden. Doch das Kamel schien sicher seinen Weg zu finden. Als ich mich gerade an den Tritt meines Tieres gewöhnt hatte und ihm mein volles Vertrauen schenken wollte, passierte es: Ein kurzes Schaukeln und ich rutschte mitsamt dem Sattel in Abjads Halsbeuge. Das Kamel blökte zornig und schleuderte seinen Kopf wild hin und her, während ich gerade noch abspringen konnte ohne dabei verletzt zu werden.

›Siehst du!‹, sprach die Angst, sich bestätigt fühlend.

›Ach halt die Klappe‹, zischte der Mut sie an. ›Sag lieber der Nebenniere, sie soll sich etwas zurückhalten mit ihren Ausschüttungen. Die Arme kann ja vor lauter Zittern kaum noch stehen.‹

Wieder festen Boden unter den Füßen, entschuldigte ich mich bei Abjad, und versuchte ihn zu beruhigen. Meine

Beine fühlten sich an wie Gelee. Er schien keinen Wert auf meine Bemühungen zu legen, warf weiterhin seinen Kopf hin und her und zog so sehr am Zügel, dass mir die Handinnenflächen schmerzten. Es brauchte eine ganze Weile, ehe er sich wieder einigermaßen beruhigte. Ich sprach versuchend: *»Jiiierch!«*, aber Abjad bewegte sich nicht und schaute mich nur grimmig an. Ein Stock musste her. Kaum hatte ich einen auf dem Wüstenboden gefunden und diesen in der Hand, wurde der Wüterich lammfromm und legte sich mir brav zu Füßen. Schlagen brauchte ich ihn glücklicherweise nicht, der bloße Anblick reichte ihm. Das hätte ich sicher auch nicht gekonnt. Ich hievte den Sattel wieder auf den Höcker und befestigte den Bauchgurt diesmal fester und gewissenhafter. Als ich gerade aufsteigen wollte, warf Abjad seinen Kopf erneut herum. Erschrocken wich ich zurück. Das Kamel blökte lautstark und stand einfach ohne mich auf. Ich fluchte, aber wusste ja nun was zu tun war: Stock zeigen und resolut den Befehl erteilen. Er ging in die Knie.
›Na super!‹, jubilierte die Freude, langsam verstanden wir uns.
Wieder obenauf prüfte ich den Sattel auf seine Festigkeit durch kräftiges Rütteln, indem ich mich ruckartig nach rechts und links bewegte. Alles schien fest. Ich hatte den Bauchgurt aber auch so stark angezogen, dass mir dicke Schweißperlen die Stirn hinuntergelaufen und an meinen Schläfen die Adern hervorgetreten waren. Wir ritten ohne weitere Arbeit für die gestresste Nebenniere heim ins Camp. Der Ausflug fiel kürzer als geplant aus. Es war besser,

sich vor dem nächsten Ausflug noch mal erklären zu lassen, wie man ein Kamel fachmännisch sattelte. Doch trotz des kleinen Missgeschicks war ich von meinem ersten alleinigen Kameltrip wie berauscht.

Abjad war direkt vor meinem Zimmerfenster angebunden und ich reichte ihm schuldbewusst den ganzen Tag über immer wieder kleine Leckereien durch die Luke. Ich hoffte, dass er mir somit diesen ersten Patzer möglichst bald vergeben würde. Es war ein guter Start in den Tag, wenn ich morgens beim Erwachen seine Schmatzgeräusche am Fenster vernahm oder sein Maul erblickte, das sich in freudiger Erwartung durch das winzige Fenster in mein Zimmer schob.
Meine Sattelkünste wurden langsam besser, da ich mich nun auch ohne Kamel öfter bei den jungen Beduinen aufhielt, die Kameltouren anboten. Einige von ihnen baten mich, ihnen Touristen zu vermitteln. Sie gaben mir im Gegenzug freundlich und unermüdlich Auskunft über meine Fragen und zeigten mir die nötigsten Handgriffe. Keiner von ihnen teilte Sahis Skepsis, ausnahmslos alle beglückwünschten mich zu meinem Kauf.

Eines Morgens, als ich gerade vom Frühstück am Strand zurückkam, saß Sahi mit einem alten Mann im Camp und plauderte. Sahi winkte mich heran. Der betagte Beduine wollte, dass ich auch ihm Touren vermittelte und bot dafür an, mir alles beizubringen, was man über ein Kamel nötigerweise wissen sollte. Jimme schien sehr vertrauenswürdig und gefiel mir auf Anhieb. Wir machten aus, dass ich mich bei ihm melden würde, wenn ich Touristen gefunden hätte, die mit uns in die Wüste wollen.

Kamelsafaris

»Was man lernen muss, um es zu tun,
das lernt man, indem man es tut.«
- Aristoteles -

Direkt nachdem Jimme gegangen war, fragte ich ein schwedisches Pärchen aus dem Camp, ob sie nicht einen Ausflug mit uns in die Berge machen wollten. Sie waren von den Schilderungen der Tour begeistert und es ging endlich auf meine erste dreitägige Kameltour.
Schon beim Satteln sollte sich herausstellen, dass ich einen Meister des Faches vor mir hatte. Jimme zeigte mir einen Kniff, wie man den Bauchgurt anziehen konnte, ohne im eigenen Schweiß zu baden.
Am späten Nachmittag des nächsten Tages ritten wir gemächlich der Sonne am Himmel entgegen, die die Berge Stunde um Stunde in neue Farben tönte. Die bizarre Berglandschaft um uns herum war atemberaubend und wir sprachen wenig. Ich hatte in Gesellschaft noch nie so wenig geredet wie in diesen drei Tagen. Die Wüste schien ihre Stille geradezu erzwingen zu wollen, indem sie mich mit ihrer Pracht zum Schweigen brachte. Was sollte gesagt werden, was war wichtig genug, diese Ruhe, die uns wie ein Mantel umhüllte, zu zerstören? Es war grandios. Langsam wurde es dämmrig und der Himmel zeigte uns ein prächtiges Farbenspiel. Ein paar Wolken waren aufgezogen, durch die die Sonne ihre orange und rot glühenden Strahlen schickte und die Wolken dabei verspielt einfärbte. Hinter

einem Hügel war ein kleines Wadi mit vier großen Akazien, in dem wir beschlossen zu nächtigen. Während wir es uns bequem machten, ging Jimme, der scheinbar nie zu ermüden schien, zu einem der Bäume und nahm sich eine dort herumliegende, circa zwei Meter lange Eisenstange mit gekrümmter Spitze. Diese benutzte er als verlängerten Arm und brach hoch in dem Baum vertrocknete Äste aus der Akazie. Immer wieder fand ich an Orten, die als Rastplätze der Beduinen erkennbar waren, diese Metallstangen, und bewunderte erneut den Erfindungsreichtum und das soziale Bewusstsein der Wüstenbewohner. Jimme sagte mir, dass es nie jemandem einfallen würde, dieses schlichte Utensil mitzunehmen, denn jeder Beduine weiß, wie schwer es ist, ohne dieses einfache Hilfsmittel an die dornigen Äste hoch oben in den Bäumen zu gelangen. In gebührendem Abstand zu den Akazien mit ihren sehr langen und spitzen Dornen legten wir die Decken auf die Erde, um später darauf zu schlafen. Jetzt ruhten wir uns erst mal einfach nur darauf aus und schauten dem *Hadsch* bei seinem emsigen Treiben zu. Als Hadsch werden mit Hochachtung ältere Männer bezeichnet oder Personen, die die Wallfahrt nach Mekka unternommen hatten. Der Beduine war die ganze Zeit gelaufen und gönnte sich auch jetzt nicht eine einzige Minute der Muse. Ich wollte ihm zu Hand gehen, aber er wollte sich nicht helfen lassen. Ich solle mich jetzt ausruhen, ihm zusehen und lernen. Er entfachte im Handumdrehen mit den trockenen großen Ästen, die er geangelt hatte, ein riesiges Feuer und stellte den Teepott hinein. Danach nahm er sich eine Schüssel aus seiner Satteltasche, füllte sie mit Mehl und begann durch langsame Zugabe von Wasser das Gemisch zu einem zähen Teig zu verarbeiten. Er fügte noch etwas Salz hinzu und knetete die Masse eine geraume Zeit, bis eine große Teigkugel entstanden war. In der Zwischenzeit kochte das Wasser. Er gab Tee hinein, ließ alles noch einmal kurz aufkochen und nahm es aus dem mittlerweile herunter gebrannten Feuer. Jetzt fehlten nur noch die Unmengen an Zucker, die in jeden Beduinentee gehörten. Fünf gehäufte Esslöffel tat Jimme dazu und überreichte jedem von uns ein Glas. Wir streckten unsere etwas schmerzenden Glieder auf der Decke aus und genossen das wohltuende Getränk, während der Beduine sich wieder am Feuer zu schaffen machte. Er ergriff einen langen dicken Knüppel und schob in einer längeren Prozedur die glühenden Kohlen behutsam zur Seite auf einen beachtlichen schwelenden Haufen. Noch einmal knetete er den Teig durch und formte ihn in seinen Händen zu einem serviertellergroßen, runden, etwa zwei Zentimeter dicken Fladen. Mit einer gekonnten Handbewegung legte er ihn in die zuvor freigelegte Feuerstelle. Vorsichtig schob er mit dem Knüppel die glühenden Kohlen über den Teigfladen, bis er fast vollständig bedeckt war. Dann strich er die Kohle auf die gleiche Art und Weise wieder behutsam herunter, um den Fladen mit einer dünnen Ascheschicht zu überdecken. Darauf kamen wieder die Kohlen.

Zufrieden genoss er nun zum ersten Mal einen Moment Pause und trank ein Glas Tee. Nach etwa einer Viertelstunde schob er die Asche und die Kohlen wieder von dem Fladen und drehe ihn mit spitzen Fingern um. Ein herrlicher

Duft schlug uns entgegen, aber wir mussten uns noch eine Weile gedulden, bis auch die andere Seite geröstet war. Nach mir endlos scheinender Wartezeit - ich hatte inzwischen mächtigen Hunger - nahm er das fertige schwarze Etwas aus dem Feuer und schlug es mehrfach heftig auf einen Felsen. Als er damit die Asche beseitigt und einige angebrannte Stellen mit einem Messer abgeschabt hatte, kam ein herrlich dickes, Wohlgeruch verströmendes Brot zum Vorschein. Er brach jedem eine kleine Ecke ab und ich beschloss, so ein Brot zu bereiten, würde meine nächste Herausforderung werden. Es schmeckte fantastisch, eines der besten Brote, die ich probiert hatte. *Hadsch* Jimme öffnete zwei Dosen Saubohnen, das viel gegessene *Foul* aus Ägypten, und gab den Inhalt zu den Zwiebeln und dem Knoblauch, die er zuvor in Butterfett in einem kleinen Topf im Feuer angebraten hatte. Dieses einfache Mahl aus Brot und Bohnen unter dem Himmelszelt, an dem die ersten Sterne matt leuchteten und ein noch kaum sichtbarer Sichelmond aufzog, war ein Gaumenschmaus sondergleichen.

Ich lernte in diesen paar Tagen alles, was ich brauchte, um wüstenfest zu werden. Ich wusste, wie man sich schmackhaft ernährt, konnte endlich perfekt satteln und das Kamel mit einer Fußfessel versehen. Diese wurde auf sehr effiziente Weise um beide Vorderbeine gebunden. Das Kamel konnte damit langsam laufen und sich die Kräuter am Wegesrand schmecken lassen, aber sich nicht weit entfernen oder beim Einfangen wegrennen. Abjad und ich verstanden uns inzwischen ausgezeichnet und er befolgte ohne die anfänglichen Zickereien brav meine Befehle. Am wichtigsten war jedoch, dass ich gezeigt bekommen hatte, wie man Holz von den Bäumen holte, ohne sich dabei Arme und Beine zu zerkratzen. Denn ein Feuer brauchte man in der Wüste immer. Die dornigen Akazien waren der beste Lieferant dafür.

Wieder zurück in Dahab war ich überzeugt, Kameltrips zu veranstalten sei genau das Richtige für mich. Meine erste Kundin war eine Deutsche, die glücklich war, mit einer Frau in die Berge reiten zu können. Sie liebte Kamele und hätte gern schon vorher einen Kameltrip gemacht, aber die aufdringliche Anmache der Männer am Strand hatte sie abgeschreckt, einen von ihnen zu fragen. Bisher hatte sie nur die Ägypter am Strand erlebt und dachte, alle männlichen Bewohner des Sinai wären so aufdringlich. Ich ließ Daniela auf meinem Kamel Platz nehmen und ging neben ihr her in das Wadi, das ich am besten kannte. Mein Ziel war eine große Akazie, unter der ich immer schon gern gesessen hatte. Feuer zu bereiten war mir mittlerweile ein leichtes. Wir tranken Tee, aßen mitgebrachten Kuchen und unterhielten uns. Da ich lange schon kein Deutsch mehr gesprochen hatte realisierte ich, wie schön es war, so ganz ohne zu überlegen losplappern zu können. Daniela stellte mir viele Fragen über den Sinai und dessen Bevölkerung und diesmal war ich diejenige, die berichten konnte. Denn mit ähnlichen Fragen hatte auch ich mich zuvor wissbegierig an die Beduinen gewandt. So verging die Zeit mit ihr viel zu schnell. Es dämmerte schon, als sie wieder auf mein Kamel stieg und ich sie mit der untergehenden Sonne im Rücken wieder zum Strand zurück brachte. Sie bedankte sich herzlich für diesen tollen und informativen Tag, und ihr Gesicht und ihre Stimmung zeigten deutlich, wie sehr auch sie die Stunden weit weg vom Trubel genossen hatte. Ich ging ins Dorf und kaufte von meinem ersten selbstständig verdienten Geld sofort einen großen Sack Futter für Abjad. Mir selbst gönnte ich eine Pizza in einem der Strandcafés.

Der nächste Kunde war ein Amerikaner, der schon eine Weile in unserem Camp war. Es war eindeutig, dass er ein Auge auf mich geworfen hatte. Ich hingegen fand ihn eher unangenehm, fast schon penetrant. Er hatte von den Campbetreibern erfahren, dass ich jetzt Kameltouren machte, und fragte mich, ob ich mit ihm eine Tour in die Wüste machen würde. In zwei Tagen sollte es losgehen und am darauffolgenden Tag zurück. Da ich dringend Geld brauchte, verabredete ich mit ihm, am übernächsten späten Nachmittag aufzubrechen. Mir war mulmig zumute. Eine ganze Nacht allein mit diesem Herren, der mich laufend beobachtete? Obwohl ich wusste, nicht die beste Lösung gefunden zu haben, bat ich Sahi mitzukommen.
›Auch nicht gerade besser, Sahi solch falsche Hoffnungen zu machen‹, meldete sich mein Gewissen eindringlich, nachdem er sich verabschiedet hatte.
›Was soll sie anderes tun. Allein mit diesem lüsternen Amerikaner gehen?‹, fragte die Vorsicht. ›Man kann Menschen nur vor den Kopf schauen. Das wäre zu gefährlich.‹
Das Gewissen wollte Klarheit: ›Sahi muss einfach deutlich zu verstehen bekommen, dass du ihm nicht mehr geben kannst als eine gute Freundschaft.‹

›Genau, sag es ihm am besten gleich morgen, unverblümt und direkt!‹, unterstützte der Tatendrang.
Ich nahm mir fest vor, endlich ein offenes und ernsthaftes Gespräch mit Sahi zu führen. Ich musste ihm wirklich nochmals sagen, dass er mein bester Freund und Vertrauter war, aber eben nicht mehr.

Die Nacht war sehr unruhig, mich von einer Seite auf die andere legend fand ich kaum Schlaf und stand früh auf. Bei Sonnenaufgang ritt ich in das Wadi, um Futter für mein Kamel zu besorgen. Geld, um welches zu kaufen, hatte ich nicht mehr. Ein letzter Rest mit 20 Kilo Mais stand noch in meinem Zimmer, aber davon bekam er erst abends seine üblichen drei Kilo. Jetzt brauchte er ein leichtes Frühstück aus Heu, das man von umherfahrenden Händlern aus dem ägyptischen Delta erstehen konnte, oder aus frischen Bergkräutern, die es mit etwas Arbeitsaufwand umsonst im Wadi gab. Es war ein frischer, klarer Morgen. Der Ort wirkte noch wie ausgestorben, als ich den Weg in die Berge einschlug. Mich fröstelte ein wenig und ich vergrub einen meiner nackten Füße in die sehr behaarte Stelle oberhalb von Abjads Vorderläufen. Dort war er besonders flauschig und schön warm. Auf dem Kamel war ich immer barfuß und verstaute meine Sandalen in der Satteltasche. Auf halber Höhe im Wadi angelangt, band ich meinem Kamel die Fußfessel um, damit er mir nicht wegrannte. Noch kannten wir uns nicht so gut, dass ich sein Verhalten immer verstand. Mit der Fessel aber konnte ich ihn getrost sich selbst überlassen und an diesem schönen Tag die Wüste in einer mir ganz und gar neuen Phase erleben. Vor einer

Woche hatte es einmal kräftig geregnet. Die Wüste erblühte. Die Bergsäume hatten ein in vielen Grüntönen gehaltenes Band an den Rändern, das sich mal schmaler, mal breiter das Wadi hochzog. Ich fragte mich, ob in den zahlreichen Wadis, wie die ausgetrockneten Flussläufe bezeichnet werden, jemals richtige Sturzfluten herunterkommen würden. Bisher hatte ich es erst einmal miterlebt, dass es regnete. Eine große Flut war nur zwischen Dahab und Sharm El Sheikh zu sehen gewesen.
An den Hängen wuchsen vielerlei Kräuter, die ich mittlerweile kannte, wie der wilde Lavendel (lavandula coronopifolia), junger *Rimth* (haloxylon salicornica) oder frische *Sille* (zilla spinosa), die mein Kamel besonders liebte. Abjad würde satt werden. Nach einem Spaziergang setzte ich mich auf einen Hügel am Berghang, holte mein Schreibbuch hervor und begann das Märchen über eine grimmige Muräne zu Ende zu schreiben. Der Tag war gut, die Sätze formten sich wie von selbst in meinem Kopf und schon nach kurzer Zeit konnte ich den letzten Punkt setzen. Ich beobachtete Abjad eine Weile, der sich unterhalb meines Sitzplatzes die frischen Pflanzen schmecken ließ. Nach wie vor liebte ich sein genüssliches Schmatzen, es erinnerte ein bisschen an äußerst coole Teenager, wenn sie übertrieben lässig Kaugummi kauten. Ich wandte meinen Blick das Wadi hinunter und konnte Dahab sehen. Es lag in weiter Ferne, klein wie eine Spielzeugstadt. Das Meer dahinter war unruhig. Unzählige, weiße Schaumkämme bezeugten, dass der Wind über dem Wasser zugenommen hatte. In dem kleinen Wadi fegten nur hin und wieder kleine Böen durch

die Landschaft und wirbelten trockene Sträucher auf. An die raue Felswand gelehnt, sinnierte ich über meine Zukunft.
›Ich finde es umwerfend hier‹, schwärmte die Faszination und fiel tatsächlich um. Mitten auf die Trägheit, die sich müde die Augen rieb und gähnend ergänzte:
›Ja, von mir aus können wir bleiben. So entspannt und ruhig war ihr Leben noch nie. Daran könnte ich mich glatt gewöhnen. Hier bleiben, hört sich definitiv gut an!‹ und döste wieder weg.
›Nee nee, von dir Trägheit lassen wir uns nicht einlullen. Hier ist endlich mal Zeit für mich‹, sprach die Kreativität, ›hier kann ich mein volles Potenzial entwickeln und werde nicht immer nur kurz dazwischengeschoben.‹
›Was mich richtig schön satt macht‹, ergänzte die Zufriedenheit.
›Also, mir fehlt dann aber etwas‹, sagte die Sehnsucht mit einem langen Seufzer.
›Au ja!‹, frohlockte die Begierde und brachte damit die Augen zum Klimpern. ›Einen großen, starken, gut aussehenden, sinnlichen, ver ...‹
›Krieg dich mal wieder ein! Sie zerbeißt gleich den Stift in ihrer Hand‹, fiel ihr die Vernunft lachend ins Wort.
›Ach, Sehnsucht‹, fragte die Intelligenz, ›weißt du eigentlich, warum du so heißt? Ich sag's dir: Weil du süchtig bist! Wir sind doch erst vor drei Monaten in diesem herrlichen Land angekommen und damit deinem Verlangen nachgekommen. Aber noch nicht richtig niedergelassen willst du schon wieder etwas Neues. Ob du wohl jemals zufrieden bist? Ich denke, da müssen wir wohl alle noch ein wenig

warten. Geduld, Geduld!‹
›Ja, ach so ... ja, genau, ich bin nämlich eine der wertvollsten Tugenden‹, antwortete die Geduld, die schon ewig darauf gewartet hatte, dass sie auch mal etwas sagen durfte. ›Was lange währt, wird endlich gut. Gut Ding will Weil haben. Abwarten und ...‹
›Genug, genug‹, unterbrach die Vernunft den Wortschwall der Geduld, die so froh gewesen war, endlich mal reden zu dürfen. ›Es sind sich ja fast alle einig, dass wir erst mal auf diesem Inselchen bleiben wollen. Tee zum Abwarten gibt es hier ja genug ... und irgendwann kommt vielleicht der Richtige. Jemand der uns versteht, der das Leben mit all seinen wundervollen Seiten zu sehen weiß, der verstanden hat, dass die schönsten Dinge im Leben sich verdoppeln, wenn man sie teilt, der offen, ehrlich und wissbegierig wie wir ist und gemeinsam etwas von Liebe getragenes aufbauen möchte.‹
›Hey Fantasie!‹, rief laut die Frechheit dazwischen. ›Wie soll der Gute denn nun sein?‹
Ich schlug von der Fantasie inspiriert eine neue Seite auf und begann niederzuschreiben, was sie mir sehr leise in mein Ohr flüsterte, damit der Verstand nichts mitbekam und dann wie immer zu widerlegen versuchte. Sie war offensichtlich noch in Märchenstimmung und flüsterte: ›Ein Kamel soll er haben und Augen, so leuchtend und schwarz, wie türkischer Kaffee, auf den die Sonne scheint. Vielleicht auch so heiß‹, sie kicherte, ›du weißt schon. Er sollte die Wüste so sehr lieben wie du. Er ...‹
Zwei Beduinen, die hintereinander das Wadi hinauf geritten

kamen, unterbrachen die Fantasie. Sie wurde von der Harmonie und der Muse übertönt, die aus einem Munde riefen: ›Welch schönes Bild!‹

Wohl wahr: wie auf einer Postkarte. Der Blick auf das Meer, eingerahmt durch die Berge an den Seiten, das Dorf mit Palmengärten davor und genau in der Mitte die beiden Beduinen auf ihren Kamelen. Die Männer sahen mich wohl, denn sie schwenkten nach rechts und ritten hintereinander direkt auf mich zu.

»Hi!«, begrüßte mich der zuerst Angekommene salopp.

*»Salam alleik!«,*Friede sei mit dir!, antwortete ich freundlich.

»Bist du allein hier?«, fragte er weiter auf Englisch.

»Ja, es ist so ein schöner Morgen«, erwiderte ich.

»Alle Morgen in den Bergen des Sinai sind schön«, retournierte der Araber stolz. »Ich und mein Freund gehen weiter das Wadi hoch und machen dort Tee. Wenn du magst, komm doch nach.«

Inzwischen war sein Freund bei uns angelangt. Er hielt sein Kamel etwas versetzt hinter dem anderen an. Vielleicht wegen des Windes hatte er sein rot-weißes Beduinentuch verhüllend vor sein Gesicht gebunden, dass ich jetzt, da er mich anschaute, nur seine Augen sehen konnte, die mich absolut unerwartet in eine völlig andere Dimension schossen.

Alles um mich herum existierte auf einmal nicht mehr. Es gab nur noch seine und meine Augen. Ich konnte meinen Blick nicht lösen und fühlte mich wie hypnotisiert. Fackeln schienen sich in meinem Inneren zu entzünden, um kurz

darauf von Eiswasser gelöscht zu werden. Keine Gedanken konnten der Explosion von Empfindungen standhalten. Sie wollten alle gleichzeitig rufen, warnen, jubeln und schreien. Dieser durchdringende Blick jedoch schnitt mir die Luft ab und alle verstummten.
Er unterbrach dann zuerst den Kontakt und das einzige Wort, das sich wieder mühsam aus dem überraschenden Inferno formen konnte, war: »Wow!«
Die Faszination war es, die sich als erste artikulierte. Mein ganzer Körper hatte sich verändert. Alle Muskeln waren elektrisiert. Ich hatte die Luft wohl zu lang angehalten und merkte, dass mir schwindelig wurde. Versuche zu schlucken scheiterten kläglich. Mein Mund war so trocken wie ein Stoppelfeld nach einem Flächenbrand.
›Tee wäre gut jetzt‹, meldete sich auch mein Verstand zurück.
»Lesch la«, warum nicht, antwortete ich daher mit zittriger Stimme auf das Angebot ein Glas Tee betreffend. »Ich komme gleich nach.«
Meine Äußerung erschien mir wie die Antwort auf eine Frage aus einer anderen Zeit. Waren tatsächlich erst Sekunden inzwischen vergangen? Als ich aufstehen wollte, um mein Kamel zu holen, wurde mir schwarz vor Augen. Dieser Blickkontakt gerade schien all meine Energie absorbiert zu haben. Nach einigen meditativen Atemübungen ging es mir besser. Ich erhob mich noch immer etwas benommen und verwirrt von meinen Gefühlen.
›Wie gerufen!‹, meldete sich die Fantasie zurück. ›Das ist er! Wenn der Rest des Gesichts genauso feurig ist, versteht

sich.‹
›Du hast Ideen, Du glaubst wohl immer noch an die Liebe auf den ersten Blick. Weißt du, wie der Duden dich, Fantasie, beschreibt? Ich sag es dir: Illusion, unerfüllbares Wunschbild, unwirkliche, oft unklare Vorstellung oder Gedanke und außerhalb der Wirklichkeit oder im Widerspruch zu ihr stehend. Und damit hat er vollkommen Recht‹, wetterte die Vernunft sofort.
›So sehe ich das auch‹, sprach die Vorsicht.
›Aber anschauen können wir uns ihn doch mal‹, versuchte die Neugierde zu vermitteln und hatte wie schon oft die Entscheidungsgewalt.

Mit meinem Kamel im Schlepptau erreichte ich ihren Rastplatz. Der Beduine, der mich eingeladen hatte, war allein und traute offensichtlich seinen Augen nicht.
»Ist das dein Kamel?«, fragte er mich skeptisch und zog die Augenbrauen hoch.
Ich nickte und lächelte, legte Abjad wieder die Fußfessel um und gab ihm einen freundschaftlichen Klaps auf sein prächtiges Hinterteil, damit er loszog, um sich zu nähren.
»Ich heiße Hamid«, stellte er sich vor und deutete auf eine Wolldecke. »Setz dich doch! Das ist aber nicht wirklich dein Kamel, oder?« fragte der Beduine nochmals und sein Unglaube stand ihm deutlich ins Gesicht geschrieben.
Eine Frau besitzt bei den Beduinen normalerweise Ziegen oder Schafe, aber keine Kamele.
›Und du bist nicht einmal eine Beduinin!,‹ stellte die Erkenntnis munter fest.
Als ich seine Frage wiederholt bejahte, war er erst sichtlich

verwirrt, dann begeistert und lobte zuletzt die Vorzüge dieser Tiere.

Der Tee war fertig und Hamid reichte mir ein Glas. Während ich das heiße, süße und gerade sehr wohltuende Getränk langsam schlürfte, machte ich mich ungeniert daran, Hamid über den Mann mit den glühenden Augen auszufragen, der sich anscheinend zu Fuß davon gemacht hatte. Sein Kamel stand allein am Berghang.

»Wo ist denn dein Freund hin?«, wollte ich wissen.

»Samir? Der ist dort hinauf.« Er zeigte auf einen kleinen Pfad, der sich hoch in die Berge zog. »Samir fastet. Er hält den Ramadan ein. Schon der Blick auf oder der Gedanke an eine Frau ist wie Essen, Trinken und Rauchen bis zum Sonnenuntergang verboten. Es wäre nicht gut für ihn, wenn er hier mit uns sitzt.«

›Schade aber auch!‹, schmollte die Neugierde.

»Kommt ihr aus Dahab?«, fragte ich schnell, um meinen Gedanken keine Zeit für weitere ungehörige Kommentare zu lassen.

»Ich ja, aber Samir ist erst seit kurzem hier, seine Familie wohnt in Feranje, einer kleinen Siedlung, kurz vor Santa Katherina. Er will hier mit seinem Kamel arbeiten, Safaris veranstalten und Ähnliches.«

›Ein echter Beduine also‹, freute sich mein Feingefühl.

Da ich mittlerweile viele Beduinen kennengelernt hatte, war mir bewusst geworden, wie rasant diese sich veränderten, sobald sie viel Kontakt mit dem Tourismus hatten. Der Ausdruck ihrer Augen veränderte sich. Der Blick verlor einen Teil seiner Erhabenheit. Ich hatte mir schon einige

Male, wenn ich Menschen traf, die in der Wüste lebten und nur kurzzeitig in touristischen Gebieten verweilten, darüber Gedanken gemacht, woran das liegen könnte. Bei diesen Beduinen war mir ein ganz besonderer, aus dem Inneren kommender, Glanz in den Augen aufgefallen. Vielleicht war es so, weil sie in der Wüste alles kannten und wussten, sich in der sogenannten Zivilisation, von Touristen umgeben, jedoch zurückgesetzt fühlten; vom Fortschritt außer Acht gelassen. Der erhabene, stolze Blick, dessen Ausstrahlung mich faszinierte, wich in der Auseinandersetzung mit der anderen Welt einem unsicheren Blinzeln.
Dieser fastende Beduine hatte den Stolz in seinen Augen bewahrt, und das war es, was mich von der ersten Sekunde an bezaubert hatte. Hamid redete über alles Mögliche, aber meine Gedanken und Augen schwebten in eine andere Richtung; zu den Bergen, in denen der umwerfende Fremde verschwunden war.
›Glaub mir, es gibt sie‹, wisperte die Fantasie wieder leise.
›Jetzt hör auf mit dem Blödsinn‹, schaltete sich der Realitätssinn ein, ›Liebe ist etwas, das langsam wachsen muss und fällt einem nicht einfach in den Schoß.‹
›Also bei mir hat es richtig stark gekribbelt, als der Typ uns so anschaute‹, sagte die Faszination. ›So stark habe ich das noch nie verspürt.‹
›Ihr seid doch verrückt, hoffnungslos verloren ohne mich!‹, monierte der Verstand.

Als der Wüstenprinz endlich aus dem Wadi zurückkehrte, wurde mit jedem Schritt, den er näher kam, äquivalent mein Herzschlag nicht nur schneller, sondern auch intensiver. Ich war genötigt, Atemübungen zu machen, andernfalls hätte es mir wohl die Brust gesprengt. Es waren sicher noch hundert Schritte, die er entfernt war. Ich kam mir vor wie eine alberne Diva aus einem kitschigen Hollywood-Streifen, die gleich in Ohnmacht fallen würde.

›Jetzt reiß dich aber mal zusammen‹, fauchte die Aufregung, ›ich kann nicht mehr!‹

›Was ist eigentlich los mit dir?‹, fragte die innere Ruhe. ›So kenne ich dich gar nicht. Dass du leicht zu begeistern bist, weiß ich ja, aber was hat dieser Mensch, dass er dich so verrückt macht?‹

›Ich verstehe es auch nicht,‹ sagte die Vernunft, ›vielleicht kann mir mal jemand sagen, wer hier diese Aufruhr auslöst?‹

›Ich glaube, das bin ich‹, meldete die Faszination sich zu Wort, ›dieser Mensch berührt mich zutiefst.‹

›Ich bin sicher auch beteiligt‹, räumte die Ästhetik ein, ›er ist einfach hinreißend. Dieser offene und intensive Blick eben ... Er hat so schöne Augen, mit einem Ausdruck, der mich vom ersten Moment an fesselte.‹

›Nicht zu vergessen dieser Anmut, der Stolz und die Selbstsicherheit, die eben für mich zu spüren waren‹, ergänzte das Feingefühl.

›Ach ja?‹, wunderte sich die Vernunft, ›und dass dieser so wundervolle Mensch ein Mann mit ganz anderer Kultur ist, blendet ihr einfach aus? Dass solche Beziehungen selten zu Gutem führen, vergesst ihr einfach? Ihr seid doch unberechenbar und naiv.‹

Die kurze Zeit, die Samir brauchte, um zu uns zu gelangen,

erschien mir unendlich lang. Viel zu viele Gedanken auf einmal machten die Situation nicht weniger aufregend und gingen mir viel zu weit. Wie in Zeitlupe kam Samir aus den Bergen geschritten, den Blick konstant auf mich gerichtet und noch jetzt, da ich hier sitze und diese Zeilen schreibe, kann ich meine Augen schließen, sehe das Wadi vor mir, mich selbst am Feuer sitzen und wie sich der Abstand zwischen uns langsam verringert.

Bei uns angekommen, grüßte er neckisch, setzte sich, grinste mich verschmitzt an und biss unverfroren und herzhaft in ein Stück des Kuchens, den ich mitgebracht und aufgeschnitten hatte. Dies alles tat er, ohne mich dabei aus den Augen zu lassen.

›So viel zum Ramadan‹, kicherte die Erkenntnis, ›er hat sicher ähnliche Gedanken gehabt‹, vermutete sie. ›Es war bestimmt nicht der Kuchen, der ihn das Fasten brechen ließ.

›Und wie er dich jetzt wieder anschaut‹, stellte die Faszination gerührt fest. ›Fesselnd wie Sirenengesang.‹

›Jetzt ist aber mal gut!‹, wetterte die Vernunft und rempelte die Faszination unsanft an, ›du bringst ja schon wieder alle durcheinander.‹

Hoppla! Da fiel mir doch einfach so das Teeglas aus der Hand. Kein Wunder, bei dem Gefasel der Faszination.

Der Verstand hatte Recht, ich sollte schleunigst wieder ruhiger werden und besser meinen Blick in die Berge richten. Ich nahm mich zusammen und befahl der Faszination Stillschweigen.

Mein Missgeschick entspannte wenigsten die Situation ein wenig. Wir lachten alle drei über den verschütteten Tee und fingen an, uns zu unterhalten. Aufgrund der Fragen, die Samir konkret an mich stellte, erkannte ich, dass er genauso viel über mich erfahren wollte, wie ich über ihn.

Der Wüstenprinz

»Man sieht nur mit dem Herzen gut, das Wesentliche ist für die Augen unsichtbar.«
- Antoine de Saint-Exupery -

Ich wollte los, die zwei Beduinen ebenfalls. Wir standen auf, um unsere Kamele zu holen. Samir rief seines bloß, und schon drehte es sich um und nahm Kurs auf uns. Er schien eine enge Bindung mit seinem Tier zu haben. Ich sah zum ersten Mal, dass ein Kamel auf den Ruf seines Besitzers hörte. Glück für mich, dass mein Kamel seinem hinterher trottete. Hamid musste ein ganzes Stück das Wadi hochlaufen, um seines zu holen.
So wie wir schienen auch unsere Kamele sich auf Anhieb zu mögen, denn Abjad war vollkommen ausgelassen und sprang ein paar Mal wie ein junger Ziegenbock um Samirs Kamel herum. Samir erklärte mir halb in gebrochenem Englisch, halb in Zeichensprache, dass die Kamele im Winter brunftig wären und unsere beiden Kamele nicht in Konkurrenz ständen. Mein Tier hätte sich durch sein spielerisches Verhalten ganz klar untergeordnet und jetzt einen Freund gefunden, über den er sich ausgelassen freute. Hamid, der mittlerweile bei uns angelangt war, sagte mir, ich solle meinen Hengst jetzt besser nicht reiten. Er wäre gerade *schwayye maschnun,* etwas verrückt, und es könne gut sein, dass er auch mit mir auf dem Rücken so herumspringen wird. Wir sollten besser die Kamele bis zum

Dorf tauschen.
›Ach warum denn?‹, zischte die Ironie, ›das wäre doch herrlich, wenn du in hohem Bogen vor deinem Wüstenprinzen im Dreck landen würdest.‹
›Das hättest du wohl gerne, du garstige Ziege‹, sprach die Vernunft, ›die Jungs sind mit Kamelen groß geworden, sie wissen wovon sie sprechen und wir machen hier jetzt keine Experimente.‹
Der Vernunft folgend tauschten Hamid und ich unsere Kamele. Ich nahm das Seil seines ehrwürdigen, alten Tieres, das hervorragende Manieren hatte und sich mir sofort zu Füßen legte. Der Beduine bewaffnete sich mit einem Stock, und Abjad hörte augenblicklich auf zu tänzeln und kniete nieder. Er blökte laut, um seine Angst kundzutun. Ich rief Hamid zu, mein Kamel bitte nicht zu schlagen, doch wurde leider nicht erhört. Er saß noch nicht ganz im Sattel, da sprang Abjad auf und galoppierte los. Wie von einer Hornisse gejagt, hin und her springend, schossen die beiden das Wadi hinunter.
›Keine Chance, dass du dich im Sattel gehalten hättest. Das hätte ich so gern gesehen‹, war die Stimme der Ironie erneut zu vernehmen.
Mein Kamel war vollkommen außer sich, bäumte sich auf und machte Ausschläge und Haken in alle Richtungen. Ich sah, wie Hamid den Stock einsetzte und bereute meinen Entschluss, ihm Abjad überlassen zu haben, denn weiterhin sprang mein Kamel, als würde es auf glühenden Kohlen laufen. Es wäre Hamid bestimmt gelungen, ihn auch ohne den Stock zu bändigen, doch anscheinend wollte der junge

Beduine von mir bestaunt werden und seine Reitkünste vorführen.
Mein Wüstenprinz und ich ritten gemächlich nebeneinander den Berg hinab und hatten es alles andere als eilig. Ich genoss seine verstohlenen Blicke, die dieses angenehme Prickeln in meinem ganzen Körper erzeugten und hätte bis zur äußersten Spitze des Sinai weiterreiten können. Kurz bevor wir mein Domizil erreichten, verabredeten wir uns, am nächsten Morgen mit unseren Kamelen auf Futtersuche zu gehen und verabschiedeten uns mit einem tiefen Blick, den er lange aufrecht erhielt.
›Jetzt schau schon weg, was ist denn los mit dir?‹, fragte die Vernunft.
›Welch wunderschöne, fast schwarze Augen er hat, da kann Frau sich doch nur rein verlieren, vernünftig oder nicht‹, verteidigte mich die Sinnlichkeit.
›Um Vernunft oder Unvernunft geht es jetzt nicht mehr, bitte, schau weg‹!, wimmerte die Emotion, ›ich koche gleich über!‹
Ich erlöste meine Emotionen und senkte meine Augen. Samir wandte sein Kamel und ritt die Straße entlang in Richtung Dorf. Noch lange schaute ich diesem Mann hinterher, der mich in kürzester Zeit so sehr beeindruckt und aus der Bahn geworfen hatte. Im Camp erwartete mich Hamid, der mein Kamel wieder gegen seines eintauschte.

Früh am nächsten Morgen holte mich Samir im Camp ab, und wir ritten zu einem sehr ruhigen und schönen Fleckchen Wüste mit üppiger Vegetation. Er wusste definitiv besser als ich, wo genug frische Kräuter für unsere Wüstenschiffe wuchsen. Wir stiegen ab und überließen die Tiere sich selbst. Schnell war ein Feuer entfacht und ich stellte den Teepott hinein. Samir hatte Beduinenbrot und Käse mitgebracht und wir frühstückten in ruhiger Zweisamkeit weit ab von Dahab und seinem Trubel. Viele kleine Vögel kamen, um unsere Brotkrumen zu fressen. Ich holte Papier und Stifte aus meiner Satteltasche, um einige Vokabeln aufschreiben. Mein Begleiter hatte sich schon am Vortag als ein sehr gewitzter und geduldiger Lehrer der arabischen Sprache gezeigt. Ihm fielen die skurrilsten Umschreibungen der Vokabeln ein und er gab dieses Mal nicht eher auf, bis ich das arabische Wort richtig verstanden und richtig ausgesprochen hatte. Meine Gedanken überschlugen sich zwischenzeitlich.

›Das ist ein sehr anziehender Mann‹, bemerkte die Ästhetik.

›Und Humor hat er auch‹, ergänzte der Frohsinn.

›Mir gefällt sein Körper, so schlank und doch stark und muskulös‹, säuselte die Begierde.

›Du denkst auch immer nur an das eine.‹

›Ich vibriere auch schon den ganzen Morgen, herrlich!‹, trumpfte die Erregung.

›Vor allem scheint er auch Hirn zu besitzen, das ist ja wohl das wichtigste‹, wollte der Verstand die Debatte beenden, aber die Fantasie erinnerte sich an meine Notizen:

›Stimmt gar nicht!‹, säuselte sie verträumt. ›Sie hat zuerst geschrieben, er solle ein Kamel haben. Ah, wenn ich nur daran denke, neben diesem Mann in die herrlichen Sonnenuntergänge zu reiten. Zwei Menschen, allein, von Liebe erfüllt und nichts zurücklassend als die Spuren der Kamele, vereint im Wüstensand …‹

›Ist das kitschig!‹, bemerkte der Verstand trocken.

›Gut jetzt!‹, meldete sich die Hingabe, ›ich werde es mir überlegen. Letztendlich habe ich das zu entscheiden. Also gebt Ruhe und lasst sehen, was weiter passiert.‹

Es hatte mich ganz schön erwischt. Wieso musste die Zeit bloß weiterlaufen? Konnten wir nicht für immer hier sitzen bleiben? Der Morgen war traumhaft schön. Die rosarote Brille war in ständigem Einsatz. Ich fragte Samir dann frei heraus, ob er mich vielleicht auf der Tour mit dem Amerikaner begleiten wollte. Ich streute noch ein, dass der Ami etwas aufdringlich wäre und ich ungern allein mit ihm in der Wüste unterwegs sein würde. Somit war ich mir seiner positiven Antwort recht sicher und wie erwartet, versprach er, mich am frühen Abend abzuholen.

Zurück im Camp duschte ich kurz und legte mich anschließend zu einem Mittagsschlaf unter ein paar Palmen am Strand. Beim Einschlummern dachte ich an Samir. Meine Vorfreude auf den Abend streichelte mich sachte in den Schlaf. Als ich am späten Nachmittag mein Kamel bereit machte, und die Satteltaschen packte, blökte es plötzlich und ich spürte, ohne mich umzudrehen, dass Samir mit seinem Kamel hinter mir stand. Mit einem Lächeln im Gesicht drehte ich mich um und sagte ihm, ich sei gleich fertig. Wir könnten im Camp noch einen Kaffee trinken, da mein Kunde noch nicht fertig war. Kurze Zeit später kam ich mit dem Kaffee wieder und sah, wie Samir mit Sahi sprach.

Ich verstand von dem Gespräch nur das Wort Amisme, den Namen eines Wadis, unweit des Ortes, in den ich gehen wollte. Als wir startklar waren, sagte Sahi mir, dass er später mit dem Auto nachkommen würde, gleich nach Sonnenuntergang.

Auf halbem Weg am Wadi Amesmerra angekommen, lenkte Samir, der vorneweg ritt, sein Kamel nach links, am Wadi vorbei. Ich rief ihm zu, auf mich zu warten.
»Wo willst Du hin? Ich hab Sahi gesagt, wir gehen nach Amesmerra.«
»Lass uns lieber etwas weiter nach Amisme gehen, da kenne ich einen schöneren Platz, das wird euch gefallen. Ich hab Sahi vorhin gesagt, dass wir, anstatt in Amesmerra, dort übernachten.«
Ich glaubte ihm und es konnte ja nicht schaden, neue und schöne Orte für meine Safaris zu entdecken.
An einem traumhaften Fleckchen mit einer prächtigen Akazie angekommen, bereiteten wir etwas abseits des großen Baumes alles für die Nacht vor und setzten uns ans Feuer. Samir wollte das Kochen übernehmen und bereitete uns ein delikates Abendessen aus Huhn, Gemüse und Reis. Schon beim ersten Bissen tanzte mein Geschmack voller Freude darüber, dass dieser enorm attraktive Mann auch noch hervorragend kochen konnte.

Anfangs unterhielten wir uns zu dritt und lachten viel. Doch mehr und mehr dominierte Samir das Gespräch und erhielt meine ungeteilte Aufmerksamkeit. Gary, der Amerikaner, wurde zunehmend grantiger. Er merkte, dass sich zwischen

Samir und mir etwas anzubahnen schien, das ihm nicht passte. Sein Gesichtsausdruck hatte des Öfteren etwas von jemandem, der Zitronensaft ohne Zucker bestellt hatte. Gary hatte eine Flasche Wodka mitgebracht, die er fast allein trank. Seine ständigen Versuche, Samir und mich zum Mittrinken zu überreden, scheiterten, was ihn noch mehr verstimmte. Je betrunkener er wurde, desto unangenehmer wurde er. Er machte Witze, über die man nicht lachen konnte und erzählte von seinem Leben, das uns nicht wirklich interessierte. Als er bemerkte, uns nicht unterhalten zu können, rollte er sich schmollend in seine Decke ein und war nach kurzer Zeit eingeschlafen. Ich hatte erwartet, Sahi würde irgendwann auftauchen, aber er kam nicht. Es war mittlerweile sicher schon nach Mitternacht. Das war typisch für ihn. Schon oft hatte sich Sahi zu einem bestimmten Zeitpunkt mit mir verabredet, kam meist jedoch erst wesentlich später oder auch gar nicht. Verlassen konnte man sich auf ihn nie. Gut, dass Samir mich nicht im Stich gelassen hatte. Dann wäre ich jetzt mit dem betrunkenen Gary hier allein gewesen. Keine schöne Vorstellung.

Samir und ich saßen in der absoluten Finsternis. Es war Neumond und die Sicht betrug kaum einen Meter. Die Glut des Feuers warf nur einen schwachen roten Schimmer auf die nächste Umgebung und uns wurde langsam kühl. Wir beschlossen, neues Holz zu suchen. Keine leichte Aufgabe in der absoluten Schwärze der Nacht. Da ich jedoch gern noch ein wenig Feuer gehabt hätte, ging ich suchend weiter. Als ich mich gerade zu einem besonders großen Knüppel bücken wollte, beugte sich eine Gestalt, die aus der Dunkelheit kam, auch gerade. Recht unsanft schlug mein Kopf gegen den eines anderen. Es war, als hätten unsichtbare Kräfte uns gegeneinander geschubst. Samir und ich fielen, aneinander Halt suchend, auf die Erde. Er hielt mich fest in seinen Armen und bewegte sich nicht. Trotz der Dunkelheit wusste ich, dass er mir tief in die Augen sah. Ich konnte seinen Blick fühlen. Gerne hätte ich sein Gesicht gesehen. Er löste eine Hand und fuhr mit seinen Fingern über meine Augenbrauen. Als er sanft meine Lippen berührte, war es, als hätte er einen Stein aus einem Staudamm gelöst. Unsere Begierde bahnte sich, einer mitreißenden Flut gleich, unaufhaltsam und ungestüm seinen Weg.

Wir hatten die ganze Nacht wach gelegen. Uns aneinander gekuschelt nah am Feuer geküsst und mit den Händen den Körper des anderen erkundet, ohne den unbequemen Wüstenboden zu spüren. Erst im Morgengrauen fielen wir in einen kurzen Schlummer, aus dem die aufgehende Sonne uns kurz darauf wieder weckte. Ein großer Stein drückte schmerzhaft auf meinen Hüftknochen und meine Haare waren voller kleiner gelber Blüten, die fürchterlich klebten. Samir schaute mich an und lachte herzhaft. Während er mir half, die stark riechenden Kräuter aus meinen langen Locken zu ziehen, erklärte er mir die antibiotische Heilkraft dieser Pflanze. Er rupfte von dem kümmerlichen Rest des Busches ein paar Zweige ab und schlug vor, Tee zu kochen. Gary, der so sauer war, dass er fast zu Essig vergoren wäre, packte gerade seine Sachen und saß kurz darauf abmarschbereit neben der Feuerstelle auf seinem Rucksack. Den angebotenen Tee, in den Samir die abgebrochenen Zweige

getan hatte, lehnte er beleidigt ab. Er sagte uns, wir sollten sein Gepäck im Camp abgeben. Er würde jetzt allein zu Fuß zurückgehen. Wir versuchten, ihn umzustimmen, aber unseren Anblick schien er keine weitere Minute ertragen zu wollen. Das Wadi war nicht sehr weit vom Ort entfernt und es gab keine Möglichkeit, sich zu verlaufen, also ließen wir ihn ziehen. Uns war das recht. Wir waren nicht böse, allein gelassen zu werden. Meine Vermutung, dass Gary den Kameltrip nicht wegen der Schönheit der Wüste machen wollte, hatte sich als richtig herausgestellt und ich war froh, dass ich nicht allein mit ihm losgezogen war.
Samir und ich sprachen diesen Morgen beide nicht viel. Wir waren überwältigt von der Intensität des nächtlichen Erlebnisses. Allein durch eindringliche Blicke in die Augen des Anderen versuchten wir, die Gefühle darin abzulesen. Wir hatten uns verliebt. So viel stand fest. Aber vielleicht hatte Samir auch die Unsicherheit und Bedenken in meinem Inneren gesehen. Ich war ihm dankbar, dass er keine Fragen stellte. Die immer praller scheinende Sonne nötigte mein Wohlbefinden hartnäckig, nach einer Dusche zu verlangen. Kurz vorm Dorf stiegen wir ab und verabschiedeten uns mit einem innigen Kuss. Ich ritt, ohne zu wissen, wann ich ihn wiedersehen würde, zurück ins Camp. Wir waren wohl beide zu aufgewühlt von unseren Gedanken, um uns um die nähere Zukunft zu kümmern.

Als ich immer noch wie in Trance mein Kamel hinter meinem Fenster anband, kam Sahi mit ungewohnt schnellen Schritten auf mich zu. Er war erschreckend wütend und schrie mich an: »Ich habe dich die ganze Nacht im Wadi

Amesmerra gesucht und nicht gefunden! Wo, bitte schön, seid ihr gewesen?«
»Wir waren in Amisme. Das hat Samir dir doch gesagt.«
»Samir hat mir gesagt, in Amisme seien schönere Plätze, aber nicht, dass ihr dahin geht.«
›Da hat der Wüstenfuchs ihm wohl absichtlich nichts von seinem Plan, dich in allerletzter Minute umzustimmen, erzählt‹, lachte die Erkenntnis in mir.
»Du hast dich doch hoffentlich nicht von dem anmachen lassen?«, ereiferte er sich weiter »Das ist ein ganz übler Kerl, ein Beachboy! Nimm dich bloß in Acht vor dem!«
Ich hatte ihn verletzt. Kleinlaut entgegnete ich: »Oh, es tut mir wirklich leid, dass du umsonst gesucht hast. Ich dachte, du wüsstest, wo wir hingehen. Sorry Sahi, aber ich brauche jetzt erst mal eine Dusche und eine Mütze Schlaf. Wir sehen uns später.«
Ich drehte mich schnell herum und ging in mein Zimmer, um mein Waschzeug zu holen. Nach einer langen, ausgiebigen Dusche legte ich mich in mein einfaches Kämmerchen und versuchte zu schlafen, doch meine Gedanken wollten mal wieder keine Ruhe geben: ›Ach, war das eine schöne Nacht!‹, legte die Sinnlichkeit los, ›endlich konnte ich mich wieder richtig spüren.‹
›Wie gut er roch und schmeckte‹, ergänzte das Wohlbefinden.
Das Feingefühl fand Samirs Unbeholfenheit sehr süß: ›Der soll ein Beachboy sein? Dafür war er viel zu unerfahren.‹
Ich nahm mir vor, meinem Wüstenprinzen so bald wie möglich einige Fragen zu diesem Thema zu stellen. Ich wollte

nicht glauben, Samir sei, wie Sahi behauptete, einer von diesen Strandgigolos. Erstens hatte Hamid mir erzählt, Samir wäre erst seit Kurzem in Dahab und außerdem hatte er offensichtlich wenig Übung im Umgang mit Frauen.

›Ich weiß gar nicht mehr, was ich dazu sagen soll‹, meldete sich der Verstand, den ich doch so schön durch die rosarote Brille außer Kraft gesetzt hatte. ›Dieser Mann ist ein Beduine, ein Moslem und hat ganz andere Werte und Traditionen. Ich warne dich und habe gestern versucht, dir Einhalt zu gebieten, aber du hast nur noch auf einige deiner Gefühle gehört. Wie stellst du dir eine Zukunft mit so einem Mann vor? Willst du für immer hierbleiben? Willst du als Frau eines Moslems deinem Mann ausnahmslos gehorchen, wie es die Frauen hier gewohnt sind? Das wird dich unglücklich machen, das kannst du gar nicht.‹

›Jetzt lass erst mal einige Tage vergehen und sehen, was Samir wirklich für ein Mensch ist, welche Vorstellungen er von Traditionen hat und schauen, ob er überhaupt mehr will als ein nettes Abenteuer mit einer Touristin‹, riet die Neugier, ›ich möchte ihn aber auf jeden Fall besser kennenlernen.‹

›Ich bitte auch!‹, rief das Wohlbefinden begeistert; ›Ich finde diesen Mann einfach nur fantastisch und habe mich selten so gut gefühlt wie in seiner Nähe.‹

›Jetzt hört endlich mal auf da oben und lasst sie ein wenig schlafen‹, bat die Einsicht. ›So müde, wie wir alle sind, arbeiten wir nicht optimal miteinander. Verstand! Bitte zähle jetzt Schafe oder von mir aus auch Kamele, und zwar so laut, dass alle übertönt werden.‹

Sahi weckte mich viel zu bald mit einem lauten Klopfen an meine Tür. Er wollte mit mir reden.
»Ich geh erst noch mal duschen!«, sagte ich und flüchtete hastig. Meinen Bauchgurt, der dank Gary wieder etwas gefüllter war, hatte ich direkt mitgenommen. Ich verzog mich, anstatt wirklich noch mal zu duschen, an den Strand, um in Ruhe in einem Restaurant etwas zu essen und einen Kaffee zum Wachwerden zu trinken. Sahis Belehrungen und seine verliebten Blicke waren das Letzte, was ich jetzt hören und sehen wollte. Ich nahm die Abkürzung durch eine Baustelle und da stand Samir plötzlich, wie aus dem Nichts erschienen. Lässig mit dem Rücken an eine Wand gelehnt, sah er aus, als würde er mich erwarten. Er sagte tatsächlich, er hätte gewusst, dass ich bald mal da raus kommen müsste und hier schon seit einiger Zeit ausgeharrt. Er ging um mich herum und bevor ich mich versah, stand ich mit dem Rücken zur Wand. Zärtlich nahm er meine beiden Hände in seine, drückte sie rechts und links über mich an die Wand und küsste mich leidenschaftlich. Ich solle mit ihm kommen; jetzt sofort. Meine Sachen würde er später abholen lassen, er wolle keine Minute mehr ohne mich sein. Ich wäre ihm, schon seit er mich das erste Mal im Wadi gesehen hatte, nicht mehr aus dem Kopf gegangen. Das alles erzählte er mir irgendwie, ohne mit dem Küssen aufzuhören, und ich bestaunte seine plötzlichen Fähigkeiten. Er war sehr überzeugend und drückte sich immer stärker an mich. Ich entzog mich ihm jedoch schnell, mit einer einfachen Linksrechts-Finte. Ich war lange Handballerin gewesen, was sich hier gerade auszahlte, und sagte ihm, ich

bräuchte unbedingt etwas Zeit. Lachend fügte ich hinzu: »Aber heute werde ich ganz bestimmt nicht mehr umziehen.«

Wir gingen gemeinsam am Strand etwas essen. Als ich ihm erzählte, wie ungehalten Sahi über seine Lüge war und dass er uns die halbe Nacht gesucht hatte, lächelte Samir selbstüberzeugt und sagte: »Ich wollte unbedingt ohne Sahi mit dir in das Wadi. Bitte verzeih mir meine kleine Lüge. Ich glaube, er will dich genauso sehr wie ich und da musste ich mir etwas einfallen lassen.«

Ich fragte ihn ohne Umschweife, ob er schon viele Freundinnen gehabt hatte und er erzählte mir von einer Israelin, die er in Santa Katherina getroffen hatte und wegen der er nach Dahab gekommen war. Sie waren zwei Wochen ein Paar gewesen, bis sie ihm erzählte, dass sie in Tel Aviv einen Freund hatte, zu dem sie nun zurückgehen würde. Ich merkte an seinem Gesichtsausdruck, dass ihm diese Frau viel bedeutet hatte. Als ich wissen wollte, ob Beduinen nicht traditionell nur innerhalb ihres Stammes heiraten würden, schaute er abermals betrübt zu Boden und enthüllte mir eine sehr persönliche Erfahrung. Er sei schon mit etwa 15 Jahren in eine Beduinin verliebt gewesen, die jedoch einem anderen versprochen war. Über Jahre hinweg hatten sie sich immer wieder heimlich getroffen, wenn sie mit den Ziegen unterwegs gewesen war. Als Samir dann im heiratsfähigen Alter war, ging er zu ihrem Vater und bat um die Hand des Mädchens, obwohl er wusste, dass sie einem anderen versprochen war. Ihr Vater hielt jedoch an den alten Traditionen fest, bei denen ein Wort ein Wort war und

verheiratete seine Tochter aus Sorge, sie könnte Samir nochmals treffen, schon einen Monat später mit dem vorgesehenen Bräutigam.
»Für mich war das damals wie sterben«, sprach er weiter. »Ich habe lange über die alten Traditionen nachdenken müssen. Seitdem hatte ich immer Angst, mich wieder einem Beduinenmädchen zu nähern.«
Eine Pause entstand, in der wir beide die Traurigkeit der vergangenen Situation spürten, bevor er weitersprach: »Meine Mutter bemerkte meinen Kummer und wusste, um was es ging. Als Ersatz wollte sie mir meine Cousine als Frau schmackhaft machen, aber Fatma ist wie eine kleine Schwester für mich. Ich könnte sie nie lieben. Dann kam irgendwann Yael, die Israelin. Sie war wunderschön und auch sie wurde mir von einem anderen genommen. Eine andere Frau gab es in meinem Leben noch nicht.«
Ich glaubte ihm, da ich von Anfang an vermutete, Sahi hatte aus Enttäuschung heraus versucht, den Rivalen in meinen Augen schlecht zu machen. Außerdem hatte er mir so persönliche Begebenheiten aus seinem Leben erzählt, dass ich ihm vertraute.
Samir schaute mir wieder mit seinen unvergleichlich schönen schwarzen Augen tief in meine und sagte: »Ich muss jetzt gehen, aber ich werde jeden Tag zur Mittagszeit an der Mauer auf dich warten.«
Zum Abschied berührte er meine Lippen mit seinen Fingern, legte diese dann an seinen Mund, küsste sie und eilte davon.

Ich lehnte mich zurück, ließ mir die Sonne ins Gesicht

scheinen, schloss meine Augen und versuchte Klarheit in meine aufgewühlten Gefühle zu bringen. Ich mochte diesen schönen Beduinen wirklich gern, verdammt gern sogar, aber irgendwie ging mir das jetzt alles viel zu schnell. Noch bevor ich mit dem Kaffee fertig war, hatte ich einen Entschluss gefasst. Ich würde mit meinem Kamel allein nach Nuweiba-Tarabin gehen. Auf dem langen Weg dorthin war genügend Zeit, in Ruhe über alles nachzudenken. Ich musste Dahab, und diesen schwarzen Augen, die mir den Verstand zu rauben schienen, vorerst für eine Weile den Rücken kehren und mir genau überlegen, ob ich mich wirklich auf so eine Beziehung einlassen wollte und konnte.

Los, lauf...

»Die kürzesten Wörter, nämlich „ja“ und „nein“erfordern das meiste Nachdenken.«
- Pythagoras von Samos -

›Du rennst also einfach davon‹, spottete der Mut.
›Ach bleib doch‹, bat die Sehnsucht, ›es war gerade so schön.‹
›Schön ist gar kein Ausdruck‹, meinte die Leidenschaft, ›es war geradezu himmlisch!‹
›Was weißt du denn vom Himmel?‹, erboste sich der Glaube, ›du bringst uns noch irgendwann alle in die Hölle. Du und die Begierde, unersättlich und zügellos seid ihr, ohne auch nur ein klein wenig die Lage zu reflektieren.‹
›Genau!‹, warf die Angst ein. ›Sie kennt ihn doch gar nicht. Er ist ein Moslem! Dürfen die nicht vier Frauen haben und diese sogar schlagen? Also ich bin entschieden dafür, das Weite zu suchen.‹
›Ja, wenn's um's Wegrennen geht, bist du immer als erste dabei‹, spottete der Mut, ›aber mein Leitspruch ist und bleibt: Wer nichts wagt, der nichts gewinnt. Und sieh sie dir mal an oder frage den Verstand. Sie denkt doch an nichts anderes mehr.‹
›Also, ich denke, es ist gut, erst mal wegzugehen, eine Entscheidung kann auch ein anderes Mal getroffen werden‹, schob sich der Zweifel verschlafen dazwischen und gähnte lautstark.
›Einen hübscheren findet sie bestimmt nicht‹, jammerte die

Ästhetik, ›diese Haut, diese Augen, diese Sehnen und Muskeln, diese ...‹
›Jetzt mach aber mal 'nen Punkt, du bringst ja gleich den Mund zum Sabbern‹, echauffierte sich der Freiheitsdrang. ›Ich werde doch wieder der Sieger sein. Ich war schon immer der Zähste von uns allen. Wartet es nur ab!‹
Als ich meine Zimmertür öffnete, fragte die Versuchung ein letztes Mal schüchtern: ›Willst du nicht doch bleiben?‹
›Nein!‹, antwortete die Entschlossenheit rigoros und ich holte meinen Rucksack, um einen Großeinkauf zu machen.
Noch am nächsten Morgen wollte ich mit meinem Kamel, in das 70 Kilometer entfernte Nuweiba aufbrechen. Samir wollte ich nicht noch einmal sehen. Ich wusste, ich musste erst mal allein sein und hatte zu große Angst, er könnte mich zu sehr in seinen Bann ziehen und doch noch umstimmen.
Aber wie es das Schicksal wollte, lief er mir überraschend noch mal über den Weg, kurz nachdem ich aufgebrochen war und die ersten Kilometer am Strand zurückgelegt hatte. Er war sehr enttäuscht, dass ich mich nicht hatte entschließen können, bei ihm zu bleiben. Ich versuchte, ihm klar zu machen, dass ich in Ruhe über alles nachdenken musste. Er ließ mich gehen. Jedoch nicht, ohne mich noch einmal sehr leidenschaftlich und lange zu küssen. Aber auch dieser letzte Kuss, der jede Faser meines Körpers bis aufs Äußerste spannte, konnte mich nicht halten.
›Mit dem Mann stimmt meines Erachtens wirklich alles‹, trotzte die Faszination.
›Und ich war mir noch nie so sicher, das Richtige zu tun‹,

konterte die Entschlossenheit, ›dies ist eine Entscheidung, die braucht Zeit.

Der Verstand bestärkte sie: ›Das war ja fast ein Heiratsantrag von ihm. Merkt euch: »Die naturgemäße Ordnung ist dann gegeben, wenn die Vernunft die sinnlichen Begierden zügelt, die sie von ihren wesentlichen Aufgaben ablenken … und den irrtumsanfälligen Sinneswahrnehmungen misstraut«, wie schon Plato sagte.‹

Schmollend und traurig kuschelte sich die Begierde tief in den letzten Winkel des Hypothalamus. Ich bekam ihre Traurigkeit zu spüren und schaute mich nach Samir um, der sich immer weiter entfernte, und ich hoffte die richtige Entscheidung getroffen zu haben.

Dahab – Nuweiba

»Das Reisen führt uns zu uns zurück.«
- Albert Camus -

Mein Proviant war sehr kläglich, und trotzdem fand ich es schwer, alles Notwendige in den Satteltaschen zu verstauen. Mein Malzeug, einen Sack Mehl, einige Konserven, Makkaroni, Tomatenmark, Thunfisch und circa vierzig Liter Wasser sollten mich die nächsten paar Tage am Leben erhalten. Ich hatte die Beduinen im Camp vor meinem Aufbruch gefragt, ob ich mich auf dem Weg dorthin verlaufen könnte. Als diese es verneinten, brachen wir nur mit dem Allernötigsten auf. Eigentlich hatte ich vorgehabt allein losziehen, aber als ich Marc, einem sehr netten Engländer aus dem Camp von meinem Vorhaben erzählte und beschrieb, wie abenteuerlich ich mir meine Reise ausmalte, bekam er immer leuchtendere Augen und fragte mich, ob ich ihn mitnehmen könnte. Er hätte die Nase gestrichen voll von Dahab und wollte nur noch weg. Ich war hin und her gerissen. Letztendlich entschied ich mich, ihm zuzusagen. Ebenso erging es mir mit Roxana. Der süße Welpe war mir einige Tage vorher vom Strand her nachgelaufen. Wann immer die Beduinen des Camps sie hinaussetzten, ein paar Minuten später saß sie wieder neben mir, wedelte mit dem Schwanz und leckte mir die Füße. Am Tag meiner Abreise wich sie mir nicht von der Seite. Sie spürte wohl meine Aufbruchstimmung und ich bat Sahi, der über meine Abreise sehr traurig war, den Welpen

anzubinden, bis ich lange genug weg war.
Wir waren noch nicht beim Blue Hole, circa eine Stunde Fußmarsch vom Dorf entfernt, als plötzlich ein Auto neben mir hielt und Sahi und der Hund ausstiegen. Roxana sprang wie wild an den Kamelbeinen hoch und das Kamel, dem das gar nicht gefiel, hätte ihn beim Ausschlagen beinahe erwischt. Ich sprang rasch vom Sattel und sofort klebte der kleine Puppy wieder sabbernd an meinen Füßen. Sahi erzählte mir, sie hätte, seit ich weg war, wie wild gejault und sich den Nacken am Halsband wund gescheuert. Er hätte es nicht mehr ertragen können und sie ins Auto gepackt. Eigentlich suchen sich Menschen die Tiere aus, bei mir war es komischerweise oft anders herum. Sie war mir lange Zeit eine treue Begleiterin und ich habe es nie bereut, sie damals mitgenommen zu haben.

Die erste Nacht verbrachten wir hinter Ras Abu Galum und hatten schon das erste Desaster mit dieser Platzwahl heraufbeschworen. Als wir es uns gerade in einer leeren Hütte am Strand bequem machten, hielt ein Pick-up vor der Hütte und drei Beduinen stiegen aus. Sie grüßten freundlich, setzten sich zu uns und fragten, mit wem wir hier wären.
»Wir sind allein hier«, war meine Antwort.
»Wem gehört denn dann das Kamel da?«, fragte der Beduine verwundert.
»Das ist meins«, entgegnete ich vergnügt.
»Haha, du scherzt so gut, wie du arabisch sprichst. Sag schon! Mit wem seid ihr hier?«
»Es ist wirklich meins«, erwiderte ich, und langsam glaub-

ten sie es, schüttelten jedoch immer wieder ungläubig die Köpfe. Als ich ihnen meine Reisepläne auf ihre Fragen hin schilderte, waren sie sehr erstaunt, dass ich keinen Führer hatte. Doch auch sie versicherten mir, dass ich mich nicht verlaufen könnte.

»Was führt euch denn hier her?«, setzte ich den Fragenmarathon fort.

»Wir haben Wasser aus Bir Sreir geholt und wollen hier übernachten. Wir besitzen ein Camp in Ras Abu Galum. Wenn dir Nuweiba nicht gefällt, komm dort hin. Da ist es sehr schön und ruhig.«

So fragten wir gegenseitig die halbe Nacht weiter und gingen dann kaum schlauer aber schön müde schlafen. Am nächsten Morgen, als ich mich waschen wollte, stellte ich fest, dass wir alle am Vorabend nur mein Wasser verbraucht hatten und dass ich jetzt vielleicht noch fünf Liter in diesem Kanister und eineinhalb Liter in meiner Trinkflasche am Sattel hatte. Schöne Bescherung! Die Beduinen, die schon über alle Berge waren, hatten hunderte von Litern auf ihrem Auto gehabt. Das hieß, dass ich entweder nach Ras Abu Galum zurück reiten konnte, um Wasser nachzufüllen, oder dass wir bis heute Abend irgendwo Wasser auftreiben mussten. Ich wollte auf gar keinen Fall zurück und erinnerte mich an den Spruch eines Beduinen, dass in der Wüste alles immer zur rechten Zeit von ganz allein käme.

›Hoffentlich!‹, wimmerte die Angst.

Aber die Zuversicht gab mir einen Ruck. Ich schwang mich auf mein Kamel, steckte den Welpen in die Satteltasche, das

ging fabelhaft, und vertraute auf beduinische Weisheiten. Marc trottete immer hinterher. Er hatte genau fünf Minuten versucht, mein Kamel zu reiten, aber blanke Angst um seine besten Stücke ließen ihn schnell wieder absteigen.
»Kamelreiten ist nichts für mich«, entschied er sehr entschlossen und probierte es nicht wieder. Unterwegs bat ich ihn mehrfach, es doch noch einmal zu versuchen. Er blieb hartnäckig und dadurch kamen wir nur sehr schleppend voran. Zum Abend hin war unser Wasser verbraucht. Ich hatte schon einen recht trockenen Mund und Roxana hechelte deutlich stärker, als ich plötzlich etwas grell Oranges in den Bergen erblickte. Es bewegte sich dem Gipfel entgegen. Beim Näherkommen sah ich, dass es ein junges Mädchen war. Für heute hatte sich der Spruch, alles käme zur rechten Zeit, bewahrheitet. *Alhamdulillah* - Gott sei Dank. Wir winkten dem Mädchen, das uns schon erblickt hatte und unseren Gruß erwiderte. Als wir bei ihr ankamen, war sie den Berg hinuntergeklettert und erwartete uns. Wir begrüßten sie und ich fragte, was sie denn so allein hier tun würde. Sie sei mit ihrer Mutter und den Ziegen unterwegs und hätte aus einem Wasserreservoir in den Gipfeln ihre zwei Feldflaschen aufgefüllt, die sie Marc und mir anbot. Ich trank einen kleinen Schluck.
Scheinbar sah ich sehr durstig aus, denn das Mädchen sagte: »Trinkt die Flaschen ruhig aus, ich fülle sie gleich wieder. Meine Mutter hat auch noch Wasser, aber dieses hier schmeckt einfach besser.«
Sie hatte Recht. Es war eiskalt und erfrischend.
»Lauft einfach immer das Wadi weiter hoch, dann könnt ihr

meine Mutter gar nicht verfehlen«, rief sie uns nach, als sie schon wieder auf halber Höhe zum Wasserloch war.
Das taten wir und trafen ihre Mutter, umgeben von unzähligen Ziegen und Schafen unter einer Akazie sitzend. Sie begrüßte uns sehr freundlich, drückte mich scherzend auf eine Decke am Feuer und bot uns Tee an. Man konnte ihr ansehen, wie froh sie über unser Auftauchen war. Sie erzählte uns, ihr Zelt sei im Nebenwadi, hierher wäre sie nur gekommen, um die Tiere zu weiden, und weil ihre Tochter die abgelegene Wasserstelle so schön fand. Sie säße dort manchmal den ganzen Tag, um die Tiere zu beobachten, die zahlreich zu dieser verborgenen Quelle kamen. Sicher ein schönes, aber nicht sehr aufregendes Leben, dachte ich mir im Stillen. Die schon ältere Frau stellte sich uns mit dem Namen Rabia, was Frühling bedeutet, vor und lud uns ein, heute Nacht mit zu ihr in ihr Zelt zu kommen. Wir waren begeistert über so viel Gastfreundschaft und nahmen das Angebot dankend und gespannt, was uns erwarten würde, an. Auf einer Erhöhung in einem kleinen Tal stand ihr einsames Zelt. Vorerst war nur Rabias älteste Tochter da und begrüßte uns ebenso herzlich und freundlich wie zuvor ihre Mutter. Sie war sehr nett und sprach sogar ein wenig Englisch. Von Marc war sie vom ersten Moment an angetan. Sie wollte alles über England wissen und lauschte seinen Ausführungen mit großen Augen. Hamida flirtete ganz deutlich mit ihm. Später bereitete sie für uns alle ein ausgezeichnetes Mahl aus Gemüseeintopf und frischem Brot. Danach machten wir es uns auf einem schönen selbst gewebten Teppich unter Gottes Sternenzelt am Feuer

gemütlich.
Ich schaute in die Unendlichkeit des Himmels, der hier so nah zu sein schien und musste an Samir denken.
›Na, das wäre doch ein traumhaftes Leben. In Zweisamkeit und Stille, alles erfüllt mit Lust und Liebe. Später kommen dann ein paar kleine Wüstenkinder dazu, die den größten Sandkasten der Welt hätten‹, säuselte die Romantik.
›Und wovon soll sie leben, du verträumtes Schaf?‹, kommentierte augenblicklich die Vernunft den Einwurf.
›Also ich würde es gut finden‹, sagte die Langeweile, ›dann könnte auch ich mich mal entfalten, viel los scheint hier ja nicht zu sein.‹
›Eben!‹, gab die Vernunft der Langeweile ausnahmsweise mal recht, ›ich sehe hier weit und breit nur Sand und Berge. Ich wüsste nicht, wie man hier Geld verdienen kann.‹
›Okay, okay‹, gab sich die Romantik geschlagen, ›aber man wird doch noch mal fantasieren dürfen, oder?‹
Ich wurde von Rabia aus meinen Gedanken gerissen, die aus einem der zahlreichen Säcke, die im Zelt hingen, eine Flöte hervorkramte. Sie setzte sich kerzengerade hin und begann eine schnelle, wunderschöne Melodien zu spielen. Ihre Tochter erhob sich und vollführte dazu eine Art Bauchtanz. Sie forderte Marc und mich auf, mit ihr zu tanzen. Da sie uns so herzlich aufgenommen hatten, wollten wir keine Spielverderber sein und erhoben uns. Ihre andere Tochter nahm einen leeren Eisentank und benutzte ihn als Trommel. Immer schneller schlug sie den Rhythmus und wir tanzten und lachten immer ausgelassener. Dann übergab die Mutter der Tochter die Flöte und ich staunte nicht

schlecht, wie sexy diese betagte Frau ihre Hüften zu schwingen wusste. Mit dem aufgehenden Mond kamen ihr Mann und ihr Sohn und ich nahm an, jetzt wäre sicher Schluss mit lustig, aber dieses Paar war einzigartig.
Der Mann holte seine *Simsemia*, ein selbst gebautes Beduineninstrument hervor, der Sohn einen weiteren Tank und dann ging es erst richtig los. Wir tanzten jeder mit jedem, bis ich mich schlussendlich sogar mit dem Beduinenvater zu den immer schneller werdenden Rhythmen bewegte. Ich hatte mich selten so lebensfroh bewegt und so herzhaft dabei gelacht. Völlig verausgabt beglückwünschte ich mich selbst, diese Tour unternommen zu haben.

Am nächsten Morgen brachen wir viel später auf, als wir es vorgehabt hatten; mit aufgefüllten Wasservorräten und einem deftigen Frühstück aus *Fetha,* einem typischen Beduinengericht, das meistens morgens und bei manchen Familien fast täglich gegessen wird. Fladenbrote werden in sehr kleine Stücke gerissen und in kochendes Wasser mit Ziegenmilch oder frischer Tomatensoße gegeben. Die Flüssigkeit sollte gerade ausreichen, um vom Brot gänzlich aufgesogen zu werden. Bei der Variante mit Wasser wird anschließend *Afik*, selbst gemachter harter Ziegenkäse, und mit Kräutern angesetzte Butter dazugegeben. Manchmal wird das Brot einfach mit süßem Tee aufgeschüttet. Das ist die Alternative, wenn man nichts anderes mehr im Haus hat oder zu allem anderen zu faul ist. Wir bekamen die leckere und äußerst sättigende Version mit Ziegenkäse.
Die große Tochter begleitete uns noch eine halbe Stunde des Weges und verabschiedete sich mit einem lachenden

und einem weinenden Auge. Sie schien sich richtig in Marc verguckt zu haben, denn sie bat uns zum dritten Mal, doch noch ein paar Tage zu bleiben. Aber wir wollten weiter.
Eine echte Hilfe war Marc nicht, im Gegenteil, er hielt mich ganz schön auf. Dafür besaß er eine unglaubliche Fantasie und eine wunderschöne Art zu erzählen. In einer unserer Unterhaltungen erwähnte er, dass er mal Schriftsteller werden wollte. Das konnte ich mir gut vorstellen. Seine selbst gesponnenen Geschichten, die er mir in den nächsten Nächten am Feuer erzählte, entschädigten mich vollends für die Zeit, die ich durch ihn verlor. Die frühen Abende, wenn die Hitze des Tages langsam abnahm und die Wärme sich in die Farben der Berge und des Himmels zurückzog, waren für mich die schönste Zeit des Tages. Ich saß auf meinem Kamel, hing meinen Gedanken nach, sang vor mich hin; hatte keine Eile, keine Hektik und konnte einfach nur mein Dasein in vollen Zügen genießen. Die Landschaft war so vielseitig. Steile, fast geradlinige Felsen wechselten sich ab mit sanften Hügeln aus porösem Sandstein; einem Abschnitt absoluter Kargheit folgte ein Tal mit üppiger Vegetation. Manchmal tauchten kleine Sanddünen hinter einer Biegung auf oder der Sandstein verzauberte einen, wie im Coloured Canyon, mit seinen zahlreichen, untypischen Farben.
Einmal sahen wir nicht weit von uns entfernt, hoch auf einem Gipfel, einen imposanten Widder leichtfüßig den Berg erklimmen. Ich dachte an das Geweih, das ich bei Sahis Familie über der Tür hängen sah und hoffte für den Widder, dass er nie einem Beduinen mit geladenem Ge-

wehr begegnete.
Als die Sonne im Begriff war, den Tag der Nacht zu überlassen, schauten wir uns nach einem geeigneten Nachtlager um und machten uns auf die Suche nach Holz, um das Abendessen zuzubereiten. Ich hatte ein leckeres Brot in der Glut gebacken, wie der alte Jimme es mir beigebracht hatte. Wir ließen es uns mit einer Mischung aus Salz und Kreuzkümmel schmecken. Ein mageres, aber sehr lecker schmeckendes Mahl. Marc erzählte mir eine Geschichte von verzauberten Drachen in einem alten schottischen Schloss, die zwei Jungfrauen beschützen mussten, bis mir die Augen zufielen.

Das Frühstück ließen wir meistens aus. Ein Kanten Brot vom Vortag, den wir unterwegs aßen, reichte uns auf unserer morgendlichen Etappe. Da das Wasser allerdings mal wieder knapp wurde, hieß es, so schnell wie möglich eine kleine Hütte, von der uns die Beduinenfamilie erzählt hatte, zu finden. Ich mahnte zum zügigen Vorankommen und bat Marc, während des Laufens für Abjad immer mal ein paar Kräuter auszurupfen. Alle paar Meter brach er zwei, drei mickrige Halme von einem fetten Busch ab und gab sie dem Kamel.
›Oh je! Das macht das Kamel eher hungriger als satt‹, sagte die Erkenntnis und ich bat ihn, doch bitte den gesamten Busch auszureißen. Doch Marc, der unverbesserliche Weltverbesserer, weigerte sich hartnäckig.
»Ich kann doch nicht den ganzen Busch töten!«, war seine entsetzte Erwiderung.
›Das ist Unkraut!‹, schrie meine Ignoranz.

›Aber wie sag ich es einem, der so gut ist?‹, fragte sich dazu das Feingefühl.
Also ließ ich Abjad selber den Busch abfressen. Dies nahm jedoch reichlich Zeit in Anspruch und ließ den Durst wachsen.
Ein ohne sonderliche Ansprüche an die Baukunst zusammengezimmerter Unterstand tauchte auf einem kleinen Hügel auf und ich hoffte, dies sei die Stelle, die uns von Rabia beschrieben worden war. Ich stieg von meinem Kamel ab und untersuchte den Platz. Absolute Leere. Hinter dem Hügel stand ein gemauertes Bassin. Ich schaute hinein: Trocken! Daneben stand eine große Eisentonne mit einem alten Teppich darauf, der sich durch die Sonne schon fast aufgelöst hatte und furchtbar staubte, als ich ihn abnahm. Darin war ein blauer Wassertank. Ich schickte ein kurzes Stoßgebet zum Himmel und klopfte dagegen. Gott sei Dank! Ein dumpfer Ton erklang und signalisierte Fülle. Ich rief Marc, um mir zu helfen, den gossen Kanister herauszuhieven und etwas mehr als die Hälfte füllten wir in unseren Tank um. Im Stillen dankte ich dem Beduinen, der diesen Vorrat hier zurückgelassen hatte. Wieder bewunderte ich den Gemeinschaftssinn der Wüstenbewohner, der sich darin zeigte, für andere etwas zurückzulassen, ohne zu wissen, wer, wann und woher des Weges kommen und dies brauchen würde. Sichtlich vergnügter zogen wir weiter. Roxana konnte ein bisschen laufen und tobte ausgelassen umher. Abjad durfte, so oft er wollte, stehen bleiben und sich die saftigen Kräuter an den Berghängen schmecken lassen. Bis zur nächsten Siedlung sollten es von dieser Stelle

aus nur zwei bis drei Stunden sein.

Wir zogen gerade gemächlich über eine weite Ebene, als ich aus weiter Ferne einen Jeep auf uns zukommen sah. Auf gleicher Höhe stoppte ein Beduine, der mit einer verschleierten Frau unterwegs war. Wir hielten den üblichen kurzen Small Talk: Woher, wohin, wann und warum? Der ungewöhnlich beleibte, freundliche und lustige Mann war gerade vom Einkaufen wiedergekommen und gab uns großzügig eine ganze Tüte frisches Obst und Gemüse. Ich wollte es ablehnen, aber er bestand darauf, dass ich es nahm. Hocherfreut erzählte er uns auf unsere Schilderung hin, dass er das Wasser bei der Hütte zurückgelassen hatte und füllte unsere Kanister erneut auf. Mehrfach dankend verabschiedeten wir uns von dem scheinbar gutherzigen Menschen, der Jahre später dazu beitrug mein Leben nahezu zu ruinieren.

Inmitten dieser unbewohnten Gegend waren Orangen und Bananen eine willkommene Abwechslung. Der Eintopf aus frischem Gemüse, den ich uns bei der nächsten Rast zubereitete, brachte meinen Vitaminhaushalt endlich mal wieder auf den gewohnten Level. Der Spruch, alles käme in der Wüste zur richtigen Zeit, hatte sich erneut bestätigt. Marc war von der Großzügigkeit der Beduinen sehr überrascht.

In Dahab war ihm Gegenteiliges passiert. Drei Monate hatte er dort in einem Restaurant gearbeitet und trotz ständiger Versprechen die ganze Zeit kein Gehalt bekommen. Er konnte dort umsonst essen und arbeitete bis spät in die Nacht. Doch als er hartnäckiger sein Geld verlangte, warfen

sie ihn einfach raus, ohne ihm auch nur ein einziges ägyptisches Pfund zu zahlen.
›So etwas wäre ihm bei den Beduinen nicht passiert‹, warf das Mitgefühl ein.
Die Tatsache, dass er jetzt vollkommen pleite war und sich zu allem Überfluss dort auch noch unglücklich verliebt hatte, waren die eigentlichen Gründe, warum er mich gefragt hatte, ob er mitkommen könne.
»Es tut gut, jetzt mit dir durch die Wüste zu laufen, und alles hinter mir zu lassen«, sagte er.
»Die Wüste ist ein sehr heilsamer Ort. Wie geschaffen für Menschen mit Liebeskummer oder anderen Sorgen. In ihrer Trockenheit und Weite wird alles absorbiert. Rein und ungefüllt entzieht sie einem jede schlechte Vibration. Sie animiert einen mit ihrer Stille geradezu, alles herauskommen zu lassen und lässt nach der Leerung Raum und Zeit für neues zurück«, tröstete ich ihn und entlockte ihm damit ein zufriedenes und hoffnungsvolles Grinsen.
Zwischen Marc und mir entwickelte sich eine sehr angenehme, platonische Vertrautheit.

Am Nachmittag passierte das, was ich am meisten befürchtet hatte. Der Weg gabelte sich. So saß ich auf meinem Kamel und guter Rat war teuer, als ich auf einmal einen lauten, mehrstimmigen Männergesang vernahm. Es klang wie eine Militäreinheit, und genau das war es auch. Ich blieb wo ich war und erwartete die Soldaten. Als sie bei mir angelangt waren, begrüßten wir uns freundlich und ich erklärte ihnen, welches Problem ich hatte. Auf dem Aufdruck ihrer Anzüge war das MFO Emblem. Sie gehörten

also zu der Multi Forces and Observers Einheit, die im Sinai den Frieden sichern sollte. Sie rieten mir, den rechten Pfad zu nehmen. Der würde vier Kilometer stetig nach oben zu ihrer Basis führen und da hätte ich mit 300 Soldaten bestimmt einen lustigen Abend.
»Sicherlich hätte ich das«, erwiderte ich lachend, »aber eigentlich will ich, wie gesagt, nach Nuweiba.«
Dann müsste ich den linken Weg nehmen. Ich sollte es mir aber noch mal gut überlegen, wir hätten sicher viel Spaß miteinander. Ich dankte lächelnd und fragte sie nach Zigaretten.
Der Anführer der Truppe antwortete: »Wir joggen. Dazu in der Wüste. Zigaretten sind dabei das Letzte, was man gebrauchen kann. Tut mir sehr leid, damit können wir leider nicht dienen. Aber oben auf der Basis ...«
»Nichts für ungut, unterbrach ich ihn, aber ich möchte wirklich weiter. Macht's gut und vielen Dank für die Auskunft«, verabschiedete ich mich grinsend.
Die Situation war so absurd und unerwartet gewesen, ich hatte mich wie in einen falschen Film geplatzt gefühlt. Schade, dachte ich in Bezug auf die Zigaretten. Der Spruch, alles käme zur rechten Zeit, hatte sich diesmal nicht bewahrheitet. Dann musste ich mir wohl für den Rest des Trips das Rauchen abgewöhnen. Wichtiger war, dass ich jetzt wusste, welchen Weg ich nehmen musste.
Etwa eine dreiviertel Stunde später zeigte Marc mir eine riesige Staubwolke in einiger Entfernung hinter uns und ich bekam ein mulmiges Gefühl in der Magengegend. Die Wolke war riesig und kam genau auf uns zu. Ich befürchtete

einen Sandsturm und suchte mit den Augen schon die umliegende Gegend nach einem Unterschlupf ab. Nach ein paar Minuten konnte ich jedoch erkennen, dass es nur zwei Autos waren, die in atemberaubender Geschwindigkeit immer näher kamen. Kurz bevor sie uns einholten, verlangsamten sie ihr Tempo und kamen dann direkt neben mir zum Stehen.
Ich glaubte es kaum. Das waren die netten Soldaten von vorher und brachten uns zwei eiskalte Cola und zwei Packungen Zigaretten. Ich war sehr gerührt. Nachdem sie noch einmal vergeblich versucht hatten, mich zum Mitkommen auf ihre Basis zu überreden, zogen sie lachend und winkend wieder ab.
Genüsslich konnte ich meinem Laster frönen und dem Marlboro-Cowboy in nichts nachstehen. Ich freute mich, dass der Spruch sich doch wieder als zutreffend bewiesen hatte.

Am fünften Tag erreichten wir kurz vor Mittag ziemlich müde die Oase und Beduinensiedlung Bir Sreir und wurden sofort von einer Horde Kinder umzingelt. Es kamen sehr selten Touristen in ihr Dorf und schon gar nicht so ein lustiges Dreiergespann wie wir. Roxana war nicht sehr erfreut über so viel Trubel und wollte sich zwischen meinen Füßen verstecken. Die Kinder ließen leider nicht von ihr ab. Sie versuchten sie festzuhalten und grapschten so lange nach ihr, bis sie zum Schluss anfing, um sich zu beißen. Ich nahm sie auf den Arm und gemeinsam folgten wir ein paar Kindern, die uns den Weg zum Kaufladen zeigten. Das Angebot in dem kleinen einfach gemauerten Raum war

sehr spärlich, aber für den Rest der Strecke sollte es reichen. Wir erstanden Reis und Linsen, ein paar Dosen Saubohnen, Makkaroni und Tomatenmark.
Nach dem Einkauf wurden wir von einer Beduinin, die uns vor dem Laden angesprochen hatte, zum Tee eingeladen und blieben auf ihre Bitte hin später noch zum Abendessen und schliefen in ihrem Hof. Aus allen Löchern in der Mauer schauten uns, während wir den Tee genossen und unsere Glieder ausstreckten, Kinderaugen an. Die Hausherrin hatte die ganze Meute, die uns bis ins Haus gefolgt war, kurz nach unserer Ankunft recht energisch und lautstark nach draußen gescheucht. Endlich konnte ich mal wieder ausgiebig duschen.
Ganz Nuweiba und Dahab bekamen ihr Trinkwasser aus Bir Sreir. Es gab mehrere Brunnen dort. Wasser im Überfluss, wie himmlisch! Ich hatte schon lange nicht mehr mit purem Süßwasser geduscht und war begeistert, wie sehr das gerade im Laden erstandene Shampoo schäumte. In Dahab war das Brunnenwasser, das zum Duschen und Waschen benutzt wurde, immer ein wenig salzig gewesen, da sich dort das Meerwasser mit dem Grundwasser mischte.
Die Oase war wunderschön. Durch das reichlich vorhandene Grundwasser hatten alle Häuser einen Garten und überall wuchsen Palmen in kleinen Gruppen.
Als wir nach Obst und Gemüse fragten, führte uns die Tochter der Hausherrin in den Garten ihrer Großmutter.
So ungefähr stellte ich mir den Garten Eden vor. Es gab Granatäpfel, Aprikosen, Pfirsiche, Weintrauben, Mandeln und noch unzählige andere Bäume und Sträucher. Es war

einladend schattig und herrlich kühl. Ich fragte die sehr alte Beduinin, ob ich vielleicht den Nachmittag dort verbringen dürfe. Sie erlaubte es und fühlte sich sichtlich geschmeichelt, dass ich ihre jahrelange Hege und Pflege des Gartens mit sehr viel Lob und Anerkennung würdigte. Unzählige Vögel liebten diesen Platz offenbar ebenso wie ich. Es zwitscherte aus allen Ecken. Neben mir war ein alter, aus Naturstein gebauter Brunnen, der mich animierte, meine Zeichensachen zu holen und dieses idyllische Motiv auf Papier zu bringen. Da alle anderen einen Mittagsschlaf hielten und Marc sich das Dorf anschauen gegangen war, hatte ich einen bezaubernden Nachmittag ganz für mich allein.

Die Besitzerin des Gartens hatte mir gesagt, ich könnte mich ruhig an den Früchten bedienen, und so nahm ich mir an Obst und Gemüse, was wir für die nächsten Tage benötigten und zahlte einen Spottpreis für diese Qualität. Es gibt für mich schon immer nichts Besseres als frisches Obst direkt vom Baum. Das Obst in der Wüste hatte einen hervorragenden Geschmack. Die Früchte waren zwar kleiner, schmeckten aber durch den geringeren Wasseranteil wesentlich intensiver.

Die letzten Etappen lagen vor uns, und wir brachen schon früh am nächsten Morgen frisch geduscht und mit ausreichend Vitaminen gestärkt auf. Als wir am Mittag ein Restaurant entdeckten, machten wir Halt und bestellten eine Cola.

Auf dem Rückweg zu meinem Kamel sah ich einen Jungen, der Abjad am Halfter festhielt und ihn prüfend ansah. Abjad hatte jetzt schon den zweiten Tag ein tränendes Auge. Seit ein paar Stunden hatte es sich extrem verschlimmert und war auch ein wenig angeschwollen. Der Junge begrüßte mich und sagte mir, dass es meinem Kamel sehr schlecht ginge. Dieses typische Symptom hätten Kamele oft, wenn sie bald sterben müssten.

Ich traute meinen Ohren nicht. Mein Kamel sollte schwer krank sein und vielleicht sogar sterben? Ich war am Boden zerstört und brach schnell wieder auf, damit niemand meine Tränen sah. Ich beschloss, Abjad von nun an nicht mehr zu reiten. Ich wollte ihn seine letzten Stunden oder Tage nicht strapazieren und lief traurig neben ihm her. Marc versuchte mich zu trösten und mir gut zuzureden:

»Vielleicht ist es ja gar nicht so schlimm«, sprach er voller Mitgefühl.

Es half nichts; ich war zu betrübt und bat ihn, einen Schritt zuzulegen. Wenn wir uns beeilten, könnten wir am nächsten Morgen in Nuweiba sein. Sicher gab es da einen Arzt oder Beduinen, der meinem Kamel vielleicht doch noch helfen konnte. Am Abend sah ich den Sonnenuntergang nicht, auch der spätere Nachthimmel mit seinen Tausenden von Sternen wollte mir keine Sternschnuppe schicken. Nichts konnte mich von meinem Schmerz ablenken. Schlafen konnte ich auch nicht und weckte Marc etwa eine Stunde vor Sonnenaufgang, um weiterzuziehen. Er verstand meine Angst und stand ein paar Minuten später abmarschbereit neben mir.

Noch vor Mittag erblickten wir endlich den Hafen von Nuweiba. Nach den Beige- und Orangetönen der Berge

leuchtete das komplementäre Blau des Roten Meeres deutlich intensiver. Die Wasseroberfläche glitzerte wie ein mit silbernen Pailletten besetztes Abendkleid im Scheinwerferlicht. Aber an diesem Tag konnte auch dieser prächtige Anblick mein Herz nicht wirklich erfreuen. Ich lief, so schnell es ging, in das Beduinendorf am Hafen, der letzten Hochburg des Muezzina Stammes. Danach betrat man das Gebiet der Tarabin-Beduinen. Schon am Eingang des Dorfes traf ich ein kleines Mädchen, das mich auf meine Frage nach einem Arzt oder Beduinen, der sich mit Kamelen auskannte, mit zu ihrem Haus nahm. Ich war guter Dinge, da ich gleich drei Kamele vor dem Haus angebunden sah. Als ich gerade meinen treuen Begleiter im Hof anbinden wollte, kam die Mutter des Mädchens aus dem Ziegenstall und begrüßte mich wie üblich sehr herzlich. Die Gastfreundschaft der Beduinen war unbeschreiblich. Ich wusste mittlerweile, dass ich jederzeit bei jedem Haus auftauchen könnte und mir für mindestens drei Tage Kost und Logis angeboten werden würde, ohne einen Dank oder andere Gegenleistungen auch nur zu erwarten.
Ich zeigte der Beduinin sofort Abjads Auge und versuchte ihr klar zu machen, was der Junge gesagt hatte. Sie brach in schallendes Gelächter aus und sagte mir, dieser Schlingel hätte mich ja ganz schön hinters Licht geführt. Ob ich ihm das tatsächlich geglaubt hätte?
›Hattest du, du naive Nuss!‹, lachte mich die Erkenntnis aus.
Es wäre eine einfache Bindehautentzündung, erklärte mir die gütige Frau. Sie verschwand im Haus und kam mit

einem Säckchen voll Henna wieder heraus. Das grünliche Pulver schmierte sie dem Kamel dick in das Auge und bat mich in ihren Hof. Ich solle mir keine Sorgen mehr um mein Kamel machen. In ein, zwei Tagen würde es ihm wieder gut gehen. Sie gab mir den Beutel mit dem verbleibenden Rest des Hennas und wies mich an, dies dem Kamel drei Mal am Tag ins Auge zu reiben.

Sie sollte Recht behalten, es wirkte Wunder. In ihrem Hof sitzend, bekamen Marc und ich kurz darauf ohne Ankündigung ein leckeres Gericht mit Huhn und Salat serviert und ich war wieder glücklich.

Die Beduinen glauben, dass nach dem Tod alles, das man je einem anderen gegeben hat, vergolten wird. Das ist sicher auch ein Grund dafür, dass ihre Gastfreundschaft so unvergleichbar ist.

Nach dem Essen verabschiedete sich Marc von mir und bedankte sich überschwänglich.

»Das war eine der schönsten Reisen, die ich je gemacht habe. Ich werde es dir nie vergessen, dass du mich einfach so mitgenommen hast«, sagte er und drückte mir einen Kuss auf die Wange.

Ich wünschte ihm viel Glück auf seinem Weg und weg war er. Ich sah ihn leider nie wieder.

Auch ich schwang mich wieder in den Sattel, um noch am frühen Abend mein Ziel zu erreichen. In Muezzina hielt ich an einem größeren Laden und investierte mein letztes Geld in einen Sack Futter für mein Kamel, ein paar Konserven, Linsen, Zucker, Tee, einen Sack Mehl und eine Stange Zigaretten. Ich hoffte, damit die nächsten Tage über die

Runden zu kommen. Weit gefehlt!
Als ich kurz vor Tarabin war und das Camp schon vor mir sah, lachte mich das seichte Wasser des Meeres an. Ich beschloss mit Abjad, da dieser eine nicht geringe Anzahl von Zecken an den Füßen und zwischen den Zehen hatte, durch die knöcheltiefe See zu laufen. Weiter drinnen war eine kleine Sandbank und ich steuerte auf sie zu, als sich dieses verflixte Mistvieh urplötzlich auf halbem Wege einfach ins Wasser niederließ und sich genüsslich mit mir und dem ganzen Gepäck hin und her wälzte. Ich trat gegen seine Flanken und schrie auf ihn ein, aber erst als ich absprang, ihn unsanft am Halfter zog und letztendlich meine Hand gegen ihn erhob, bequemte er sich wieder hoch.
»Verdammt und zugenäht!«
Der gesamte Einkauf war hinüber. Aus allen Taschen und Säcken lief in dünnen Rinnsalen das Rote Meer. So sehr ich vorhin noch um ihn gebangt hatte, jetzt hätte ihn würgen können. Ich besaß nun noch eine Schachtel Zigaretten, die ich in der Hemdtasche gehabt hatte und ein paar Konserven. Sein Futter, das Mehl, die Linsen und die fast volle Stange Zigaretten waren hinüber. Den ganzen Rest des Weges beschimpfte ich mein Kamel in drei Sprachen, aber das besserte die Lage auch nicht.

Tarabin, du hast mich wieder

»Ob du ein Leben lang an geschlossenen Türen vorbeiläufst,
oder ob diese Türen sich öffnen und du willkommen bist,
das hängt von dir ab.«
- Paul Schibler -

Ich hatte mir überlegt, meine Zeit vorerst in Ras Gitan zu verbringen und ritt daher durch Tarabin hindurch. Die Reise war fantastisch gewesen, aber jetzt wollte ich einfach nur noch ankommen, den Sattel vom Kamel nehmen, ihn mindestens für zwei Tage in eine Ecke stellen und nicht beachten. Mein Rücken schmerzte seit geraumer Zeit etwas und konnte ein wenig Erholung gut gebrauchen.
Kurz nachdem ich das Dorf hinter mir gelassen hatte, kam mir ein Jeep entgegen. Es war Lami, der Besitzer von Maagana, einem Camp nahe dem von Ras Gitan, der in seinem Jeep neben mir zum Stehen kam. Er hatte eine Vollbremsung gemacht und ich erkannte ihn erst, nachdem der Staub sich ein wenig verzogen hatte. Er stieg aus dem Jeep. Ich sprang von meinem Kamel und wir begrüßten uns mit Handschlag und Handkuss. Bei den Beduinen küsst jeder dabei nach dem Loslassen seine eigene Hand.
Wir freuten uns beide sehr, uns wiederzusehen. Mit Lami hatte ich, während meiner Urlaube zuvor, schon einige Stunden am Feuer gesessen und von ihm sehr viel über die Beduinen erfahren. Er war ein sehr gebildeter und wissender Beduine. Das Camp, das er aufgebaut hatte, lief äußerst gewinnbringend und seine Familie hatte bei den

Beduinen großen Respekt und Einfluss. Dass ich jetzt ein eigenes Kamel besaß, beeindruckte ihn. Ich konnte ein Strahlen in seinen Augen wahrnehmen, als er mir sagte, ich würde mich mehr und mehr zu einer Beduinin entwickeln.
Als ich ihm erzählte, ich würde gerne Kameltouren mit Abjad veranstalten, schlug er mir vor, dies doch in seinem Camp zu tun. Da Maagana näher an Nuweiba ist und oft mehr Touristen als Ras Gitan hatte, kam mir der Vorschlag sehr gelegen. Er lud mich zum Abendessen ein und fuhr weiter.

Circa eine halbe Stunde später erreichte ich sein Camp. Eine kleine Ansammlung von etwa zwanzig Hütten, die wunderschön direkt am Meer standen. Lamis Jeep war vor dem dazugehörigen Restaurant geparkt. Als ich eintrat, erhob er sich und bat mich im Kreise seiner Freunde Platz zu nehmen. Es waren noch drei weitere Beduinen anwesend, die aufstanden und mich per Handschlag und dem üblichen *»Salam aleikum«*, Friede sei mit dir, begrüßten.
Wir saßen dort keine fünf Minuten, als die Sudanesen, die im Restaurant arbeiteten, uns eine riesige Platte Reis und Fisch brachten. Es gab frittierten Rotzackenbarsch und Zweibandbrasse, meine absoluten Favoriten. Nach dem Essen verabschiedeten sich die anderen Männer recht zügig und ich sprach mit Lami über meine Pläne und auch über meine Erlebnisse in Dahab. Er bot mir an, in einem angrenzenden Wadi zu wohnen. Er besäße dort einen Platz, an dem ich sicher die Ruhe finden würde, die ich suchte. Wir stiegen in seinen Jeep und fuhren in gerader Linie über die Verbindungsstraße von Sharm El Sheikh nach Elat hinüber

in ein kleines Tal, in dessen Mitte eine einzelne große Hütte mit einigen Akazien an der Seite stand. Bis zur Hütte waren es nur etwa drei Minuten Fußmarsch vom Camp, aber Lami ging ungern zu Fuß.
Die Bambushütte hatte zwei separate Räume. Eine der Akazien, die Schönste und Größte stand mit ihren furchteinflößenden Dornen direkt vor der Tür. Das dichte Geäst in sattem, gesunden Grün spendete viel Schatten. Eingehüllt in eine wunderschöne Bergwelt mit farbigem Sandstein und einem offenen Blick auf das strahlend blaue Meer, konnte ich mir das morgige Aufwachen gut vorstellen.
Ich war überglücklich und nahm sein Angebot, hier unbegrenzt und sogar umsonst wohnen zu können, gerne an und umarmte ihn stürmisch. Nachdem ich mein Kamel geholt und es unter dem Baum angebunden hatte, stellte ich mein weniges Hab und Gut in die Hütte, sammelte das Holz unter der Akazie auf und schon bald stand Tee im Feuer und mein Glück war perfekt. Als Lami abends wieder in das Wadi kam, bot ich ihm Tee an und dankte ihm nochmals. Ich brauchte ihm keine Fragen zu stellen, von ganz allein fing er an, mir neue Einblicke in das Leben auf dieser schönen Halbinsel zu gewähren. Seine Art zu erzählen war mitreißend und informativ. Er sprach so herzerfüllend über den Sinai, die Beduinen, über Touristen, Gott und die Welt, dass ich ihm wochenlang hätte zuhören können.
Später kamen noch zwei andere Beduinen und brachten mehr Brennholz. Sie entfachten das Feuer neu und legten sich etwas abseits auf eine Decke. Es dauerte nicht lange, und sie waren vor meiner Hütte eingeschlafen. Auch für

mich wurde es immer schwerer, meine Augen offen zu halten, und Lami, dem dies nicht entging, erhob sich und wünschte mir eine gute Nacht.
»Was ist denn mit deinen beiden Freunden, willst du sie nicht wecken?«, fragte ich verständnislos, als Lami an ihnen vorbei ging.
»Nein, lass die mal schlafen, die tun dir nichts«, sagte er und verschwand in der Dunkelheit, die ihn sofort verschluckte. Ich nahm mir meine Decke und stopfte wie jeden Abend ein paar T-Shirts in einen Kissenbezug und bettete mich darauf. Der Mond verschwand gerade hinter dem Bergmassiv, das mich umgab, und noch bevor ich groß zum Nachdenken kam, war auch ich in einen tiefen, ruhigen Schlaf versunken.
Als ich wach wurde, galt mein erster Blick dem Meer. Hinter den Bergen des gegenüberliegenden Saudi Arabiens kündigte sich der Morgen an. Ein Spektakel von Rot, Orange und Lila, als hätte der Schöpfer persönlich in himmlischer Stimmung zum Pinsel gegriffen.
Jetzt bei dem schönen Licht sah mein Platz nicht mehr so gut aus. Überall lag Müll herum. In eine Ecke gelehnt fand ich eine alte, getrocknete Fruchtstaude einer Dattelpalme. Die eignete sich hervorragend als Handrechen. Damit rechte ich die beiden Räume aus und arrangierte meine Sachen. Danach machte ich das gleiche um die Hütte herum, klaubte die großen dornigen Äste unter der Akazie zusammen und deponierte sie hinter der Hütte. In den nächsten Tagen würde ich sie benutzen, um mein Feuer anzufachen. Sehr zufrieden schleppte ich zum Abschluss eine

große Tüte Unrat aus meinem neuen Domizil ins Camp hinüber und entsorgte sie dort.
Ich legte mich für eine Weile an den Strand und ging ausgiebig schwimmen, um meinen angeschlagenen Rücken zu entspannen. Beim anschließenden Frühstück aus Bohnen, Brot und Rührei saß ich bei einigen Touristen und erzählte ihnen von der Schönheit und Ruhe der Berge. Einen von ihnen konnte ich begeistern und hatte somit jemanden gefunden, der mit mir einen Kurztrip in die Wüste machen wollte. Am übernächsten Tag sollte ich also schon wieder Arbeit haben. Das verdiente Geld würde mich die nächsten Tage über Wasser halten.

Der Platz war genau richtig für mich. Wann immer mir das Geld ausging, fand ich leicht neue Kundschaft und den Rest der Zeit konnte ich an dem herrlichen, ruhigen Strand liegen oder in die Tiefen des Meeres abtauchen. Mit den Angestellten und Langzeittouristen freundete ich mich schnell an und gehörte im Camp bald zur Familie. Auf Lamis Anordnung aß und trank ich mittlerweile auch umsonst. Das erfuhr ich allerdings erst, als ich nach der Tour mit dem Touristen meine Rechnung begleichen wollte. Er hatte die Belegschaft aufgefordert, unter keinen Umständen Geld von mir anzunehmen, selbst das Trinkgeld, das ich ihnen wenigstens geben wollte nicht, und sich anständig um mich zu kümmern. Wie weit das jedoch ging, sollte ich erst ein paar Tage später erfahren.
Abends saßen fast immer einige Beduinen und Israeli bei meiner Hütte am Feuer. Wir tranken Tee und lauschten den Geschichten der Erzähler. Amir aus Israel hatte besonderes

Talent dazu. Seine Geschichten waren immer voller Humor und Ironie. Oft erboste er sich über sein eigenes Land und verurteilte ganz entschieden den Hass, der zwischen Juden und Moslems von beiden Seiten geschürt wurde. Ausnahmslos alle, mit denen ich sprach, ob Moslems, Juden oder Christen, sehnten sich nach einer friedlichen Lösung für den Konflikt in Israel. Und an unseren Feuern war die Frage des Glaubens oder der Nationalität nie ein Grund zu Zwist, sondern stets ein Quell der Horizonterweiterung. Nach ein paar Tagen fragte ich Amir, ob er sich nicht zwei Tage um mein Kamel kümmern könne, da ich nach Ras Gitan gehen wollte, um meine Bekannten dort wiederzusehen. Er war einverstanden, nachdem ich ihm anbot, für die Zeit in dem zweiten Raum meiner Bambushütte zu wohnen.
Als ich wieder kam und er mir sagte, wie wohl er sich hier gefühlt hatte, schlug ich ihm vor, doch einfach zu bleiben. Dankend nahm er den Vorschlag an. Inzwischen war er ganz angetan von meinem Kamel und berichtete mir stolz, ein israelischer Journalist hätte einen Artikel verfasst, als er ihn mit meinem Kamel am Wadirand traf. Auch ich würde in diesem Artikel erwähnt werden.

Eines Abends, als die Dämmerung einbrach und ich mit Amir ausnahmsweise einmal allein am Feuer saß, sprang er plötzlich auf und hielt mir die Augen zu.
»Schnell! Steh auf!«, forderte er mich auf.
Er lief mit mir ein paar Schritte das Wadi hinab.
»So, du darfst deine Augen jetzt wieder öffnen. Nun sag mir, schöne Frau: Was erblickst du?«

»Etwas unbeschreiblich Schönes!«
Ein knalloranger, kugelrunder, dicker Blutmond war gerade in voller Größe hinter den Bergen Saudi Arabiens aufgegangen und warf einen tieforangen Lichtstrahl über das Rote Meer, der so intensiv war, dass man in Versuchung geraten konnte, darauf wandeln zu wollen. Wir waren beide vollkommen fasziniert und uns einig: So groß und so farbintensiv hatten wir den Mond noch nie gesehen. Welch zauberhafter Ausklang für diesen ohnehin schon wundervollen Abend.

Am nächsten Nachmittag ging ich tiefer in das umliegende Tal, um meine nähere Umgebung zu erkunden. Ich fand einen kleinen Berg in den allerschönsten Sandfarben.
Orange-, Braun- und Beigetöne in allen Variationen. Weiße und rote bis hin zu satten violettfarbene Linien zogen sich durch das Gestein. Ich eilte zurück zur Hütte, holte meine Maltasche und saß, bis ich absolut nichts mehr sehen konnte und die Sonne schon lange untergegangen war, im Wadi und kreierte Bilder. Die einzelnen Steine, die ich pulverisierte, boten mir vielfältige Möglichkeiten, kleine Kunstwerke entstehen zu lassen. Der Sand ließ sich zerreiben, mit Leim aufkleben, mit Wasser zu zarten Aquarellfarben mischen und die Brauntöne sahen sogar auf der Haut schön aus und glitzerten, wenn die Sonne im richtigen Winkel darauf schien. Von den Bildern, die ich auf mein letztes Aquarellpapier gemalt und zugeschnitten hatte, konnte ich in den nächsten Tage einige als Postkarten verkaufen, und so war wieder ein kleiner Nebenverdienst gefunden, der dazu noch Spaß machte.

Viele Stunden verbrachte ich allein im Wadi und beschäftigte mich mit meinen Musen oder den Gedanken über mein Leben und die Zukunft. Ich fand in dieser meditativen Zeit einige interessante Sachen über mich heraus. Doch auch die Sehnsucht war andauernd, zu allen Gelegenheiten hellwach und flüsterte mir viel zu oft ein leises, zärtliches Samir in die Ohren. Mehr brauchte es nicht, um all die schönen Bilder in mir zu erwecken, die ich noch glasklar im Kopf hatte. Wenn ich dann an Samirs umwerfende Küsse dachte, reichte dies, um auch die Leidenschaft aus ihrem Schlaf zu wecken.

›Ahhh, dieser Körper, dieser einzigartige, unwiderstehliche Geruch, diese berauschenden …‹

›Hör sofort auf damit!‹, unterbrach sie die Vernunft, ›du machst sie ja ganz wuschig! Der Typ ist weit weg und das ist auch besser so.‹

›Allah sei Dank!‹, pflichtete die Angst mit einem lauten Ausatmen bei: ›Ein Beduine, das kann doch nicht gut gehen.‹

›Ich bin der gleichen Meinung‹, sagte der Freiheitsdrang, ›bei den Beduinen hat die Frau auf den Mann zu hören und sich unterzuordnen. Ich glaube nicht, dass wir das hinbekommen.‹

›Unterordnen?, so weit wird es doch wohl nicht kommen‹, sprach der Stolz, ›das kann ich gar nicht.‹

›Aber immer allein bleiben ist auch eine furchtbare Vorstellung‹, äußerte die Sehnsucht zerknirscht.

›Immer allein?, davon spricht gar keiner. Wir sollten zusehen, dass wir einen bekommen, der mich ernst nimmt.

Schließlich bin ich ein sehr wichtiges Element in ihrem Leben‹, sprach die Muse, mit einer Heftigkeit, die man ihr gar nicht zugetraut hatte.
›Abwarten und Tee trinken‹, beendete der Zweifel die Argumentation.

Die Muse gab sich weiterhin alle Mühe, mich abzulenken, verschaffte somit aber ungewollt dem Zweifel Platz, sich heimlich zu entfalten:
›Willst du wirklich einen Beduinen heiraten?‹, fragte er ohne Unterlass immer und immer wieder.
›Eigentlich wollen wir das eher nicht‹, war die konstante Antwort der Angst und des Argwohns.
Und trotzdem vermisste ich Samir und dachte öfter an ihn, als mir lieb war. Ich war froh, vorerst weit weg von Dahab zu sein und hier im Wadi sitzen zu können, wo keiner irgendetwas von mir wollte.

Als Amir dann zurück nach Tel Aviv musste, war ich wieder alleinige Hausherrin, aber doch nie wirklich allein. Diese Erfahrung wollte ich aber nun endlich einmal machen. Ich musste unbedingt eine Nacht ganz allein in der Wüste verbringen. Da ich als kleines Mädchen definitiv zu viele Horrorfilme gesehen hatte, beschlich mich immer wieder eine schreckliche Angst vor der Finsternis. Mit ungefähr zwölf Jahren war ich mit meinem Bruder in das Dachgeschoss unseres Hauses gezogen. Wenn ich von dort in das im Erdgeschoss liegende Restaurant wollte, musste ich drei Stockwerke hinunter laufen; vierundsechzig Stufen. Nun hatten wir wegen der Pensionsgäste einen Lichtschalter mit

Zeitschaltautomatik. Die Zeit reichte nur, es bis unten ins Lokal zu schaffen, mir zu holen, was ich brauchte und wieder hinaufzurennen, wenn ich drei Stufen auf einmal nahm und mich sehr beeilte. Oft genug war ich die Treppe rauf oder auch mal runter gefallen, aber all die blauen Flecke waren nicht halb so schlimm wie die Angst, dass ich plötzlich im Dunklen stehen könnte. Ich hatte eine für mich unverständliche Furcht vor Geistern, Vampiren und allen möglichen Fantasiegestalten. Mein Verstand wusste, es gab diese Wesen nicht und trotzdem überkam mich noch als junge Erwachsene nachts ein Gefühl der Panik. Dieser Angst wollte ich mich jetzt mutig für eine ganze Nacht stellen, um sie hoffentlich dadurch ein für alle Male zu überwinden.

Ich sagte also den Beduinen, die wie immer zu zweit oder zu dritt vor meiner Hütte schliefen, dass ich heute Nacht mal allein hier im Wadi sein wollte.

»*Misch mumkin!*, das geht nicht!«, erwiderte einer der Herren resolut.

»Wie? Das geht nicht?«, fragte ich entgeistert zurück.

»Wir haben von Lami den ausdrücklichen Befehl erhalten, hier zu nächtigen, um auf dich aufzupassen.«

»Ihr braucht es ihm doch nicht zu verraten«, schlug ich ihnen vor.

Doch die beiden Beduine ließen sich nicht von mir verscheuchen.

›Aha! Deshalb waren sie auch immer zu zweit oder zu dritt‹, schlussfolgerte die Logik, ›damit nicht einer allein sich an dich ran machen kann.‹

›Was für ein toller Mann‹, freute sich die Angst, ›endlich

mal einer, der auf meiner Seite ist.‹
›Mir geht das hier entschieden zu weit‹, warf der Stolz konsterniert dazwischen.
›Er meint es aber doch sicher nur gut‹, vermittelte der Verstand und alle nickten zustimmend.
Ich nahm mir vor, mit Lami darüber zu reden.

Ein paar Tage später hatte ich ein sehr langes und ernstes Gespräch mit ihm. Er sagte mir, dass es nicht gut für eine Frau wäre, allein an solch einem Platz zu sein, ob ich nicht lieber jemanden heiraten könne.
›Klar, gleich nach dem Mittagessen‹, flachste die Ironie, ›ist der verrückt geworden? Man heiratet doch nicht mal einfach so - zwischendurch.‹
»Ich kann dich auch heiraten«, war ein scheinbar plötzlicher Gedanke von ihm. »Wir könnten danach auch ruhig weiter wie Bruder und Schwester miteinander umgehen, aber die anderen würden dann endlich aufhören zu spekulieren und es würde wieder etwas Ruhe ins Camp einkehren.«
Ich war gerührt, wie viele Gedanken er sich um mich machte und erstaunt, dass ich scheinbar Unruhe unter den Männern des Camps stiftete. Da ich ziemlich ungläubig aus der Wäsche guckte, erklärte er mir noch einmal, worum es ihm genau ging: Ich sei sein Gast und stände somit unter seiner Obhut. Daher wäre er für meine Sicherheit verantwortlich. Hätte ein Mann mir dort etwas angetan, wäre er verpflichtet gewesen, diese Tat zu rächen. Bei einer Vergewaltigung hätte er ihn vielleicht sogar töten müssen. Er war wirklich ein toller »großer Bruder« und dazu noch wunderschön. Wäre er nicht schon zweifach verheiratet

gewesen, hätte ich mir das vielleicht sogar überlegt.
Lami war einer der wertvollsten Menschen, die ich je kennenlernen durfte.

Jessica

«Menschen zu finden, die mit uns fühlen und empfinden,
ist wohl das schönste Glück auf Erden.«
- Carl Spitteler -

Immer wieder musste ich an Samir denken, er ging mir nicht mehr aus dem Kopf. Ich war jetzt etwa drei Wochen in Maagana und in Bezug auf ihn noch genau so unsicher wie bei meiner Abreise aus Dahab. In Nuweiba gefiel es mir jedoch deutlich besser, und Touristen für eine kleine Kameltour fanden sich auch immer. Gerade war ich wieder von einer Tour mit einer alleinreisenden Österreicherin zurückgekommen und saß mit ihr im Restaurant des Camps. Sie fragte mich, warum man in den Cafés nie Beduinenfrauen, sondern nur Männer sehen würde, als ein Beduine, der am Nebentisch gesessen hatte, sich zu uns umdrehte und die Frage auf Schweizerdeutsch beantwortete: »Unsere Frauen mögen den Trubel der Touristen nicht. Sie kümmern sich um das Haus und die Kinder und kommen nur manchmal hier vorbei, um Souvenirs an die Touristen zu verkaufen.«

Wir waren beide fassungslos. Ein Beduine, der Schweizerdeutsch sprach, passte so gar nicht in diese abgelegene Gegend. Ich bat ihn an unseren Tisch. Er erzählte uns, er wäre mit einer Schweizerin verheiratet und hätte einige Zeit in dem schönen Bergland gelebt und gearbeitet. Vom letzten Aufenthalt dort hat er sich einen Jeep mitgebracht,

den er uns stolz zeigte. Er bot uns eine 3-tägige Jeeptour an, die ich dankend ablehnte, aber die Österreicherin gern mit ihm machen wollte. Da sie ihre Freunde fragen musste, stand sie auf und ließ mich mit Mousallim, wie er sich mittlerweile vorgestellt hatte, allein. Ich fand ihn vom ersten Augenblick an sehr sympathisch und wir saßen eine ganze Weile am Feuer und redeten über die Unterschiede zwischen Europa und dem Sinai. Ihm gefiel vor allem die Sauberkeit in der Schweiz und die Möglichkeit, dort gut Geld verdienen zu können. Er mochte die Familie seiner Frau und flog so oft es ging dorthin zurück. Die nächste Zeit wollten sie jedoch nutzen, um sich in Nuweiba etwas aufzubauen. Ich fragte ihn nach seiner Frau und er schlug mir vor, sie doch am besten selbst kennenzulernen. Er würde jetzt heimfahren, wenn ich Lust hätte, könne ich gerne mitkommen. Ich hatte sogar große Lust dazu.
Als wir im Hauptdorf des Tarabin Stammes ankamen, parkte Mousallim seinen Jeep neben einer kleinen Moschee und öffnete mir die Tür zu einem großen Hof. Dort saß eine Frau, die zwei Waschtröge und einen beachtlichen Berg Wäsche vor sich hatte. Als sie uns eintreten sah, erhob sie sich, trocknete sich schnell die Hände an ihrem langen Rock ab und begrüßte mich sehr herzlich. Mousallim stellte mich vor und sagte ihr, er hätte mich in Maagana kennengelernt. Ich hätte ihm sehr viele Fragen gestellt, die Jessica mir sicher gern beantworten würde. Er wünschte uns eine schöne Zeit und ging. Jessica rief ihm noch nach, dass Essen für ihn im Feuer stehen würde.
»Habe bei Lami gegessen«, war seine kurze Antwort, als das

Tor schon wieder hinter ihm zufiel.
Jessica ging mit mir ins Haus und bot mir Kaffee an, richtigen Bohnenkaffee. Was für eine Gaumenfreude, nachdem ich so lange Zeit nur löslichen Kaffee zu mir genommen hatte. Der Raum, in dem wir saßen, war Teil eines gemauerten Hauses mit einem Strohdach. Eine Feuerstelle bildete das Zentrum des Eingangszimmers. Dafür hatte man im Dach direkt darüber ein quadratisches Loch gelassen, über das der Rauch abziehen konnte. Wir saßen auf Matratzen, die mit Teppichen bedeckt um das Feuer ausgelegt waren. Beide genossen wir es außerordentlich, uns in unserer Muttersprache zu unterhalten und waren von Anfang an sehr interessiert aneinander. Mousallim kam wieder und berichtete, die Österreicher hätten sich entschieden, noch heute Abend den dreitägigen Trip zu starten. Er packte einige Sachen zusammen, wobei Jessica ihm zur Hand ging, und verabschiedete sich mit einem Kuss von ihr.
»Dann bin ich wohl mal wieder allein, oder magst du hier schlafen?«, fragte Jessica mich mit einem offenen und bittenden Lächeln.
Da ich mich sehr wohl bei ihr fühlte und nichts Besseres vorhatte, nahm ich ihr Angebot dankend an. Ich erzählte ihr von meinem Kamel, und sie sagte, ich könne es ruhig herbringen und hinter dem Haus anbinden. Ich lief hoch zur Hauptstraße und fand schnell einen Beduinen, bei dem ich hinten auf den Pick-up sprang, und der mich bis zu meiner Hütte in Maagana mitnahm. Ich verstaute einige Kleidungsstücke und das Malzeug in meinem Rucksack, sattelte das

Kamel und war keine halbe Stunde später wieder zu Jessica unterwegs. Der Sonnenuntergang hinter den Bergen tauchte die Landschaft in herrlich warme Töne und ich konnte Abjad tatsächlich dazu bringen, ein wenig zu galoppieren. Normalerweise mochte er es nicht und verfiel immer sofort wieder in einen langsamen Gang, aber heute schien er, wie ich, in ausgelassener Stimmung zu sein.
Schon nach etwa zwanzig Minuten hatte ich das Dorf erreicht und band mein Kamel neben der Moschee an. Jessica erwartete mich mit einem Abendessen aus frisch gebackenem Brot und Gemüseeintopf. Ich erzählte ihr von Samir und meinen Bedenken, eine Beziehung mit einem Beduinen einzugehen.
»Ich habe meine Heirat mit Mousallim noch keine Minute bereut«, bestärkte Jessica meine Sehnsucht, die mich jeden Abend und auch tagsüber viel zu oft an Samir erinnerte. Sie hatte sich genau wie ich, vom ersten Moment an in dieses Land verliebt und als sie Mousallim kennenlernte, nicht lange mit der Hochzeit gewartet. Das war in Ägypten auch nicht möglich, denn Ausländerinnen und Ägypter oder Beduinen durften sich, wie ich selbst schon erfahren hatte, nicht zusammen erwischen lassen, wenn sie nicht verheiratet waren. Auf Unzucht standen hohe Strafen für die Einheimischen und die Ausländer konnten sogar des Landes verwiesen werden.
»Sind denn die kulturellen Unterschiede nicht ein Problem für dich gewesen?«, wollte ich wissen.
Ihre Antwort war unerwartet, aber erhofft: »Für mich war es überhaupt nicht schwer, mich dieser Kultur anzupassen.

Ich war den Sitten und Gebräuchen hier gegenüber sehr aufgeschlossen und musste mich kaum umstellen.«
Auch dass sie ein Kopftuch trug, wäre freiwillig und nicht von ihrem Mann verlangt. Da sie sehr viel mit der Familie und den anderen Frauen verkehren würde, hätte sie es besser gefunden, sich im beduinischen Sinne sittlich zu kleiden. Das typische schwarze, sehr dünne Baumwolltuch verdeckte ihr Haar. Das Gesicht war unverschleiert. Die vielen bunten Perlen, mit denen das Tuch bestickt war, passten sehr schön zu ihrer roten Bluse und dem schwarzen, langen Rock.
»Lerne doch deinen Wüstenprinzen erst einmal besser kennen und lass dir Zeit, überstürze nichts. Du kannst gerne noch ein paar Tage bei mir bleiben und so etwas mehr über ein Leben als Beduinin erfahren.«
Gerührt und dankbar nahm ich sie in meine Arme, drückte sie fest und wusste schon von diesem Moment an, eine sehr liebe Freundin für immer gefunden zu haben. Das ist nun über zwanzig Jahre her und hat sich bis heute als ein sehr großes Geschenk erwiesen.

Als Jessicas Mann heimkehrte, wollte er seiner Mutter, die in der Wüste nahe einer Oase lebte, ein paar Dinge bringen. Jessica sollte ihn begleiten und gemeinsam wollten sie die Nacht dort in der Wüste verbringen. Meine neue Freundin bot mir an, in ihrem Haus zu bleiben. Dieses Angebot nahm ich gerne an. Es kam mir gelegen ein wenig allein zu sein. Ich brauchte Zeit, um nachzudenken, denn alles in mir drängte auf eine Entscheidung. Ich wünschte mir sehr, endlich meinen Platz zu finden, um mich niederzulassen.

Ob der Sinai der richtige Ort dafür war? Ich fühlte mich hier sehr wohl. Noch keinen einzigen Tag hatte ich Heimweh nach Deutschland verspürt. Der Gedanke, dass ich mein Kamel verkaufen müsste, wenn ich gehen würde, war dazu unvorstellbar.
An Samir denkend, beschlich mich neben der Sehnsucht immer wieder ein mulmiges Gefühl. Beduinische Männer waren sehr dominant und behandelten ihre Frauen oft sehr oberflächlich. Könnte ich eine solche Behandlung aushalten? Wäre ich bereit, mich meinem Mann unterzuordnen, mich vielleicht sogar herumkommandieren zu lassen?
Statt eine Antwort zu finden, wurde ich immer unentschlossener. Mich einem Mann bedingungslos unterzuordnen war nahezu unmöglich, das war mir klar. Außerdem genoss ich diese Freiheit, die ich gerade erlebte, sehr.
Ich fragte mich auch, was Klaus wohl gerade machte und war traurig, dass er nicht bereit gewesen war, mit mir eine Familie zu gründen. Wir hatten uns immer so gut verstanden und in den fast fünf Jahren nur einen einzigen ernsthaften Streit gehabt. Er war sehr auf mein Wohl bedacht, unterstützte immer neue Ideen, wie ich mich weiterbilden oder entwickeln könnte und gab mir nichts als Kraft und Zuversicht. Ihm war es wichtig, dass ich wuchs.
Mir war klar, einem beduinischen Mann war eine Frau lieber, die kuschte und klein blieb, als eine, die stark war und ihren eigenen Willen hatte. Konnte ich das, mich so klein machen?
Ich dachte an die Universität und die Stunden in der Bibliothek. Die Fülle von Wissen, die man unerschöpflich in

sich aufsaugen konnte, und die interessanten Gespräche mit den Kommilitonen, Dozenten und Freunden fehlten mir. Es kamen immer mehr Fragen auf. Ich vermisste plötzlich Klaus, meine Mutter, meine Geschwister, eigentlich das gesamte Leben in Deutschland. Jetzt hatte mich das Heimweh zum ersten Mal richtig gepackt. Irgendwann liefen mir Tränen die Wange herab. Die Nacht war mittlerweile hereingebrochen und ich wurde immer trauriger. Meine Unentschlossenheit zerriss mich fast und gegen Mitternacht weinte ich bitterlich, fühlte mich mutterseelenallein und vollkommen ratlos. Ich wollte nur noch schlafen und legte meinen Schlafsack nach draußen in den Hof. Hunderte von Mücken umschwärmten meinen Kopf. Es war komplett windstill, und das Gesumme dieser Biester ging mir schrecklich auf die Nerven. Ständig erwischte mich eine und ich konnte mich nicht so viel und schnell kratzen, wie es juckte. Mein Arm war schon an einigen Stellen blutig gekratzt. An Schlaf war nicht zu denken. Ich rollte mich von einer Seite auf die andere und fand keine Ruhe.
Mein Kopf schien zerbersten zu wollen und trotzdem ich mich bemühte, meine Gedanken zu stoppen, rollten weiterhin Tränen. So verging die Nacht nur schleppend und gegen Morgen wälzte ich mich noch immer todmüde aber schlaflos herum. Irgendwann kam mir der Gedanke zu beten. Ich weiß bis heute nicht, was mich dazu bewegte, denn das letzte Mal hatte ich als Kind gebetet.
Da ich oft gesehen hatte, wie die Menschen hier ihren Gott um Rat baten, wollte ich es ihnen gleich tun. Zu verlieren hatte ich nichts. Ich wusste, dass die Beduinen sich vor dem

Gebet wuschen. Das kühle Wasser tat mir gut. Wo genau Mekka lag, wusste ich nicht und stellte mich daher hoffend zum Meer hin auf und schaute Richtung Saudi Arabien.
Gerade in dem Moment, als ich beide Hände an meine Ohren führte, wie ich es bei den Beduinen beobachtet hatte, durchbrach der Muezzin in der Moschee nebenan mit einem ohrenbetäubenden *»ALLAHU AKBAR!«* die nächtliche Stille. Sein Ruf ging mir durch Mark und Bein und auch jetzt spüre ich wieder die Gänsehaut, die meinen ganzen Körper erfasste. Ich war wie hypnotisiert und setzte mein Gebet langsam fort.
Ich bedankte mich zuallererst für all die schönen Stunden, die ich in diesem wundervollen Land schon erlebt hatte, für mein Kamel und dass ich in der Lage war, uns beide zu ernähren. Ich war dankbar für meine Gesundheit und die Gastfreundschaft der Menschen hier. Je mehr ich nachdachte, desto mehr Gegebenheiten kamen mir in den Sinn, für die ich dankbar sein konnte. Mit jedem Satz des Dankes fiel ein wenig der Last von mir ab, die ich mir zuvor selbst aufgeladen hatte. Zum Schluss schickte ich eine Bitte in den Himmel. Ich wünschte mir eine Antwort auf die Frage, ob Samir der richtige Mann für mich sei.
Nachdem ich mich wieder erhoben hatte, ging es mir deutlich besser. Ich nahm meinen Schlafsack und ging zum Strand hinunter. Eine kleine Ansammlung von Palmen sah sehr einladend aus. Kaum hatte ich mich darunter gelegt, war ich auch schon eingeschlafen. Erst die erbarmungslos auf mich scheinende Sonne weckte mich aus einem komatösen Schlaf. Mein Körper mit all seinen Knochen

fühlte sich wie gerädert, aber ich spürte eine zurückerlangte Zuversicht und das Vertrauen, dass alles gut werden würde.
Als ich zu zurück in Jessicas Haus kam, war sie schon da und wir tranken Kaffee, während ich ihr von dem Erlebnis der Nacht berichtete.

Überraschung

»Wie lächerlich und weltfremd ist der, der sich über irgend etwas wundert, das im Leben vorkommt.«
- Marcus Aurelius -

Bei Jessica fühlte ich mich vom ersten Tag an nicht nur willkommen, ich genoss nahezu jede Minute bei ihr. Ich ging ihr bei allen Arbeiten im Haus zur Hand und spielte mit ihren Kindern. Dadurch wurde sie schneller mit ihrer Arbeit fertig und wir hatten die Nachmittage für uns. Es tat uns beiden gut, viel Zeit zum Reden zu haben. An einem Morgen, als ich gerade unter ihrer Dusche stand, hörte ich mein Kamel lautstark blöken und mir lief ein zusätzlicher Schauer über den Rücken. Diesen charakteristischen Tonfall meines Kamels hatte ich schon einige Male zuvor gehört. Schnell trocknete ich mich ab. Als Jessica hereinkam und sagte, da würde ein junger, äußerst hübscher Beduine nach mir fragen, gab es für mich keinen Zweifel mehr, wer dies war. Ich hatte mit allem gerechnet, aber nicht, dass er mich hier hätte finden können. Dass nicht er es war, der mich gefunden hatte, sondern sein Kamel, stellte sich erst später heraus.

›Ich wusste, dass er kommt‹, freute sich das Herz und machte ein paar Saltos, die mir das Atmen erschwerten.

›Schnell, versteck dich irgendwo!‹, rief die Angst und brachte meine Beine dazu, mir kaum noch zu gehorchen.

›Durchatmen, durchatmen!‹ mahnte der Verstand sehr behutsam, ›kümmere dich nicht um den Affenstall hier drin,

nimm dich zusammen und schau, was er dir zu sagen hat.‹
So ging ich mit weichen, zittrigen Knien nach draußen und wurde von einem Samir empfangen, der ein so breites Grinsen im Gesicht hatte, dass, wenn er an den Seiten keine Ohren gehabt, er einmal rundum gegrinst hätte. Er begrüßte mich mit Handschlag, ließ meine Hand jedoch nicht wieder los.
»Ich komme, um dich zu holen, und ich habe nicht vor, dich noch einmal gehen zu lassen«, sagte er so gerade heraus, dass es mir komplett die Sprache verschlug. »Kommst du mit zurück nach Dahab?«
Ich schaute ihn nur mit großen Augen an und in mir war die Diskussion mal wieder in vollem Gange:
›Ich wusste es, ich wusste es‹, jubilierte das Herz, ›er meint es ernst.‹
›Schön und gut‹, erwiderte der Verstand, ›aber solch eine Entscheidung, jetzt ja zu sagen und mitzugehen, sollte erst mal gründlich überdacht werden.‹
›Ganz meiner Meinung!‹, unterstützte sie der Argwohn mürrisch, ›jetzt nur nicht vorschnell handeln.‹
›Sag ja, sag ja‹, konterte die Begierde, ›er ist so umwerfend! Geh schon, geh! Küss ihn und sag ja!‹
Ich schloss kurz die Augen und atmete tief durch, ein Zeichen für all meine Gefühle, einfach mal die Klappe zu halten. Als ich sie wieder öffnete, war da genau dieser fesselnde Bann zwischen Samirs und meinem Blick, den ich schon bei unserem ersten Zusammentreffen gespürt hatte. Die Welt um uns herum versank in Nichtigkeit. Wir spiegelten uns gegenseitig in unseren Augen.

›Wie schön und tief sie sind!‹, flüsterte die Ästhetik ganz leise dem Herzen zu.
Ich tippelte leicht mit dem rechten Fuß im Sand und bekam dadurch wieder Leben in meinen erstarrten Körper. Ganz langsam und behutsam löste ich meine Hand aus seiner, worauf er mich entschlossen in den Arm nahm und äußerst zärtlich küsste. So einen Kuss hatte ich von Samir bisher noch nicht bekommen. Er schmeckte so sehr nach tiefster Sehnsucht, absoluter Hingabe und höchstem Glück, dass ich dachte, dies hätte ich nicht fühlen können, wenn ich nicht selbst genau das gleiche empfinden würde. Es war ein Moment, in dem man glaubte, in göttlichem Licht zu stehen. Solch einer kurzen und überzeugenden Argumentation ohne Worte hatte ich schlicht nichts entgegenzusetzen und ich glaubte, Samir sah schon, bevor ich anfing zu sprechen, dass meine Antwort ganz in seinem Sinne sein würde. Ich sagte ihm, ich müsse sowieso zurück nach Dahab und auf dem Weg dorthin hätten wir genug Zeit zu reden.
Wir verabredeten uns für den späten Nachmittag an der großen Düne in Tarabin am Strand, da Samir noch einiges erledigen wollte und ich meine sieben Sachen packen musste. Samir küsste mich noch einmal. Dann hielt er mich mit beiden Händen an den Schultern fest, schob mich eine Armeslänge von sich, schaute mich sehr offensiv an und sagte: *»Ohlahi, ana ausak!«*
Das verstand ich: »Bei meinem Gott, ich will dich!«

Als ich zu Jessica zurück in den Hof ging, hatte auch sie ein breites Grinsen im Gesicht. »Na! Geht es zurück nach

Dahab?«, fragte sie frei heraus.
»Ja!«, antwortete ich glücklich und erzählte ihr von diesem fantastischen Kuss. Sie freute sich für mich, und für uns beide war der Gedanke, dass ich eventuell für immer im Sinai bleiben würde, eine äußerst angenehme Vorstellung. Sie unterstützte mein Vorhaben vollkommen und war wie ich der Meinung, dass man solch großen Gefühlen, trotz jeder Warnung des Verstandes, nachgehen musste. Mir war durchaus bewusst, in welchem Stadium ich mich gerade befand. Ich dachte an den Ausspruch von Karl Jaspers: »Der gesunde Menschenverstand ist blind für das äußerste Böse und das höchste Gute.«
Mir war klar, ich hatte mir eine rosarote Brille aufgesetzt, die für eine ganze Weile wie angewachsen sein würde. Dass man in solchen Zeiten sehr wachsam und vorsichtig sein muss, stand außer Frage. Verstand und Herz können nur gleichberechtigt glücklich werden. Beide sollten einverstanden sein, mit dem, was man tut, um zu einem guten Ergebnis zu kommen.

Mit einem freudig lachenden und einem leicht weinenden Auge verabschiedete ich mich von Jessica und ihren Kindern. Wir waren uns sicher, wir würden uns bald wiedersehen.
Ich sattelte Abjad und ritt nach Maagana, um meine Habseligkeiten abzuholen. Schon von Weitem sah ich, dass viele Kamele unter den Akazien in meinem Wadi standen. Ich nahm an, sie gehörten Mohammed, einem alten Beduinen, den ich von meinen ersten Urlauben und auch aus der Zeit in Maagana kannte. Ich war damals mit einem

Beduinen auf einem Jeeptrip gewesen und wir waren am frühen Abend in einer Oase auf seine Gruppe gestoßen. Der alte Mann war mir als ausgesprochen guter Komiker im Gedächtnis geblieben.
Mohammed hatte sich damals zu später Stunde neben mich gesetzt und sich in Brocken aus arabisch und englisch mit mir unterhalten. Ich sollte auf keinen Fall einen Beduinen aus Tarabin heiraten, sondern lieber in seinem Stamm, den Muezzina, nach einem Mann suchen, war einer seiner Aussagen gewesen. Wie er darauf gekommen war, dass ich mir einen beduinischen Mann suchen wollte, hatte ich damals schon nicht gewusst.
Auf jeden Fall war es mir ein Vergnügen, ihm jetzt mitteilen zu können, dass ich gerade im Begriff war, mit einem jungen Mann seines Stammes zurück nach Dahab zu gehen. Er fragte nach dem Namen des Beduinen und als ich diesen nannte, erhellte sich sein Gesicht.
»Samir Abu Feisal, der fünfte Sohn meines früheren Nachbarn und besten Freundes *Hadsch* Feisal?«, fragte er sichtlich erfreut.
»Ob er der fünfte Sohn deines Freundes ist, weiß ich nicht, aber er kommt ursprünglich aus Feranje.«
»Ja mabruk, ja mabruk!«, einen doppelten Glückwunsch, rief der Beduine und umarmte mich, als hieße er mich in seiner eigenen Familie willkommen. Und irgendwie tat er das ja auch, denn wir würden bei einer Heirat Mitglieder des selben Stammes werden.
Er erzählte mir einiges über Samirs Vater und ich lauschte gespannt seinen Enthüllungen. Die Beiden waren

miteinander als Nachbarskinder und beste Freunde aufgewachsen. Sein Freund sei ein großer Trainer und Heiler der Kamele und Samirs Mutter eine hervorragende Heilerin der Menschen. Es wäre eine hochgeachtete und gute Familie.
Er freute sich augenscheinlich sehr für mich und ich mich über seine Worte noch viel mehr. Ich ging mit seinem Segen hinüber ins Restaurant, um mich von den anderen zu verabschieden.
Lami nahm mich sehr resolut in seine starken Arme, drückte mich fest und beglückwünschte mich mehrfach.
Damals wusste ich noch nicht, dass dies das letzte Mal gewesen war, dass ich ihn sah. Ich hätte ihm gerne gesagt, dass er für immer einen Platz in meinem Herzen hat und ich nie vergessen werde, wie brüderlich er mich aufgenommen hatte.
Allah rahamhu! Gott sei seiner Seele gnädig! Er starb leider vor einigen Jahren bei einem schweren Autounfall.
Seitdem versuche ich den Menschen, die mir wichtig sind, lieber einmal mehr zu sagen, wie gern ich sie habe und wie wertvoll sie mir sind.

Als ich meine Sachen verstaut hatte, auf meinem Kamel saß und einen letzten Blick über meine Schulter auf meine Hütte warf, verkörperte sie ein sehr anziehendes Symbol der Freiheit. Ich ließ sie zurück und richtete meinen Blick geradeaus in eine neue Zeit. Meine Vorfreude auf die kommenden Tage ließen mich Lieder singen. Es war eine fantastische Vorstellung, mit Samir allein durch die Wüste zurück nach Dahab zu reiten. Auf den letzten Metern bis zur

Düne gingen mir die Lieder aus und ich war dem sofort einsetzenden Meinungsaustausch meiner Gefühle ausgeliefert. Es hatten sich zwei Lager gebildet. Auf der einen Seite, sehr ernst, bestürzt und verstimmt, die Vernunft als Rädelsführer mit dem Argwohn, dem Zweifel, der Angst und dem Misstrauen. Auf der anderen Seite hingegen versammelte sich eine fröhliche Runde um das wärmende Herz; mit der Begierde, die ständig mit der Wollust kicherte, der Ästhetik, die kurze Reime auf seine Schönheit dichtete und der Geborgenheit, die mit der Hoffnung kuschelte.
An der Düne angekommen sah ich leider weder Samir noch sein Wüstenschiff. Abjad lief sehr entspannt. Wäre Samirs Kamel Barc in der Nähe gewesen, hätte er schon längst Kopf und Ohren hochgestellt und geblökt. Ich wartete auf der Düne sitzend und beobachtete Abjad. Er stand einfach da, kaute seelenruhig an den Ästen einer Palme und änderte sein Verhalten nicht. Ich nahm einen Block aus der Satteltasche und begann zu malen, um das Warten erträglicher zu machen. Nach einer Stunde gab ich es auf.
Zutiefst enttäuscht lief ich mit Abjad im Schlepptau an den Touristenstrand. Soliman Abu Mousallim saß im blauen Bus, winkte mich heran und bot mir Tisch und Tee an. Wir alberten ein wenig herum. Ich fragte ihn, ob er einen Samir Abu Feisal kennen würde. Leider verneinte er.
Kurze Zeit später kam ein anderer Beduine, von dem ich wusste, dass er aus dem Norden kam, also weder ein Tarabini noch ein Angehöriger der Muezzina. Er setzte sich zu uns, lauschte unserem Gespräch und erfuhr, dass ich auf Samir wartete. Als Soliman kurz darauf verschwand, sagte

er mir, er kenne Samir und er hätte ihn mit zwei anderen Beduinen auf dem Weg nach Dahab getroffen.
»Wann?«, fragte ich ungläubig.
»Vor etwa zwei Stunden«, war seine Antwort. »Inzwischen ist er sicher schon in Bir Sreir, er schien es sehr eilig zu haben.«
Ich traute meinen Ohren nicht und fragte noch mal nach, ob er wirklich Samir Abu Feisal meinte.
»Aber ja!«, versicherte er mir und bot mir an, an einer Stelle, nicht weit von hier, erst mal Feuer zu machen und Tee zu trinken.
Ich war wie vor den Kopf gestoßen und so verwirrt, dass ich benommen mein Kamel nahm und dem Beduinen folgte. Neben einer schönen Akazie machte er Feuer und Tee. Als er sich neben mich setzte, legte er sofort seine Hand auf mein Bein und mir wurde schlagartig bewusst, wie blöd ich gewesen war.
Schnell stand ich auf, band meinem Kamel die Fußfessel ab, kletterte auf den großen Stein, der dort wie gemacht für mich stand, und sprang von dort aus auf den Rücken meines treuen Freundes. Der Beduine brüllte irgendwas hinter mir her, aber ich war schon bald nicht mehr in Sichtweite. Abjad war so überrascht von meiner Hast, dass er brav den ganzen Weg durchgaloppierte. Kurz vor der Düne verlangsamte ich die Gangart. Als der im letzten Sonnenlicht glänzende Sandberg auftauchte, hob Abjad plötzlich seinen Kopf und blökte lautstark. Von allein beschleunigte er seine Schritte wieder und zu führen brauchte ich ihn jetzt auch nicht mehr. Er hatte seinen

Freund gewittert.
Dieser Mistkerl aus dem Norden hatte mich dreist belogen!
Samir saß am Strand und warf Steine ins Wasser. Als ich mich näherte, drehte er sich um und schaute in meine Richtung. Er konnte das Verhalten unserer Tiere ebenso deuten wie ich. Als ich abstieg, stand er auf und fragte mit sehr ernstem Gesicht:
»Wo warst du? Ich warte hier seit fast einer Stunde auf dich.«
»Samir, auch ich habe ...«, weiter kam ich nicht.
»Wo du jetzt her kommst, frage ich dich ein zweites Mal«, kam es nun zischend aus seinem Mund und in seinen Augen funkelte Zorn wie vor ein paar Stunden der Glanz meiner Augen.
Ich erzählte ihm, was sich zugetragen hatte, und schon wollte Samir auf sein Kamel steigen und den Beduinen suchen. Doch ich konnte ihn beruhigen und davon überzeugen, dass wir losmüssten, wenn wir Bir Sreir noch vor Einbruch der Nacht erreichen wollten. Wieder nahm er mich, wie am Morgen schon, bei den Schultern und sagte mit sehr ernster Stimme:
»Wenn Du je mit einem anderen gehst, weiß ich nicht, was ich tue.«
›Siehst du, siehst du‹, tuschelte die Angst dem Verstand zu, ›genau so etwas habe ich befürchtet. Oh weh, das fängt ja schon gut an!‹
»Samir«, sagte ich, »wenn mein Herz zum Teil dir und zum Teil einem anderen Mann gehören würde, so wäre es zerrissen.«

Er küsste mich leidenschaftlich und deutete mit einem Kopfnicken in Richtung Dahab. Ich nickte ebenfalls und wir stiegen auf unsere Kamele, die sich freuten, wieder beieinander zu sein. Alle paar Minuten zog Samir mein Kamel nah an seines heran, sodass wir uns küssen konnten. Er hätte mich die ganze Zeit nicht vergessen können, gestand er mir auf dem Ritt nach Dahab. Ich würde ihn verrückt machen, hätte ihn mit meinen blauen Augen vom ersten Moment an verhext.
»Was hast du bloß mit mir gemacht, *ja ruhi*?«, fragte er mich kurz vor unserem Nachtlager.
›Meine Seele hat er sie genannt‹, flüsterte die Sehnsucht dem Herzen zu.
›Das ist das Schönste, was ich je gehört habe‹, äußerte sich die Emotion tief berührt.
Statt zu antworten schaute ich ihm tief in seine schönen, fast schwarzen Augen und sah die mir selbst so gut bekannte Sehnsucht darin. Nicht umsonst sagt man, dass alle guten Dinge, wie Liebe, Glück und Zufriedenheit sich verdoppeln, wenn man sie teilt.

Sehr spät kamen wir an unserem vorgesehenen Rastplatz an. Wieder mal mussten wir im Dunkel der frühen Nacht Holz finden. Unweigerlich musste ich an unsere erste Nacht denken, als wir wegen der Dunkelheit diesen, im wahrsten Sinne des Wortes, umwerfenden Moment hatten und uns das erste Mal küssten. Das schien mir, wie eine halbe Ewigkeit her zu sein. Als ich später mit dem Kopf auf seinem Oberschenkel lag und in die Sterne blickte, hörten sich seine Worte und Vorstellungen über unsere Zukunft zuerst

wunderschön an. Bis er mir sagte, wir müssten noch in den nächsten Tagen heiraten.
»Ich möchte mit dir sofort in einem Haus wohnen und ich kann ich nicht riskieren, dass meine Familie von unserem Zusammensein Wind bekommt, bevor wir nicht Mann und Frau geworden sind. Ich befürchte, sie werden die Hochzeit mit einer Ausländerin und Andersgläubigen nicht gut heißen und könnten eventuell sogar versuchen, mich daran zu hindern.«
Ich sollte mich also schon in den nächsten Tagen entscheiden, ob ich mit Samir den Rest meines Lebens verbringen wollte. Oh weh! Ich hatte nicht gedacht, jetzt so schnell Nägel mit Köpfen machen zu müssen. Ich atmete tief durch. Samir nahm dies wahr und nahm mich fest in den Arm. Er kam mit seinem Mund ganz dicht an mein Ohr und sprach:
»Ja ruhi, ja galbi, ja nagm ajuni, ana behabak wa ana ausak, bas inti. Kull al hajati.« Meine Seele, mein Herz, der Stern meiner Augen, ich liebe dich und ich will dich, nur dich mein ganzes Leben.
Die Sehnsucht, die Romantik und die Freude lagen sich in den Armen und die Hoffnung stupste feixend der Vernunft in die Seite.
Die gab sich kompromissbereit: ›Ich gebe zu, so viel Sülz würde kein Lügner von sich geben, der scheint wirklich zu meinen, was er sagt. Lasst uns schauen, was passiert. Aber wir zögern das Heiraten so weit wie möglich heraus, ok?‹
›Ja!‹, stimmte die Sehnsucht zu.
›Ja!‹, bestätigte die Romantik.

›Ja!‹, antwortete auch die Freude.
Endlich waren mal alle einer Meinung. Oder? Der Argwohn machte ein Gesicht wie sieben Tage Regenwetter, tuschelte mit der Skepsis, und der Zweifel wand sich wie eine Schlange im Maul eines Alligators; aber alle drei wurden von dem Freudentaumel der anderen Gefühle übertönt und nicht beachtet.
Ich sah Samir lange an, schaute tief in ihn hinein und genoss die Unsicherheit, die mein bohrender Blick in ihm auslöste. Grinsend durchbrach ich den Blickkontakt und gab ihm einen Kuss, der Samir noch Wochen später beeindruckte. Dieser Kuss erweckte nicht nur eine brennende Leidenschaft in ihm, die ich kurz darauf zu spüren bekam, sondern zeigte Samir meine Zustimmung. Fest schlossen sich seine Arme um meine Taille; eine Hand nahm kräftig meinen Po. Ich setzte mich mit einer schnellen Bewegung rittlings auf ihn drauf, stützte meine Knie auf seine Arme und sah ihn eindringlich an. Das Flackern des Feuers ließ das Schwarz seiner Augen kurz aufblitzen und wieder in der Nacht verschwinden.
»Samir Abu Feisal, ich werde vieles tun, was du gern möchtest, aber ich sage dir hier und heute: Du wirst mich achten und vor allem so nehmen, wie ich bin. Wie ich mich kleide und in der Öffentlichkeit zeige oder bewege, ist ganz allein in meiner Verantwortung. Außerdem werde ich die einzige sein. Kannst Du mir das versprechen? Der Tag, an dem ich von einer anderen Frau erfahre, wird sonst der letzte gemeinsame von uns sein.«
»Määäschi, ja ruhi«, in Ordnung, meine Seele, sagte Samir

lachend.
Er machte sich frei, rollte sich auf mich und sagte, jetzt sei ich sein, für heute und alle Tage. Wir waren beide voller Euphorie und gaben uns unserer Leidenschaft füreinander sehr ausgiebig hin. Samir war sehr unerfahren in der Liebe, dafür doppelt so wissbegierig. Er fragte mich immer wieder, welche Art von Berührungen ich mochte. Von Anfang an hatten wir keine Probleme, uns mehr als anziehend zu finden und spielten mit allen Sinnen. Samir probierte viel und sah schnell an meinen Reaktionen, was ich davon hielt. Er war sehr darauf bedacht, dass ich Spaß an und mit ihm hatte. Mir ging es nicht anders. Ich liebte jeglichen Körperkontakt zu ihm und entwickelte immer neuen Ehrgeiz, ihn glücklich zu machen.

Am Tag ritten wir recht zügig und die Abende lagen wir planend, liebkosend und erzählend unter diesem unbeschreiblich schönen Himmelszelt. Wir wollten beide mindestens Alles über das Leben des anderen wissen. Unsere Welten waren so verschieden, dass wir annahmen, uns würde sicher nie der Gesprächsstoff ausgehen.

Einen Schritt vor und zwei zurück

»Drum prüfe wer sich ewig bindet.«
- Friedrich Schiller -

In Dahab angekommen zeigte Samir mir unser künftiges Domizil. Das Haus seines Onkels mütterlicherseits. Ich erfuhr, dass sein Onkel das Gebäude nur gebaut hatte, um sich das Land darunter zu sichern. Er selbst lebte mit seiner Frau in den Bergen und kam nur sehr selten nach Dahab. Das Thema mit der Landbesetzung interessierte mich und ich nahm mir vor, mir das später einmal ausführlicher erklären zu lassen. Noch waren unsere Sprachkenntnisse sehr beschränkt. Sowohl mein Arabisch, als auch Samirs Englisch reichten oft nicht aus, um über gewisse Themen zu reden oder den anderen explizit zu verstehen. Ich hatte zwar ein hervorragendes Wörterbuch, das ich mir für das Studium zugelegt hatte, aber es war sehr mühselig, die richtigen Wörter zu finden, um etwas zu erklären, da die arabische Sprache viele Dialekte hat und Samirs Hocharabisch manchmal nicht ausreichte. Die Ägypter verstanden viele Wörter der Beduinen nicht und umgekehrt war es genauso, obwohl beide arabisch sprachen.

Im Gegensatz zu einigen umstehenden Häusern, die nur grob gemauert waren, war dieses Haus solide verputzt und in einem angenehm matten Gelb gestrichen. Eine hohe Mauer umschloss zwei Zimmer auf der einen Seite, ein Bad und eine Küche auf der anderen. Das Bad war ein sehr langer schmaler Raum und hatte eine, in die Erde eingelassene französische Toilette. Duschen konnte man, indem man sich aus den Kanistern, die dort standen, Wasser über den Körper goss. Hier sollte als Allererstes eine provisorische Dusche installiert werden. Dafür müsste man nur einen Wassertank auf das Dach stellen und diesen mit dem schon vorhandenen Anschluss verbinden.

Die Küche war von innen unverputzt und hatte einen wackeligen Tisch, auf dem ein verrostetes Geschirrregal stand. Auf dem Erdboden in einer Ecke lag ein halbes Ölfass, das der Länge nach geteilt und mit Sand gefüllt war. Dies hatte dem Vorbesitzer als Feuerstelle gedient. Ein Teepott stand noch in der erkalteten Asche. In dem Geschirrregal standen drei Teegläser, eine leere Dose und ein wenig Besteck. Ein Paar Teller und zwei Töpfe waren auf ein nicht mehr zu verwendendes Geschirrtuch gestapelt. Die Küche war noch mal durch eine Mauer mit Durchgang unterteilt. Dieser Platz könnte später als Abstellkammer und Vorratsraum dienen. Es gab noch einiges in Ordnung zu bringen und anzuschaffen. Da ich mittlerweile mit meinem Kamel Geld verdienen konnte, würde ich es uns nach und nach gemütlich machen können.

Die zwei Räume, die auf der anderen Seite des Hauses lagen, waren ohne jegliches Mobiliar. Lediglich in dem einen Zimmer lag eine alte Schaumstoffmatratze, der eine Ecke fehlte. Der Boden bestand aus einer dicken Schicht mit sauberem Kies, den Samirs Onkel erst kürzlich vom Strand geholt hatte.

Zwischen den vier Räumen lag ein etwa acht Meter langer

und sechs Meter breiter Innenhof, der nicht überdacht war. Hier könnte man morgens sicher schön sitzen und frühstücken. Ich verstaute meine Sachen in einem der Räume und nahm Samir in den Arm. Wir waren glücklich und hatten ein Dach über dem Kopf. Alles andere würde sich mit der Zeit entwickeln. Auch unsere Kamele hatten ein schönes Plätzchen direkt vor unserer Tür. Die beiden ergaben ein schönes Bild. Mein Abjad legte ständig seinen Kopf in die Halsbeuge von Barc. Sie waren ebenso ein Herz und eine Seele wie Samir und ich.
Die erste gemeinsame Nacht in unserem Haus wurde sehr romantisch. Ich hatte noch ein paar ägyptische Pfund und investierte diese in ein schönes Essen und Kerzen. Ich kochte für uns, und bei Sonnenuntergang saßen wir in unserem Innenhof auf einer Decke am Boden und ließen uns im Feuer zubereitetes Huhn schmecken. In Nuweiba hatte mich eine Touristin für einen kurzen Ausflug, anstatt mit Geld, mit ihren kleinen Reiseboxen bezahlt. Dessen Stecker passten in die Kopfhörerbuchse meines Walkmans. Die ruhigen Klänge von Enigma untermalten die romantische Atmosphäre.

In den kommenden Tagen sprachen wir viel über unsere finanziellen Perspektiven und kamen zu dem Schluss, dass es vorerst wohl das Beste wäre, wenn wir erst einmal wie bisher Kameltouren veranstalteten würden. So ging ich vormittags durch die Cafés und suchte uns Touristen zusammen. Eine Zeit lang konnten wir uns damit recht gut über Wasser halten.
Viel zu schnell hatte es sich aber herumgesprochen, dass

eine Deutsche ins Dorf gezogen war, und Samir befürchtete, die Polizei könnte vorbei kommen und ihm Probleme bereiten, da er mit einer Touristin unter einem Dach lebte. Er drängte erneut zur Heirat. Mir war nicht wohl bei dem Gedanken, so schnell jemanden zu heiraten, aber ich kannte die Gesetze. Es würde vorerst reichen, wenn wir eine Urfi-Ehe schließen würden, erklärte mir Samir. Das war, wie er sagte, eine Ehe, die sowohl die Frau, als auch der Mann sehr einfach wieder lösen konnte. Ich ging zu einem Anwalt und nahm einen befreundeten Ägypter mit, der mir die Worte des Anwalts ins Englische übersetzte. Der Anwalt bestätigte mir, dass auch ich als Frau jederzeit wieder aus diesem Ehevertrag aussteigen konnte. Ich solle aber auf jeden Fall dafür sorgen, dass ich das Original der Heiratsurkunde in meinen Händen behielt. Als ich ihn fragte, warum dies so wichtig wäre, lenkte er vom Thema ab und bat uns, nun zu gehen, da er gleich einen weiteren Termin hätte. Mir war nicht wohl bei der Sache, aber ich sah keinen anderen Ausweg, um mit Samir weiterhin in unserem Haus zusammen zu wohnen. Vorsichtshalber rief ich bei der Botschaft an. Dort sagte man mir, dass die Urfi-Ehe gesetzlich nicht anerkannt wäre. Ich schlussfolgerte daraus, dass der Urfi-Vertrag nur ein Stück Papier ohne rechtlichen Hintergrund war. In Deutschland wäre mein Familienstand weiterhin ledig.

Hoffend das Richtige zu tun, gab ich glücklich, aber nach wie vor skeptisch Samirs Drängen nach. Er musste mir allerdings versprechen, dass er mich jederzeit gehen lassen würde, wenn ich oder er es nicht schaffen würde, die kulturellen Unterschiede auszuhalten. Ich sagte ihm noch einmal ganz klar, dass ich sofort weg wäre, wenn er eine andere Frau nebenher ehelichen würde - denn vom Gesetz her durfte er dies.

An einem Sonntag im Februar heirateten Samir und ich vollkommen unspektakulär bei dem Anwalt, der mir zuvor die Auskünfte gegeben hatte. Samir schenkte mir zu diesem Anlass ein wunderschönes Kleid. Für sich hatte er einen neuen, strahlend weißen *Galabia* gekauft, das bodenlange Kleid der beduinischen Männer. Er sah fantastisch aus.
›Wenn dir jemand vor ein paar Jahren gesagt hätte, du würdest auf einen Mann in Kleidern stehen, hättest du schön dumm aus der Wäsche geschaut‹, alberte die Ironie.
›Aber bei den Männern hier sieht es einfach umwerfend aus‹, sprach die Ästhetik, und der Geschmack nickte zustimmend.
›Es bildet einen so schönen Kontrast zu den dunklen Augen und der dunklen Haut‹, ergänzte das Feingefühl.
›Ja, meine Lieben, wir heiraten einen wunderschönen Mann‹, frohlockte die Vorfreude abschließend.
Dass er mir auch bei solch einer unzeremoniellen Heirat, eine Morgengabe zu entrichten hatte, wussten weder Samir noch ich. Als er von dem Anwalt darauf hingewiesen wurde, kramte er einen zwanzig Pfund-Schein, circa fünf Euro, aus der Tasche und gab ihn mir. Zwei von Samirs Freunden waren die Trauzeugen und unterschrieben nach uns den Ehevertrag.

In der anschließenden berauschenden Hochzeitsnacht, mit

vielen lieben Versprechungen für die kommenden Jahre, war ich nur noch mit Freude, Hoffnung und Optimismus erfüllt. Das Dreiergespann aus Argwohn, Skepsis und Zweifel hielt sich mit seinen ständigen Warnungen zurück, denn die Entscheidung gegen sie war gefallen.
Wir genossen unsere Flitterwochen. Nur sporadisch hielt ich nach Touristen für Kameltouren Ausschau. Waren keine da, ritten wir am späten Nachmittag mit unseren Kamelen in die Berge, damit diese sich an dem üppigen Grün satt fressen konnten, das dieses Jahr sehr reichlich an allen Ecken zu finden war. Samir wurde nicht müde, meine Arabischkenntnisse zu verbessern. Er hatte dafür immer einen Koran dabei und ließ mich lesen. Über Religion im Allgemeinen und den Koran im speziellen redeten wir beide sehr gern und sehr viel. Samir kannte einige Suren auswendig und war sehr gläubig. Er sprach von seinem Gott mit einer Liebe und Inbrunst, die mich beeindruckte. Mein Mann schien unheimlich viel Kraft aus seinem Glauben zu ziehen und ich beneidete ihn fast ein wenig darum. Auf meine Frage, warum sein Gott soviel Grausamkeit auf der Welt zulässt, wusste er jedoch auch keine richtige Antwort. Er sagte ausweichend, der Mensch sei dafür verantwortlich.
»Aber was kann der Mensch dafür, wenn er in einem Elendsviertel oder mit einer unheilbaren Krankheit geboren wird ?«, fragte ich ihn.
»Dies sind Prüfungen, die einem auferlegt sind. Den Weg ins Paradies muss der Mensch sich erarbeiten, er darf nicht verzagen und muss sein Schicksal annehmen«, war seine, für mich unzureichende Antwort.

Ich hatte seit dem nächtlichen Erlebnis neben der Moschee einige Male gebetet und war immer mit einem guten Gefühl der Zufriedenheit daraus hervorgegangen. Die wiederkehrende Pflicht, seine Dankbarkeit in den Gebeten auszudrücken, führte unweigerlich dazu, sich bewusst zu werden, wie gut es einem eigentlich ging. Doch ganz überzeugt von der göttlichen Existenz war ich nicht. Zu oft nagte der Zweifel mit bohrenden Fragen an mir. Wenn alle Nichtgläubigen in die Hölle kommen sollen, warum werden dann auf entlegenen Inseln Menschen geboren, die nie von den monotheistischen Glaubensrichtungen gehört und somit gar keine Chance haben, Gläubige zu werden? Gibt es für diese eine Ausnahme oder sind sie das Holz zum Heizen? Warum mussten kleine Kinder, die noch nie eine Sünde auf sich geladen haben, in vielen Gebieten der Welt leiden und hungern?

Je länger ich darüber nachdachte, desto mehr Fragen taten sich auf. Ich studierte den Koran in Arabisch und Deutsch und versuchte Antworten zu finden. Doch viele der Fragen, die der Zweifel ohne Unterlass stellte, blieben weiterhin ungeklärt.

Die kurzen Suren waren jedoch der beste Weg, der Sprache mächtig zu werden. Samir brachte mir außerdem einfache Liedertexte bei und so kamen Tag für Tag neue Wörter hinzu. Endlich konnte ich mit meinen Nachbarn ein wenig mehr auf arabisch kommunizieren. Die Frauen in den umliegenden Häusern luden mich oft ein und ich ging sehr gerne zu ihnen. Ich fühlte mich überall herzlich willkommen und in die Gemeinschaft aufgenommen.

Es war gerade eine neue Mode bei den Beduinenfrauen aufgekommen. Schon immer stickten sie auf ihre schwarzen Umhänge für Festlichkeiten bunte Muster, Pailletten und Perlen. Momentan waren Kopftücher, die mit Perlen verziert wurden, die bevorzugte Handarbeit. Wie in einem kleinen Wettkampf versuchten sie sich gegenseitig mit immer schöneren und komplizierteren Techniken und Mustern zu übertrumpfen. Zudem wurde dies eine neue Einnahmequelle für die Frauen. Sie verkauften die Tücher an andere Beduininnen, die handwerklich weniger begabt waren oder auch an Touristen, die die Tücher gerne als Schal oder Umhang nutzten.
Meine Oma hatte mir als Kind mit viel Liebe das Nähen, Stricken und Häkeln beigebracht und so konnte ich den Frauen einige Tipps geben und beteiligte mich gern an ihren Arbeiten. Die Mädchen machten aus den bunten Perlen Armbänder und gingen nachmittags mit mir an den Strand. Sie waren sehr aufgeschlossen und pfiffig, sprachen alle Touristen an und verdienten für die Familien Geld, indem sie die Erzeugnisse verkauften oder den Touristen vor Ort aus Stickgarn, mit einem Geschick, das ihresgleichen sucht, Brillen und Armbänder machten. Auch einzelne Haarsträhnen der Touristinnen wurden gekonnt mit den bunten Fäden umwickelt. Oft erzählten sie den Urlaubern von mir, und nicht selten bekam ich auf diesem Weg neue Kameltouren. Im Gegenzug nahm ich besonders schöne Exemplare der Handarbeiten mit auf unsere Touren und erzielte meist einen etwas besseren Preis als die Kinder am Strand. Wir halfen uns alle gegenseitig.

Wenn ich im Dorf zum Essen eingeladen wurde, schaute ich den Frauen beim Kochen und Brot backen über die Schulter, um die Gerichte später nachzukochen. Da ich nach wie vor nur eine einzige Kochstelle hatte, war die deutsche Art, Essen zuzubereiten viel zu umständlich und noch dazu sehr zeitraubend. Helfen lassen wollten sich die Frauen nach wie vor selten, da dies gegen ihr Gastrecht sprach, aber je besser ich die Familien kannte, desto mehr wurde ich involviert.
Meinen Mann freute es sehr, wie gut ich mich in in den Alltag und das Leben der Beduinen integrierte. Unsere unterschiedlichen Verhaltens- und Denkweisen brachten uns oft zum Lachen und wir empfanden sie eher spannend als störend.
Doch langsam zogen leider auch erste dunkle Wolken am siebten Himmel auf. Solange Samir und ich in den Bergen waren, konnte nichts unser Glück trüben. Aber kaum zurück in Dahab kam es immer häufiger zu ersten gravierenden Meinungsverschiedenheiten. Er sah jeden Mann, der mich ansprach oder auch nur etwas länger ansah, als potenziellen Kontrahenten. Wir gingen anfangs oft gemeinsam durch Dahab. Da kam es unweigerlich dazu, dass Männer mich beobachteten. Kaum wieder in den eigenen vier Wänden wurde Samir übertrieben böse und beschimpfte mich: »Du animierst die Männer, dich anzuschauen. Warum richtest du deinen Blick nicht nach unten?«
»Weil ich das erstens nicht gewohnt bin und zweitens nicht glaube, sie würden weniger schauen, wenn ich den Boden betrachte. Die Männer hier gaffen mich schon immer an.

Selbst wenn ich ihnen den Rücken zudrehe, kann ich manchmal ihre Blicke im Rücken spüren. Wenn sich hier jemand nicht korrekt verhält, sind es ja wohl die Männer.«

Er nahm nicht seine Frau, sondern seine Geschlechtsgenossen in Schutz, beharrte genauso entschlossen auf seiner Meinung wie ich auf meiner. Dann bekam ich nicht selten zu hören: »Alle deutschen und ausländischen Frauen sind leichte Mädchen und für jeden zu haben.«

Diese Eifersuchtsattacken und die darin verpackten Verallgemeinerungen brachten mich auf die Palme. Wir stritten bitterlich. Seine Zornesausbrüche und mein Ärger darüber waren jedoch zum Glück meist nur kurz. Samir machte seiner Wut sehr deutlich Luft und verschwand dann.

Die Streitereien gingen mir sehr nah und ich war froh, wenn er sich irgendwann einfach umdrehte und ging. Kam er zurück, war er wieder voller Liebe, als wäre nichts geschehen. Auch ich vergaß oder verdrängte die hässlichen Szenen von vorher nur all zu gern, da ich keine Möglichkeit sah, Samir meine Ansichten verständlich zu machen. Ich hoffte, mit der Zeit würde er Vertrauen gewinnen und das Problem würde sich dadurch von allein lösen. Was mich allerdings sehr irritierte, war die Angewohnheit, dass er manchmal einfach aufstand und wortlos verschwand. Wenn ich es noch schaffte ihn zu fragen, wohin er gehen und wann er wieder kommen wollte, antwortete er mir grundsätzlich, er hätte noch keine Ahnung.

Eines Abends, nachdem ich etwas Leckeres gekocht hatte und wir gesättigt und gut gelaunt bei einem Glas Tee saßen, sprach ich ihn auf dieses Verhalten an. Ich nutzte für die

Unterhaltung bewusst einen Moment, in dem er sehr entspannt war, da ich mir sehnlichst eine Antwort auf meine Frage wünschte.
»Samir, warum kannst Du mir eigentlich nie sagen, wohin du gehst und wann Du wiederkommst?«, fragte ich ihn. »Für mich ist es dadurch sehr schwierig, meinen Tag zu planen.«
»*Habibti*, mein Liebling, ich möchte es dir nicht schwer machen. So ist das Leben der beduinischen Männer eben. Alle machen das hier so. Wir treiben Handel, gehen fischen oder jagen. Bei solchen Unternehmungen muss man flexibel sein. Einem Steinbock kann man manchmal einige Tage auf der Spur sein. Erinnerst du dich, als ich letzte Woche das Fleisch mitbrachte? Da kam ich auch erst nach drei Tagen wieder. Glaubst du etwa, dass einem in diesem kargen Land ein Steinbock einfach so vor die Flinte rennt? Die Tage davor, als ich noch länger weg war, hatte ich meinen Bruder getroffen und bin mit ihm in die Berge gefahren. Mein Vater schickte uns, um nach den Kamelstuten zu schauen, ob diese schon Junge bekommen hätten. Das hatte ich dir doch erzählt, oder?«
»Ja, hattest du«, antwortete ich, »aber erst nachdem du wieder zurück warst. Ich habe mir Gedanken gemacht, ob dir etwas passiert ist.«
Er schüttelte mit einem Grinsen den Kopf. »Mir passiert hier schon nichts, mach dir keine Sorgen.«
Zuvor war er für fast eine Woche mit einem potenziellen Kunden, der ein Haus kaufen wollte, unterwegs gewesen. Ich konnte schon in der zweiten Nacht nicht gut schlafen,

weil ich mir einerseits Sorgen um meinen Mann machte und mich andererseits über sein Verhalten mir gegenüber ärgerte. Am dritten Tag klopfte ein mir fremder Beduine an meine Tür und bestellte mir schöne Grüße von meinem Mann und sagte, Samir sei noch für ein Paar Tage in Sharm El Sheikh.

»Es ist wirklich nicht böse gemeint«, sagte Samir, »und wann immer es eine Möglichkeit gibt, dir Bescheid zu geben, werde ich dies auch tun.«

Ich bat ihn, sich doch zumindest in Zukunft von mir mit einem Kuss zu verabschieden, bevor er ging. Er willigte ein, tat dies auch für eine kurze Zeit, aber schon bald darauf vergaß er es wieder und alles war wie gehabt.

›Na, es gibt wohl doch einige Verhaltensweisen, die dein deutscher Kopf nicht gewohnt ist‹, neckte mich der Sarkasmus hin und wieder.

›Das war doch vorauszusehen‹, meldete der Verstand sich darauf sofort.

Die Zufriedenheit jedoch stutzte: ›Aber mich macht es unruhig, wenn ich nicht weiß, wie der Tag ungefähr verläuft.‹

›Ich - ich werde so nervös, dass ich anfange zu zappeln und dann kann sie nicht schlafen‹, stammelte die Angst mit ihrer piepsigen Stimme.

›Sie hat sich aber nun mal darauf eingelassen, soll sie mal die Gelassenheit ein wenig mehr in den Vordergrund treten lassen. Ändern kann sie ihn ja scheinbar nicht‹, riet der Verstand, und ich bemühte mich, demnächst mehr auf ihn zu hören.

Aber auch andere Verhaltensweisen der Beduinen

irritierten mich zunehmend. Die Frau seines Bruders zum Beispiel durfte nur zu ihren Schwestern gehen. Einfach so ins Dorf schlendern oder schnell etwas im Supermarkt einkaufen, war ihr strikt untersagt. Ich fand das furchtbar und sagte meinem Mann dies auch. Samir erklärte mir, dass seine Familie einen Ruf zu wahren hatte und es dafür notwendig war, sich tadellos zu verhalten. Da die Frauen dies auch wollten, akzeptierten sie es nicht nur, sondern fanden es ebenso normal wie ihre Männer. Ich sah durchaus auch, wie sehr Samir sich bemühte, mir dagegen mehr Freiheiten einzuräumen.

Am Ende des dritten Monats unseres Zusammenseins bekamen die Meinungsverschiedenheiten allerdings eine vollkommen inakzeptable Dimension, die mich stark an unserer Verbindung zweifeln ließ: Ich wollte für eine Weile nach Tarabin, um meine Freundin Jessica zu sehen. Samir sagte mir, ich sei jetzt seine Frau und müsse bei ihm bleiben. Es wäre eine Schande, wenn ich als verheiratete Frau allein in einen anderen Ort fahren würde und dort nichts zu suchen hätte, außer mich zu vergnügen.
»Du kannst doch mitkommen«, schlug ich ihm vor. »Jessica würde dich sicher gerne mal kennenlernen und Mousallim könnte dir ein wenig über das Leben in Europa erzählen.«
Samir war überhaupt nicht zu begeistern.
»Ich habe mit diesen Leuten nichts zu schaffen und du bist auch nicht mit ihnen verwandt. Was willst du dort? Dich amüsieren? Du bleibst hier!«
Ich wollte nicht verstehen und akzeptieren, was er von mir verlangte. Ich konnte doch von nun an nicht nur noch für

ihn da sein und auf Freunde und jegliche Abwechslung verzichten. Aber genau das erwartete er von mir. Ich sollte die Tage, die wir nicht gemeinsam unterwegs waren, schön brav zu Hause oder im Dorf bleiben, damit auch ja niemand ein schlechtes Wort über mich sagen konnte. Eine gute Frau blieb bei Haus und Herd.
So konservativ hatte ich mir unser Zusammensein nicht vorgestellt. Ich hatte ihm vor unserer Hochzeit klar und deutlich gesagt, ich würde mich nie einsperren lassen und er hatte mir versichert, dies auch niemals zu tun. Was war passiert? Warum verwandelte sich der Beduine, den ich als tolerant und aufgeschlossen geheiratet hatte, plötzlich in einen konservativen Spießer? Zum ersten Mal bedauerte ich es, so schnell auf die Urfi-Ehe eingegangen zu sein.
Guter Rat war teuer, denn Samir wurde immer wütender und gemeiner. Immer wieder kam er mit dem Argument, dass andere Beduinen schlecht über mich denken würden und jeder Schritt, den ich tat, von sehenden Augen begleitet wäre. Nach meiner Ansicht tat ich nichts Außergewöhnliches. Doch ich war nach wie vor oft am Strand unterwegs und redete mit vielen Menschen, auch mit Männern, und dies allein reizte einige böse Zungen, schlecht über mich zu reden. Damit konnte Samir nicht umgehen. Er wollte kein einziges negatives Wort über seine Frau hören; er wollte stolz auf mich sein.
Nach einigen Tagen, die mit heftigen und unschönen Diskussionen durchsetzt waren, beschloss ich, mir nichts verbieten zu lassen, meinen Dickkopf durchzusetzen und bestellte ein Taxi. Noch durch das Fenster sagte Samir mir,

wenn ich jetzt ginge, bräuchte ich nie wiederzukommen.
»Ok!« sagte ich und fuhr weg.

Ich wusste selbst nicht, ob ich überhaupt noch wiederkommen wollte. Ich war doch nicht seine Gefangene. Ich war sehr glücklich mit Samir und fühlte mich sehr wohl in der Gemeinschaft der Beduinen, aber auf keinen Fall durfte ich meine Freiheit verlieren und schon gar nicht in die Mauern um unser Haus eingesperrt werden.
Seine Eifersucht und das Gerede der Leute machte mir schon nach so kurzer Zeit schwer zu schaffen. Jeder Mann, der mit mir sprach, war ein heimlicher Verehrer. Samir hatte eine lebhafte Fantasie, was ich mit all diesen Typen angeblich vorhätte und ich war oft todtraurig über sein Misstrauen und seine Denkweise. Seine Beleidigungen und Vermutungen, die des öfteren ziemlich unter die Gürtellinie gingen, erzeugten in mir eine immense Wut.
›Na das war´s dann wohl‹, resümierte der Verstand, ›noch bevor es richtig begonnen hat.‹

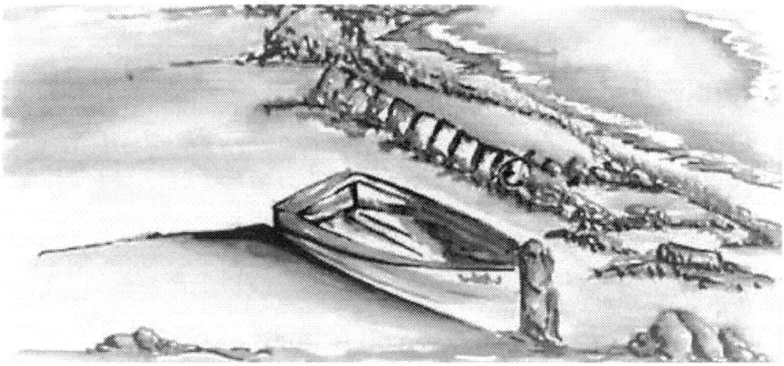

Abschiede

»Je schöner und voller die Erinnerung, desto schwerer ist die Trennung. Aber die Dankbarkeit verwandelt die Erinnerung in eine stille Freude.«
- Dietrich Bonhoeffer -

Bei meiner Freundin angekommen ging es mir fürchterlich. Samir war noch nie dermaßen ungehalten gewesen wie in den letzten Tagen vor meiner wütenden Abreise.
So groß Jessicas Freude war, mich wiederzusehen, schon als ich sie zur Begrüßung in den Arm nahm, merkte sie, dass etwas nicht stimmte. Bei einem frischen Kaffee, auf den ich mich schon auf der Hinfahrt gefreut hatte, nahm sie sich an ihrer Feuerstelle Zeit, mir zuzuhören. Das Feuer war bei allen Menschen hier der Ort für lange Gespräche. Wann immer man etwas zu klären hatte oder reden wollte, setzte man sich ans Feuer. Jessica hatte großes Verständnis für meine Lage, aber wusste ebenso wenig wie ich, wie es weitergehen könnte. Sie kannte die Eifersucht aus eigener Erfahrung, hatte es aber geschafft, sich zu arrangieren. Die Aufgaben im Haus und ihr Familienleben mit Mann und Kindern füllte sie vollkommen aus.
Ich hatte jedoch noch keine Kinder und wollte noch viel vom Sinai sehen und erleben.

»Samir ist so oft nicht zu Hause«, sagte ich, »und mir wäre es nie in den Sinn gekommen, ihn in seiner Freiheit einzuschränken. Warum kann er mir nicht das gleiche Recht

einräumen?«
»Das Gerede der anderen erschafft diese Probleme meistens. Hier achtet man sehr darauf, was die anderen denken.«
Zu diesem Schluss war ich auch schon gekommen. Sie schlug mir vor, in die Berge zu ziehen, aber dort gab es keine Arbeit, und für meine Situation momentan keine adäquate Lösung.
Unsagbare Traurigkeit breitete sich in mir aus, denn ich merkte von Tag zu Tag mehr, wie sehr ich Samir doch liebte. Aber konnte Liebe allein solch gegensätzliche Auffassungen ausgleichen oder zumindest ertragbar machen? Vielleicht war es besser, ihn aufzugeben, doch ich vermisste Samir mehr, als ich jemals erwartet hätte. Ich hielt es für das Beste, erst einmal Abstand zu bekommen und für eine Weile zurück nach Deutschland zu fliegen. Das hieße, ich müsste meinen liebgewonnenen Freund Abjad verkaufen. Mein wundes Herz krampfte bei dieser schmerzhaften Vorstellung. Der Verstand jedoch riet mir eindringlich zu einem Ortswechsel, um mir Klarheit über meine gesamte Lebenssituation zu verschaffen.

Überzeugt, das Richtige zu tun, machte ich mich auf die Suche nach einem Käufer. Ich erzählte allen Beduinen von meinem Vorhaben und konnte mir sicher sein, die Nachricht, ich hätte ein Kamel zu verkaufen, würde sich schnell herumsprechen. Tatsächlich sprach mich nach zwei Tagen ein mir unbekannter Beduine an und bekundete ernstes Interesse. Der potenzielle Käufer lebte im Sommer in Nuweiba und im Winter in den Bergen. Viele Beduinen machten das so. Im Sommer wurde es oft unerträglich heiß in der Wüste, das Wasser knapp und die Tiere fanden weder genug zu fressen, noch zu trinken. Daher verbrachten die Wüstenbewohner die warme Jahreszeit lieber am Meer, wo wenigstens manchmal ein wenig frischer Wind wehte, Wasser zu bekommen kein Problem war und sie zudem Fischen gehen konnten. Der Käufer lebte in einer Gegend, die mich schon lange reizte, und so machte ich dem Beduinen das Angebot, mit Abjad zu ihm zu kommen. Ich rief einen Freund in Dahab an, der sich bereit erklärte, mir mein Kamel nach Nuweiba zu bringen. Von dort würde unsere letzte gemeinsame Reise drei bis vier Tagen dauern. Das war eine gute Zeit, mich von meinem liebgewonnenen Weggefährten verabschieden zu können. Ich hatte Bedenken gehabt, Samir würde meinem Bekannten Abjad nicht überlassen, aber mein Mann war an diesem Tag glücklicherweise nicht im Haus und so hinterließ der Beduine nur eine Nachricht bei der Nachbarin.

Als ich wartend am verabredeten Abend im Camp gerade bei einem Glas Tee saß, fuhr ein fahrender Händler vor das Café. Sein Wagen war über und über beladen mit fröhlich bunten Stoffen und Kleidern. Da ich meiner Familie und meinen Freunden in Deutschland gerne einen Eindruck des Kleidungsstils der Beduinen geben wollte, ging ich zu dem Händler und schaute mir seine Ware an. Ich kaufte mir eine typische *Galabea,* ein bodenlanges Kleid mit schwarz-weißen Karos und leuchtenden Blumen darauf, und eine *Arbeia*, einen schwarzen Umhang mit kleinen, unauffälligen Stickereien an den Stoffkanten. Zwei Kopftücher, die die

Beduinen *Tarha* nannten, hatte ich schon von den Frauen in Dahab geschenkt bekommen. Mit den neu erworbenen Schätzen verzog ich mich in eine leere Hütte und probierte die Sachen an. Sie fühlten sich leicht und unbeschwert an, sehr luftig. Gerne wollte ich wissen, wie ich darin aussah; dazu musste ich allerdings durch das ganze Camp laufen. Als ich etwas schüchtern aus der Hütte trat, kam mir ein bekannter Beduine entgegen und ein breites, wohlwollendes Grinsen erschien auf seinem hübschen Gesicht. Er sprach mir ein Kompliment aus und sagte, jetzt sei ich wirklich kaum noch von einer Beduinin zu unterscheiden, nur die blauen Augen würden mich noch verraten.
Als ich mich selbst im Spiegel betrachtete, war ich erstaunt, wie sehr ich mir in diesem Aufzug gefiel. Ich ließ die Sachen an und beschloss als Beduinin gekleidet auf meine letzte Reise mit Abjad zu gehen. Im Café traf ich Jessicas Mann Mousallim, der mir ebenfalls sagte, wie gut mir die Kleidung stehen würde. Er stellte mir seinen Bruder Soliman vor. Einen äußerst gut aussehenden jungen Mann, der mir sehr verlegen die Hand gab. Er hatte schon von seinem Bruder erfahren, dass ich in die Berge wollte und bot an, mich mit seinem Freund zu begleiten. Da ich noch kurz zuvor überlegt hatte, ob ich es wirklich wagen sollte, allein in ein mir völlig unbekanntes Gebiet aufzubrechen, kam mir der Vorschlag von Soliman gerade recht und ich nahm ihn erleichtert und hocherfreut an. Schon am nächsten Tag trafen wir uns in aller Frühe vor Jessicas Haus. Solimans Freund war ein alter Bekannter. Ich begrüßte ihn lachend mit: »Alle Vögel sind schon da«.

»Ja, alles gut, alle da«, ging Soliman auf den Scherz ein.
›Das wird sicher eine lustige Reise‹, frohlockte die Vorfreude und die Abenteuerlust quietschte vor Vergnügen.
›Mit den Namen kannst du wenigstens nicht durcheinanderkommen‹, lachte die Ironie.

Laut Jessica war Mousallims Bruder nicht gerne im Dorf, ihm war dort zu viel Trubel. Er liebte die Einsamkeit in den tiefen Schluchten der Berge und das Leben fernab vom Tourismus und den Ägyptern, die viel Probleme in den Sinai brachten, wie er mir später erzählte. Außerdem durfte er sich nicht von der ägyptischen Polizei erwischen lassen, weil er momentan seinen Militärdienst leisten müsste, diesen aber strikt ablehnte, wie die meisten jungen Beduinen, die ich kannte. Die Ägypter und deren Mentalität war ihnen fremd. Sie wollten nicht für einen eventuellen Krieg ausgebildet werden, von einem Staat, der ihnen kaum Rechte, dafür aber einen ganzen Berg Pflichten auferlegte. Außerdem wurde immer wieder berichtet, Beduinen würden in der ägyptischen Armee als Menschen zweiter Klasse behandelt.

Nachdem wir im Dorf Proviant erstanden hatten, stiegen wir auf unsere Wüstenschiffe und ritten in die Berge. Wieder einmal hatte ich viel Zeit, meine Arabischkenntnisse zu verbessern, denn Mousallims Bruder redete nur in seiner Muttersprache. Da wir uns oft zu dritt unterhielten, übersetzte der andere Soliman das Gesagte. Das stellte sich für alle Seiten als äußerst lehrreich heraus.
Wir hatten Spätsommer, und die Sonne brannte

erbarmungslos vom Himmel herab. Kamen wir auf ebene Flächen, flimmerte die Hitze über dem Wüstenboden. Freiwillig hüllte ich meinen Kopf in eines meiner Beduinentücher, damit die Sonne mir nicht direkt auf die Haut schien. Da wir mit drei Kamelen genug Wasservorrat tragen konnten, goss ich mir häufig ein wenig auf mein Kopftuch. Das kühlte beim Reiten ein wenig ab und machte die Wärme etwas erträglicher. Doch noch vor der Mittagszeit mussten wir anhalten und Schatten suchen. Ein überhängender Felsvorsprung kam uns wie gerufen. Mehrere kleine Feuerstellen zeugten davon, dass schon einige vor uns hier ihr Lager aufgeschlagen hatten. Unter einer großen Akazie fanden wir genügend Holz, um eine der Feuerstellen wiederzubeleben. Während die Männer sich wuschen und beteten, kochte ich uns einen deutschen Kaffee, den ich von Jessica als Reiseproviant erhalten hatte. Die Gegend war atemberaubend schön. Ein weites, tiefes Tal mit steil aufragenden Berghängen, in denen sich breite Basaltadern durch den Sandstein zogen und ein herrliches Formenspiel bildeten. Das ausgebreitet vor uns liegende Wadi war übersät mit ungewöhnlich vielen großen Akazien und der Wüstenboden war voller Büsche und Sträucher, denen die Sonne so spät im Jahr allerdings viel ihrer Feuchtigkeit entzogen hatte. Sie standen als verdorrte Ideengeber, wie reichhaltig die Wüste in kälteren Jahreszeiten erblühen konnte.

Im Frühling sei dies einer der herrlichsten Plätze des Sinai, erzählte mir Soliman. Viele Beduinen würden nach dem ersten Regen mit ihren Tieren hierherkommen, um die wiedererwachende Blütenpracht zu nutzen. Ich nahm mir vor, irgendwann einmal im Frühling wiederzukommen. Zusammen mit dieser Aussicht schmeckte der Kaffee doppelt gut und erschien mir wie das reinste Lebenselixier. Aber scheinbar nur mir, denn die beiden Beduinen legten sich, sofort nachdem sie den Kaffee kommentarlos in sich hineingeschüttet hatten, auf ihre Decken, warfen sich ihre Tücher über den Kopf und waren einige Minuten später eingeschlafen. Ich genoss noch ein wenig die Landschaft und tat es ihnen gleich. Die Hitze machte müde. Der Schwager meiner Freundin war mir sehr sympathisch; er hatte etwas mit der Natur des Sinai Verwachsenes, das mich faszinierte und das ich näher kennenlernen wollte. Ich hatte das Gefühl, von diesem Menschen etwas über das Leben hier herausfinden zu können, das mir bisher noch verborgen war. Er versprühte eine ganz andere Energie als die meisten Beduinen, die mir bisher begegnet waren.

In der Abenddämmerung des zweiten Tages winkte er mich heran und bedeutete mir still zu sein. Als ich auf seiner Höhe war, zeigte er mit ausgestrecktem Arm auf die gegenüberliegende Bergseite.

»Siehst du ihn?«

»Nein, was ist da? Ich sehe nichts.«

»Schau genau! Dort, oberhalb des Vorsprungs. Jetzt bewegt er sich.«

»Ja, ein Widder, wow, ist der schön!«

Majestätisch stand der Widder unter dem Vorsprung im Schatten und rieb sein Geweih an den Steinen. Er hatte uns scheinbar nicht wahrgenommen.

»Würdest du ihn schießen, wenn du dein Gewehr dabei hättest?«, fragte ich Soliman?
»Ich habe ein Gewehr dabei, aber nein, er ist zu alt. Sein Fleisch schmeckt nicht mehr sehr gut. Er soll lieber noch viele Junge produzieren, damit hilft er uns besser.«
»Ich habe schon viele solcher großen Geweihe an Häusern hängen sehen.«
»Das sind dumme Menschen, die so alte Tiere schießen, oder Jugendliche, die den Älteren imponieren wollen.«
Ein anderes Mal zeigte er mir eine Dornschwanzagame, die sich vor uns unter einem Gebüsch versteckt hatte. Wir stiegen ab und mit einem Stock scheuchte Soliman sie unter dem Busch hervor. Ein wunderschönes, etwa vierzig Zentimeter großes Exemplar kam zum Vorschein, das schleunigst Kurs auf den nächsten Busch nahm, um sich wieder zu verkriechen.
Soliman nahm alles um ihn herum mit wachsamen Augen wahr. Er war so tief mit seiner Umwelt verbunden, dass ich ihn in meinen Gedanken den Wüstentarzan nannte. Ohne ihn hätte ich die Tiere nicht erblickt. Seine Augen waren geschult, auch die kleinsten Bewegungen zu registrieren.
Wir hatten alle Zeit der Welt, ritten, wenn wir weiter wollten, aßen, wenn wir hungrig waren und schliefen, wenn wir müde wurden, in unsere dicken Decken gehüllt unter unzähligen Sternen. Es wurde nachts kühl in den Bergen, und so legten wir uns meist dicht beieinander. In der dritten Nacht, als wir es uns gemütlich gemacht hatten, sagte mir der Wüstentarzan etwas, das mich die nächsten Tage sehr beschäftigte.

Er hatte gewartet, bis der andere Soliman durch ein leises Schnarchen bekundet hatte, dass er tief eingeschlafen war. Er drehte sich zu mir um, schaute mich eine Weile an und verkündete: »Du machst mir Angst!«
Ich dachte erst, ich hätte mich verhört und fragte ihn verständnislos: »Ich mache dir Angst?«
Er nickte nur und schaute mich weiter an.
»Warum mache ich dir Angst?«
»Weil du bezaubernd, aufregend und interessant bist.«
»Und was ist daran jetzt furchterregend?«, fragte ich weiter.
»Ich habe Angst vor meinen Gefühlen«, sagte er. »In meiner Welt muss der Mann seine Frau beschützen. Die Frau bleibt lieber zu Hause, um sich um das Haus und die Kinder zu kümmern, den Mann zu verwöhnen und ihn um seinen Rat zu fragen. Jetzt sehe ich dich, deine Lebenslust und die Freiheit, die du ausstrahlst. Sie fasziniert mich. Du hast keine Angst, du bist sehr selbstständig und brauchst keinen Mann.«
Er machte eine Pause und wir beide schauten in den Himmel.
»Ich weiß«, begann er nach kurzer Zeit wieder zu sprechen, »dass ich es nie ertragen könnte, wenn meine Frau wie du wäre, so eigensinnig und frei von all den Traditionen, die wir haben und doch weiß ich auch, dass ich es nun, da ich es kennengelernt habe, gerne hätte. Das werde ich bei einer Beduinin nie finden und dürfte es auch nie tolerieren. Aber ich kann meinen Bruder Mousallim jetzt noch besser verstehen, warum er Jessica geheiratet hat.«

Ich war vollkommen sprachlos; das eben Gehörte musste

ich erst einmal verdauen. Soliman wohl auch, denn er wünschte mir kurzerhand eine gute Nacht, drehte sich herum und war Minuten später im Land der Träume. Ich lag noch lange wach und grübelte. Männer, die sich nach einer unselbstständigen, traditionsbewussten Frau sehnen, konnten mit mir nur unglücklich werden und ich mit ihnen auch. War es das, was Samir und mich gegeneinander aufgebracht hatte? Er versuchte mich ständig zu kontrollieren und wollte mir sagen, was richtig und falsch war. Ich sollte keine eigene Meinung haben, sollte seinem Wort mehr Gewicht geben als meinem eigenen Verstand. Im Grunde hatte Samir nichts dagegen, wenn ich allein unterwegs war, aber da die anderen mich sehen und eventuell schlecht über mich reden könnten, war es ihm ein Dorn im Auge. Dazu kam seine Angst, ein anderer Mann könnte mich mehr als er faszinieren. Bei den Beduinen war es nicht unüblich, eine Frau nur zu ihren Familienangehörigen gehen zu lassen. Ich hingegen ließ mich nicht einsperren, ließ mir nichts vorschreiben - und beschützt zu werden fand ich eher lächerlich als notwendig. Ich war also alles andere als eine Beduinin. Meine Eigenständigkeit hatte ihn fasziniert, aber er konnte damit nicht richtig umgehen. Konnte ich es? Selbst wenn ich mit meinem Kamel allein irgendwo hin geritten war, und sei es auch nur gewesen, um Abjad im Wadi fressen zu lassen, hatte Samir mir anschließend eine Szene gemacht und es mir durch seine ständigen Unterstellungen so sehr verleidet, dass ich bald keinen Spaß mehr daran hatte. Auch das Schwimmen im Meer brachte keine Freude, wenn man nachher beschimpft wurde: »Du stürzt dich doch nur halb nackt ins Meer, um dich den Männern zu zeigen.«

Ich war froh, weit weg von Dahab mit seinen bösen Zungen und Samirs Eifersucht zu sein. Ich vermisste ihn immer noch sehr, aber konnte mir von Tag zu Tag weniger vorstellen, mein Leben derart einzuschränken. Ich genoss meine wiedererlangte Freiheit und die Ruhe der Berge. Langsam aber stetig nährten wir uns dem Wadi Ghazala, wo ich mich von meinem treuen Freund verabschieden musste. Mein einziger Trost war, dass mein Kamel in einer grandiosen Gegend leben würde. Die für den Südsinai übliche Steinwüste ging langsam in eine Sandwüste über. Die Flächen wurden weiter und die Berge immer zerklüfteter. Die Winderosionen hatten bizarre Formen in den Stein gezaubert. Ein Tal sah aus, als wären hier riesige von Termiten zerfressene Bauten entstanden. Ich konnte mich kaum sattsehen an der Schönheit der Landschaft und die Muse befand sich in euphorischer Stimmung.

In der letzten Nacht vor Erreichen unseres Ziels schliefen wir auf feinem Wüstensand. Aus einer zusammengeschobenen Burg formte ich mir ein Kopfkissen und schob mich beim Einschlafen so lange hin und her, bis sich der Boden exakt meinen Körperkonturen angepasst hatte. Ich schlief selten so bequem wie in dieser Nacht.
Am Morgen fielen mir auf dem Sandboden einige spacige Ameisen auf. Sie glitzerten silbern in der Sonne und huschten mit einer ungewöhnlichen Schnelligkeit über den sich langsam erwärmenden Wüstenboden. Ihre Schnelligkeit

war in der Mittagshitze, wenn der Sand hier so heiß wurde, dass man ihn ohne Sandalen kaum noch betreten konnte, bestimmt lebensnotwendig.

Als die Sonne den Zenit fast erreicht hatte, kamen wir am verabredeten Ort an.

Aid, der mein Kamel kaufen wollte, war nicht da. Er hatte zwar seiner Frau gesagt, eine Deutsche würde kommen und ihr Kamel verkaufen, aber den ausgemachten Geldbetrag hatte er nicht hinterlassen. Ich war etwas verärgert, denn die Beduinin hatte lediglich einhundert von den vereinbarten 1500 ägyptischen Pfund bei sich. Ich wollte sie nicht ganz bargeldlos zurücklassen, doch ich brauchte etwas, um zurück nach Nuweiba zu kommen. So teilten wir das Geld.

Die beiden Solimans wollten weiterreiten und verabschiedeten sich von mir.

Nachdem die Sonne nicht mehr ganz so erbarmungslos vom Himmel brannte, schnürte ich meine Sachen zusammen, bat die Beduinin, sich gut um mein Kamel zu kümmern, und setzte mich noch einmal zu meinem haarigen Freund. Es fiel mir äußerst schwer, mich von ihm zu trennen. Wir waren so ein tolles Team gewesen. War es wirklich das Richtige, ihn zu verkaufen? Abjad warf sich auf die Seite und kratzte sich am Wüstensand. Schon auf der Reise hierher hatte der Gute sich wiederholt an den rauen Felswänden gerieben. Eine für mich nicht in den Griff zu bekommende Hautkrankheit löste bei ihm starken Juckreiz aus. Ich hatte ihn mehrfach mit Schwefel abgerieben, war aber nicht fachmännisch genug vorgegangen. Die Flechten, die er hatte, brachen immer wieder an neuen Stellen durch. Ein Grund, warum ich wenigstens etwas froh war, ihn nun in wissende Hände abzugeben. Das nahm ein bisschen meines Abschiedsschmerzes und bestärkte mich in meinem Entschluss. Ich schöpfte mit einer Dose aus seinem Futtersack ein halbes Kilo Mais und fütterte ihn ein letztes Mal. Genüsslich fraß er es mit seinem weichen Maul aus meiner geöffneten Hand. Seine Flanken kraulend dankte ich ihm für die tolle Zeit, die wir miteinander hatten. Tränen begannen meine Wangen hinabzulaufen. Schnell drehte ich mich herum und lief in die Wüste. Hinter einer kleinen Bergkette machte ich Halt und weinte mich aus. Nun war ich wieder ganz allein. Vor mir lag ein riesiges unüberschaubar weites Tal und ich fühlte mich so klein wie eines dieser Sandkörner zu meinen Füßen. Ich legte mich in die Mitte der riesigen Fläche und schaute lange in den Himmel. Der Sand unter mir war sehr fein. Erst ließ ich ihn mehrfach durch meine Hände rieseln, dann formte ich wie Kinder im Schnee mit meinem Körper und schwingenden Armen einen Engel. Von dort lief ich spiralförmig nach außen und zog, eine Furche ziehend, den rechten Fuß durch den Sand. In die Zwischenräume schrieb ich arabische Wörter, die mir gerade in den Sinn kamen. Die letzten beiden waren Liebe und Sinai. Wegen meiner Liebe zu diesem Land war ich hierhergekommen, nicht wegen Samir. Sollte ich wirklich dieses wunderbare Land verlassen, nur weil meine Beziehung zu einem Mann scheiterte? Vielleicht sollte ich meine Sachen bei ihm abholen und erst mal wieder nach Nuweiba gehen. Geld konnte ich mittlerweile auch ohne eigenes Kamel verdienen. Ich kannte inzwischen genug andere Beduinen, mit denen ich kooperieren könnte. Ich wollte nicht aufgeben, nicht wegen eines Mannes.

Etwas besser gestimmt machte ich mich auf den Weg zur Straße und fand nach kurzer Zeit einen Beduinen, der mich nach Nuweiba mitnahm. Zuerst sprachen wir kaum ein Wort, doch nach einer Viertelstunde brach der Beduine das Schweigen. Er hatte mir scheinbar meine Nachdenklichkeit und Trauer angesehen, denn er fragte mich, wer mich hier mitten in der Wüste ausgesetzt hätte.

»Ich wurde nicht ausgesetzt. Ich habe eben mein Kamel verkauft«, antwortete ich.

Er brachte mir mit vielen Worten sein Mitgefühl entgegen und erzählte von den Erfahrungen mit seinem Kamel, das verstorben war.

»Das ist das Leben«, sagte er. »Jetzt wollen wir die Traurigkeit vergessen und wieder lachen.«

Er begann ununterbrochen Witze zu erzählen und noch bevor wir Nuweiba erreichten, fühlte ich mich dank seiner Anekdoten etwas besser.

In dieser Nacht schlief ich bei Jessica und machte mich sehr früh am nächsten Morgen auf nach Dahab, um dort meine Sachen abzuholen. Schon auf dem Weg zu unserem Haus kam mir Samir entgegen.

»Ja marhaba!«, willkommen, begrüßte er mich mit einem offenen und herzlichen Gesichtsausdruck, den er mit diesem besonders schelmischen Lächeln, das mich von Anfang an in seinen Bann gezogen hatte, verstärkte.

»Du bist gekommen, das ist gut. Ich habe dich vermisst.«

›Du hast ihn auch sehr vermisst‹, platzte es vorlaut aus der Sehnsucht heraus und unterdrückte damit erst einmal die schneidige Antwort, die ich eigentlich geben wollte.
Es entstand eine ungewollte Pause, die Samir füllte, indem er weitersprach:
»Jetzt hast du hoffentlich deine Freundin ausgiebig gesehen und bleibst nun bei mir. Du hast mir wirklich sehr gefehlt. Das Haus war leer und nicht schön ohne dich. Ich habe mich zu keiner Zeit darin wohlgefühlt und es kaum betreten. Komm, wir bringen erst mal deine Sachen ins Haus.«
Ich hatte noch immer kein einziges Wort gesagt und ließ mir, weiterhin schweigend, mein Gepäck abnehmen. Vollkommen überrascht von seiner freundlichen Art der Begrüßung betrat ich nach ihm das Haus. Im Geiste hatte ich noch immer sein zorniges Gesicht vor Augen und erwartet, er würde mich sofort mit den wüsten Vorurteilen über europäische Frauen empfangen. Doch Samir belehrte mich, wie sehr man sich in Menschen täuschen kann. Meine Gefühle sprachen so schnell durcheinander, ich konnte nicht einen einzigen klaren Satz isoliert wahrnehmen. Kaum hatte er das Gepäck abgestellt, drehte er sich zu mir herum, nahm mich in den Arm und küsste mich leidenschaftlich. Ich sträubte mich und versuchte, ihm etwas zu sagen. Doch jedes Mal, wenn ich ansetzte zu sprechen, küsste er mich wieder.
Ich wand mich aus seinem Griff und erklärte ihm: »Samir, ich bin nicht zu dir zurückgekommen, sondern nur hier, um meine restlichen Sachen zu holen. Ich gehe noch mal eine

Weile zu Jessica und fliege vielleicht auch zurück nach Deutschland.«

Schlagartig fiel ihm sein Lächeln aus dem Gesicht.

»Du bist meine Frau, du gehörst zu mir. Hast du das vergessen?«

»Nein, Samir, das habe ich nicht vergessen, aber ich glaube nicht, dass wir eine gemeinsame Zukunft haben. Du traust mir nicht und hast mir noch am Taxi gesagt, wenn ich gehe, brauche ich nie wiederzukommen. Hast du das vergessen?«

»Ja ruhi, meine Seele, ich war verärgert. Inzwischen habe ich eingesehen, dass ich dir mehr Freiheit lassen muss. Du bist eine Deutsche und nicht gewohnt, dass man dir sagt, was du zu tun hast. Ich verspreche dir, mich zu bessern. Geh nicht, bitte!«

Er nahm mich wieder in den Arm und hielt mich fest. »Dein Platz ist bei mir«, flüsterte er mir ins Ohr, schob mich ein wenig von sich und sah mir in die Augen. Zärtlich strich Samir mir eine Haarsträhne aus dem Gesicht. Sein nachfolgender Satz: *»Inti hajati«*, du bist mein Leben, war so überzeugend, dass mein Entschluss wankte wie ein Betrunkener während eines Erdbebens. Noch ein paar Sekunden hielt er sich und stürzte schließlich.

»Samir, ich weiß nicht, ob ich jetzt das Richtige tue, aber ich bleibe ein paar Tage. Wir können gemeinsam überlegen, wie es weitergehen kann. Aber eines sage ich dir: Versuche nie wieder, mir meine Freiheit zu nehmen. Ich bin deine Frau, aber nicht dein Eigentum. Und genau so ein Dickkopf wie du. *Raßi näschif*, mein Kopf ist trocken, wie ihr so schön zu sagen pflegt.«

»Ich versuche es«, versprach er mir. »Wo ist eigentlich Abjad?«
Ich berichtete ihm vom Verkauf. Dass ich dafür vier Tage mit zwei Männern unterwegs gewesen war, verschwieg ich. Wenn unsere Beziehung eine Chance haben sollte, musste ich lernen, solche Details für mich zu behalten. Ich hoffte ganz stark, dass niemand von denen, die uns gesehen hatten, das Bedürfnis verspürte, es jemandem zu erzählen, der es dann jemandem erzählt, der es dann einem anderen erzählt ...

Feranje

»Wenn die Hoffnung mit der Geborgenheit kuschelt, liegen zwei glückliche Herzen dazwischen.«
- Simone Wiechern -

Samir war in den nächsten Tagen sehr zuvorkommend und ich bereute es nicht, geblieben zu sein. Es war wieder so schön wie am Anfang unserer Beziehung. Wenn ich unterwegs gewesen war, verkniff sich mein Mann sichtlich alle Fragen, die ihm ins Gesicht geschrieben standen. Im Gegenzug gab ich mir die größte Mühe, ihm seine Ängste zu nehmen, indem ich ihm immer wieder zeigte, wie viel mir an ihm lag. Ich hatte am Strand eine Französin kennengelernt, die mit uns einen Trip nach Sharm El Sheikh machen wollte. Dies war auch für mich eine ganz neue Strecke, und ich freute mich auf die nächsten Tage. Wir bekamen dafür zwei Kamele von Samirs Familie, die sein Vater in Dahab zurückgelassen hatte.
Schon vor Sonnenaufgang weckte ich Samir und gemeinsam erledigten wir die letzten Vorbereitungen. Pünktlich um acht Uhr holten wir Chantal in ihrem Hotel ab. Sie wohnte nicht wie die meisten Touristen, die man am Strand traf, in einem der Camps, sondern im besten Hotel des Ortes in Dahab City. Schon nach kurzer Zeit begann die Französin sich über die Hitze zu beklagen. Jede Stunde mussten wir anhalten und für sie einen Schattenplatz suchen. Bei der dritten Rast fragte ich sie, ob sie nicht lieber umdrehen möchte, da das Wetter Anfang Herbst mit größter Sicher-

heit konstant bliebe und wir bei dem Tempo mindestens einen Tag länger benötigen würden. Sie verneinte und stieg tapfer wieder auf das Kamel; jedoch nicht ohne sich weiterhin alle paar Minuten über die Hitze zu beschweren. Sie nahm ihr gekühltes Trinkwasser und goss es sich in halbstündigem Abstand auf den Turban, den ich ihr gewickelt hatte. Ich riet ihr, mit dem Wasser lieber sparsam umzugehen, da unser Wasservorrat nicht sehr groß wäre und wenn schon, dann doch lieber das nicht gekühlte Wasser aus Samirs Kanister für ihre Abkühlung zu benutzen. Wir hatten drei Zweiliterflaschen mit mehreren Lagen Stoff umnäht. Wenn man diese immer feucht hielt, blieb das Wasser darin durch den Verdunstungsprozess angenehm kühl. Das würde auf ihrem Turban auch mit dem wärmeren Wasser funktionieren, aber sie ließ sich nicht belehren und goss sich weiterhin das kühle Trinkwasser aus den Sattelflaschen über ihren Kopf. Kurz vor der Mittagszeit machten wir Halt und Samir ging fischen. Während er weg war, nahm sich Chantal Samirs Flasche und goss den gesamten Inhalt ungeniert in ihre Flasche. Ich ließ sie gewähren und war auf Samirs Reaktion gespannt, der schon wegen ihrer Nörgelei und dem sehr frühen Aufstehen ziemlich gereizt war. Seine Bemühungen, uns ein schmackhaftes Mittagessen zu fangen, wurden schon nach einer Viertelstunde belohnt und er kam mit einem großen, rot leuchtenden Zackenbarsch zurück.

»Wollt ihr den etwa kochen?«, fragte die Französin angewidert und schüttelte sich arg übertrieben. »Ich esse keinen Fisch!«

Ich zog von ihr abgewandt meine Augenbrauen hoch.
›Auch das noch!‹, sprach der Sarkasmus.
In der Zwischenzeit hatte Samir den Fisch auf ein Stück Karton gelegt und griff zu seiner Wasserflasche. Als er ungläubig die leere Flasche hin und her schüttelte, machte ich eine für Samir verständliche Kopfbewegung in Richtung unserer Französin. Samir schmiss die leere Flasche gegen den Sattel neben ihm und fluchte auf Arabisch. Chantal verstand zwar nicht, was er sagte, aber sein Zorn war offensichtlich. Mein Mann nahm den Fisch und ging hinunter zum Meer. Ich folgte ihm und wir besprachen, wie wir weiter vorgehen sollten.
»Ich esse diesen Fisch«, sagte Samir ungehalten, »soll sie doch Sand essen! Wenn sie so weitermacht, kann sie ab morgen auch Meerwasser trinken. Ich weiß nicht, wo wir diese Mengen Wasser herbekommen sollen, die sie sich auf und in ihren Kopf schüttet.«

Samirs Geduld war schon am ersten Mittag aufgebraucht. Noch hatte ich Verständnis für sie und setzte mich zu ihr. Ich entschuldigte mich für das schroffe Verhalten meines Mannes und erklärte ihr in aller Ruhe unser Problem mit dem Wasser. Sie ließ sich überreden, von nun an nur noch Meerwasser zur Kühlung ihres Kopfes zu benutzen. Eine gute Idee war das nicht unbedingt, denn ihr Turban würde spätestens am nächsten Tag von dem darin enthaltenen Salz stocksteif sein, aber eine bessere Lösung fiel mir nicht ein. Ich hoffte, sie würde sich etwas an die Hitze gewöhnen oder notfalls später eines meiner Tücher benutzen. Zum Mittag kochte ich ihr Reis und Linsen und verzierte es mit

Salat. Entgegen Samirs Erwartung war sie davon angetan. Unser Glück, denn davon hatten wir genug dabei. Allerdings nahm das doppelte Kochen sehr viel Zeit in Anspruch und ich kam nicht dazu, mich von der Mittagshitze ebenfalls ein wenig auszuruhen. Mehrere Male versuchte ich, Chantal auf der zweiten Etappe in ein Gespräch zu verwickeln, aber sie fand weder die Berge noch die Landschaft im Allgemeinen oder das Reiten angenehm. Als sie sich abermals über die Hitze beschwerte, die schon längst nicht mehr so stark war, riss mir der Geduldsfaden.

»Vielleicht solltest du besser umkehren, wenn du an allem etwas auszusetzen hast«, sagte ich zorniger, als ich es wollte.

»Dann bezahle ich nicht und will auch meine Anzahlung zurück!«, war ihre patzige Antwort.

Ich trieb mein Kamel an, galoppierte zu Samir, der trotz der Entfernung meinen barschen Ton vernommen hatte und auf mich wartete. Nachdem ich ihm die Sachlage erläutert hatte, schaltete auch er auf stur.

»Wir schaffen es auf keinen Fall heute noch bis nach Dahab zurück. Selbst wenn wir morgen früh sehr zeitig aufbrechen, kommen wir bei ihren vielen Pausen erst am Nachmittag dort an. Ich ärgere mich doch nicht fast zwei volle Tage mit dieser Frau herum und bekomme dafür nichts. Nein! Wir reiten weiter«, entschied er resolut.

Ich versuchte Samir zu überreden, doch lieber umzukehren. Das Resultat war ein handfester Streit zwischen meinem Mann und mir.

›Oh ha!‹, sprach die Vernunft, ›auf mich scheint wohl keiner

der beiden Dickköpfe hören zu wollen.‹
›Dummerweise nicht‹, bestärkte sie die Vorahnung, ›ich denke, das wird kein gutes Ende nehmen.‹
Meine Stirn legte sich in Falten und zähneknirschend ritt ich zurück zu Chantal und berichtete ihr, was Samir gesagt hatte. Sie beschwerte sich über Samirs und mein Verhalten und wollte so schnell wie möglich nach Sharm El Sheikh.

Normalerweise sind die Abende in der Wüste nach einem langen Ritt am Tage sehr entspannend. Auf anderen Touren hatte Samir in solchen Momenten lustige Geschichten der Beduinen erzählt. Man hatte gelacht und sich glücklich unter das sternenübersäte Himmelszelt gelegt. An diesem Abend bereitete ich allein das Abendessen, das wir alle drei schweigend einnahmen, um uns gleich darauf in unsere Decken zu hüllen und schlafen zu legen. Kurz vor Mitternacht weckte mich ein lauter Schrei von Chantal. Sofort waren Samir und ich hellwach und standen an ihrer Schlafstätte.
»Da war ein ganz fürchterlicher Laut«, erklärte sie ängstlich.
Wir lauschten in die nächtliche Stille, nichts war zu hören.
»Vielleicht hast du nur schlecht geträumt«, versuchte ich, sie zu beruhigen.
Sie wurde richtig böse und fuhr mich an: »Ich weiß doch, was ich höre, ich liege schon seit über zwei Stunden wach, weil der Boden so hart ist.«
Wiederholt fragte ich mich, warum nur, um Gottes Willen, sie überhaupt solch einen Trip gebucht hatte. Hatte sie erwartet, wir würden ihr eine Matratze mitnehmen? Ich holte meine Decke und legte mich neben sie, was Samir

nicht passte, aber hoffentlich Chantal soweit beruhigen würde, um wenigstens noch ein paar Stunden Schlaf zu bekommen. Gerade, als ich meinen Teppich neben ihr ausbreitete, hörte auch ich einen Schrei.
»Da ist es wieder!«, kreischte sie. Ich lächelte und sagte ihr, es sei nur eine Eule, die mit ihrem markerschütternden Ruf kleine Tiere aufscheuchen wollte, um sie dann zu erjagen. Sie glaubte mir nicht. Auch Samir, der inzwischen wieder bei uns war, versuchte sie zu besänftigen und bestärkte meine Aussage. Doch auch einem Beduinen, der sein ganzes Leben in der Wüste verbracht hatte, schenkte sie keinen Glauben. Ich fragte sie, was sie denn vermuten würde.
»Weiß ich doch nicht, aber keine Eule, die rufen ganz anders!«, war ihre Antwort. »Auf jeden Fall mache ich heute kein Auge zu.«
Ich versicherte ihr abermals, sie müsse keine Angst haben, es wäre mit absoluter Sicherheit eine Eule und legte mich wieder hin. Zum Glück rief die Eule kurze Zeit später abermals und sofort leuchtete ich mit meiner Taschenlampe in die Richtung, aus der der Schrei kam. Mit weit gespreizten Flügeln setzte der nächtliche Jäger gerade zum Fang an und erschien kurz in meinem Lichtkegel. Jetzt endlich glaubte Chantal uns und wir bekamen hoffentlich die ersehnte Ruhe.
›Liebe Wüstentiere, tut mir einen Gefallen und seid jetzt schön leise‹, sprach die Hoffnung gähnend, die genauso müde war wie der Rest meines Körpers. Sie wurde erhört. Am Morgen waren Samir und Chantal genauso schlecht

gelaunt wie am Abend zuvor und mein Harmoniebedürfnis wünschte sich nur eines: ›Möge dieser Trip schnell zu Ende gehen.‹

Dasselbe dachte auch Samir, denn er band ihr Kamel kurzerhand an seines und beschleunigte so unser Weiterkommen. Bei der ersten Rast offenbarte er mir, dass er Chantal nicht wie besprochen bis nach Sharm El Sheikh bringen würde, sondern bei seinem Bruder in Nabq ein Auto für sie organisieren wollte, das sie entweder zurück nach Dahab oder nach Sharm bringen sollte. Unser Wasser war fast aufgebraucht und seine Geduld schon längst. Er bat mich, ihr erst einmal nichts zu sagen, und meine Kooperation bewirkte, dass wenigstens Samir und ich unseren Streit vergaßen und wieder liebevoller miteinander umgingen. Jedes Mal, wenn Chantal eine Rast einlegen wollte, vertröstete sie Samir mit irgendeiner Ausrede für eine weitere halbe Stunde. Wir kamen dadurch tatsächlich wesentlich schneller voran. Mittags kochte ich ihr das gleiche Mahl wie am Tag zuvor und am späten Nachmittag erreichten wir endlich die kleine Beduinensiedlung nahe Nabq, in der Samirs Bruder Hussein eines seiner Domizile hatte. Bei seiner Schwägerin wurden wir zum Tee eingeladen. Während ich mit Chantal wartete und ihr Samirs Plan mitteilte, versuchte er in der Siedlung ein Auto zu organisieren. Leider war niemand zu finden, der Chantal mitnehmen konnte. Unsere Französin war mächtig wütend, dass wir uns weigerten, den Trip zu beenden und versicherte mir abermals, dass sie uns dann kein Geld geben würde. Ich sagte ihr, uns wäre das inzwischen egal

und sie solle tun, was sie für richtig hielt.
Kein Geld der Welt war diese Nörgelei wert, das hatte auch Samir mittlerweile eingesehen. Ich ließ sie eine Weile allein an der Feuerstelle sitzen, gab ihr Zeit zum Nachdenken und ging in die Küche, um ein paar Worte mit der Hausherrin zu wechseln. Husseins Frau war eine sehr hübsche, schlanke Beduinin, mit großen, fast schwarzen Augen, die mich hin und wieder schüchtern musterten. Ihr Kind schlief in einem auf dem Rücken hängenden Tuch, während sie das Abendessen vorbereitete. Als ich sah, wie sie eine Platte mit frisch gefangenem Fisch in die Küche trug, versuchte ich, ihr klar zu machen, dass unsere Touristin den nicht essen würde. Der Beduinin war dies schwer zu erklären. Immer wieder versicherte sie mir, der Fisch wäre wirklich ganz frisch, hätte nur wenige Gräten und würde vorzüglich schmecken. Für sie, die sich fast täglich nur von Fisch ernährte, war das Verhalten der Touristin bar jeder Vorstellung. Und da Samir ein Verwandter war, musste sie doch etwas Anständiges auf den Tisch bringen. Ihre Ratlosigkeit wahrnehmend schlug ich vor, für unsere Touristin ein paar Nudeln zu kochen. Dies war der Beduinin zwar unangenehm, da sie sich für unser Wohl verantwortlich fühlte, aber ihr Kind war inzwischen wach geworden und kaum noch im Tragetuch zu beruhigen. Sie führte alle Handgriffe mit tänzerischen Bewegungen aus, in der Hoffnung, die Kleine würde wieder einschlafen, aber den Gefallen tat sie ihr nicht. Unzufrieden überließ sie mir ihre Kochstelle.

Meine Arabischkenntnisse reichten mittlerweile für eine

halbwegs sinnige Unterhaltung und so lernte ich Samirs Schwägerin ein wenig kennen. Mein Mann hatte sich inzwischen mit dem Kamel auf die Suche nach einem Auto für Chantal gemacht, die mich ständig fragte, wann sie endlich hier verschwinden könnte. Der Abend brach heran, Chantal hatte ihre Nudeln gegessen und ich hatte mit der Beduinin, einer Nachbarin und deren Tochter den leckeren Fisch genossen.
»Ich bin Samirs Schwester«, erzählte mir das etwa 14-jährige Mädchen plötzlich. »Meine Mutter war die zweite Frau von Samirs Vater, doch er hat sie schon vor einigen Jahren verlassen«.
Davon hatte ich nichts gewusst und war sehr erstaunt. Ich wunderte mich, dass Samir mir nie davon erzählt hatte.
Endlich kam mein Mann in einem Pick-up vorgefahren und Chantal war glücklich, nach Dahab zurückgebracht zu werden. Sie gab uns einen lächerlichen Geldbetrag, den Samir direkt an den Taxifahrer weitergab. Samir sagte mir, dass Geld, das man nicht mit einem guten Gefühl bekam, auch nichts Gutes bewirkte. Er könne besser darauf verzichten.

Wir hatten noch genug Verpflegung und befüllten noch in der Nacht unsere Wasserkanister, um direkt bei Sonnenaufgang zurück nach Hause zu reiten. Kaum war Chantal weg, besserte sich unsere Laune zusehends und wir verbrachten einen sehr unterhaltsamen Abend im Kreise von Samirs Familie. Als ich ihn am nächsten Tag auf dem Heimritt auf seine Schwester ansprach, sagte er mir, dass er kaum Kontakt zu ihr hätte und sie daher bisher nicht

erwähnt hatte. Neugierig geworden, wollte ich nun mehr über seinen Vater wissen. Samir erzählte mir, sein Vater hatte vor seiner Mutter schon zwei Frauen geheiratet, von denen er aber mittlerweile wieder geschieden wäre. Insgesamt hatte Samir von beiden Elternteilen drei Schwestern und vier Brüder. Vonseiten des Vaters mit dessen zweiter Frau die Schwester, die ich am Tag zuvor kennengelernt hatte und von der ersten Frau noch zwei ältere Brüder. Insgesamt also zehn Geschwister. Bei mir war es ähnlich, ich stand ihm mit fünf Halbschwestern und zwei Halbbrüdern nur wenig nach.
Es lag vielleicht daran, dass wir so viel über unsere Familien gesprochen hatten, dass Samir auf dem Rückweg beschloss, mich endlich seinen Eltern vorzustellen. Wir wollten versuchen, noch ein wenig Geld in Dahab zu verdienen, um dann so bald wie möglich zu seinem Heimatort Feranje aufzubrechen.

Vorerst machte Samir jedoch an einer Stelle am Meer halt, wo er mir etwas Wundervolles zeigen wollte. Wir saßen ab, banden unseren Kamelen Fußfesseln um und gingen mit Schnorchelausrüstung ins Meer. Die Flut war hoch und wir konnten fast vom Ufer aus losschwimmen. Das Riff schien mir nichts Besonderes vorweisen zu können. Es sah intakter aus als in Dahab, aber bisher hatte ich nichts Außergewöhnliches erblicken können. Samir, der vorgeschwommen war, tauchte auf und fing mich ab.
»So jetzt wirst du gleich einen der fischreichsten Orte des Meeres sehen«, versprach er mir, nahm meine Hand und tauchte mich hinter sich herziehend wieder ab.

Plötzlich befanden wir uns in einem kreisrunden Loch von etwa vier Metern Durchmesser und ebensolcher Wassertiefe. Die Fische schwammen hier so dicht, wie ich es noch nie zuvor gesehen hatte, und riesige, unversehrte Korallen säumten die Wände. Samir hatte nicht übertrieben. Dieser Fleck war wunderschön. Voller Überschwang küsste ich ihn leidenschaftlich und bedankte mich damit für diesen Anblick. Da der Fischreichtum sogleich meinen Jagdtrieb erwachen ließ, schwamm ich schnell zurück und holte mein Angelzeug, die aus einer auf ein Stück Holz aufgewickelten Angelschnur mit Haken, ein paar Steinen zum Beschweren und einem Rucksack bestand, der wassertauglich war. Ich sammelte noch einige Napfmuscheln von den Steinen am Strand ab, die mir als Köder dienten, warf sie in die Tasche und war ein paar Minuten später wieder bei Samir, der schon einen kleinen Zackenbarsch gefangen hatte. Er löste den Fisch vom Haken und legte ihn in meinen Rucksack. Auch ich machte mich auf die Suche nach Zackenbarschen, da deren Fleisch mit Abstand das Köstlichste war. Ich erspähte einen unter einer großen Koralle und setzte ihm meinen Köder direkt vor die Nase. Sofort kamen einige Klunzingers Junker, sehr bunte Fische, die zwar äußerst hübsch anzusehen, aber eines jeden Anglers Albtraum waren. Mit ihren kleinen geschickten und sehr gefräßigen Mäulern nagten sie mir immer wieder die Köder vom Haken. Zweimal hatte ich eine neue Napfschnecke aufziehen müssen, bis es endlich klappte. Beim dritten Versuch biss das stattliche Exemplar an. Auch mein Mann hatte wieder Glück. Unser Fang war ausreichend für ein herrliches

Mittagessen. Samir sagte, ich solle ruhig noch ein wenig im Wasser bleiben und das Schnorcheln genießen, er würde sich um das Essen kümmern. Wenn wir unterwegs waren, übernahm er diese Aufgabe sehr gern. Ich nutzte meine Zeit und bestaunte die unbeschreiblich schöne Vielfalt der Muscheln, Schnecken, Fische und Korallen an diesem fast unberührten Ort.

Wir waren noch nicht lange wieder unterwegs, als uns eine Gruppe Beduinen entgegenkam. Schon von Weitem fiel mir ein Kamel mit einem irrwitzig lustigen Gang auf. Wie die wunderschön anzusehenden, blauen Eidechsen, die man manchmal zu Gesicht bekam, und die *Abu Saier*, Vater eines Faulen, genannt wurden, schmiss es seine Hinterläufe beim Laufen nach außen. Ich amüsierte mich köstlich über ihn, wie er fast watschelnd hinter den anderen Kamelen her trottete. Die Beduinen machten bei uns Halt und tranken bei einem kurzen Small Talk einen Tee mit uns. Ich ging zu dem lustigen Kamel und fütterte es mit ein paar halbtrockenen Brötchen, die ich noch in meiner Satteltasche hatte. Gierig fraß er mir alles aus der Hand. Er sah nicht sehr wohlgenährt aus. Als ich Samir später darauf ansprach, erzählte er mir, dass diese Familie in einem sehr trockenen Gebiet in den Bergen lebte und recht arm sei. Mir tat das Tier unheimlich leid und beschäftigte mich gedanklich für eine Weile. Gerade als die Sonne begann unterzugehen, erreichten wir müde unser Haus.

Zurück in Dahab bekam Samir direkt am nächsten Abend eine große Kameltour, die er ohne mich machen wollte, da

die Gruppe mit mehreren Beduinen unterwegs sein würde. Nach wie vor war es Samir lieber, dass ich nur wenige Männer kennenlernte und ich glaubte, ihm war es auch ein wenig peinlich, mit seiner Frau gemeinsam zu arbeiten. Die Männer waren stolz, wenn ihre Frauen nicht arbeiten mussten und die Vorstellung, eine Frau arbeitet gern außerhalb ihrer vier Wände, schien ihnen fremd.
Ich fand es angenehm, mal ein paar Tage auf mich allein gestellt zu sein. Morgens ging ich meist zuerst zu meiner Nachbarin, einer alten Dame, die *Om* Aid gerufen wurde, die Mutter von Aid. Ich hatte sie einmal gefragt, wie alt sie sei. Ganz genau wusste sie es nicht. Ihre Haut im Gesicht war zerfurcht von tiefen Falten und sie lief so gebückt und auf einen Stock gestützt, dass ich vermutet hätte, sie sei wesentlich älter, als sie nach meinen Berechnungen, die auf ihren Erzählungen basierten, sein konnte.
Ihr Haus war ein einzelner Raum, der weder verputzt war, noch Fenster in den dafür vorgesehenen Aussparungen hatte. Das Dach war nur mit Palmwedeln bedeckt, die auf alten durchhängenden Sparren ruhten. Eine Tür war zwar vorhanden, aber so schief eingesetzt, dass man sie kaum schließen konnte und daher eigentlich immer offen stand. Sie besaß sehr viele Ziegen, Schafe und Hühner, die neben ihren Enkelkindern ihr ganzer Lebensinhalt waren. Ihr Verhältnis zu den Tieren war so innig, dass sie nicht nur tagsüber immer mal wieder in ihr Haus kamen, sondern manchmal auch in der Nacht bei ihr schliefen, wenn sie krank oder noch sehr klein waren. Gerade hatte eines ihrer Schafe Zwillinge bekommen, die sie liebevoll mit der

Flasche aufzog, da die Milch der Mutter nicht ausreichte. Sie hatte ihnen einen Platz direkt neben ihrer Schlafstelle eingerichtet.
Om Aid freute sich immer überschwänglich, wenn ich in ihre bescheidene Behausung kam. Allein dieser Anblick bereitete meinem Tag einen schönen Auftakt. Ich setzte mich zu ihr ans Feuer, bekam ein Glas Tee und gegenseitig erzählten wir uns aus unserem Leben. Ich hatte diese alte Frau vom ersten Moment an in mein Herz geschlossen. Ihre sehr witzige und lustige Art zu reden und mir Wörter verständlich zu machen, bewog, dass ich immer große Freude dabei hatte, meinen Wortschatz bei ihr zu erweitern. Sie erzählte mir lustige Anekdoten und war sehr an meiner Kultur interessiert. Doch was ich am meisten an ihr schätzte, war ihr aufrichtiges Interesse zuzuhören. Während mich viele Frauen im Dorf schwer verstanden, da meine Aussprache noch nicht gut war und mir oft Vokabeln fehlten, die ich dann umschreiben musste, begriff diese alte Dame sofort, was ich meinte, weil sie mich verstehen wollte.

Samir kam von seiner Tour zurück und hatte wesentlich mehr verdient, als er angenommen hatte. Die Touristen waren begeistert gewesen und hatten sich mit einem ungewöhnlich hohen Trinkgeld bei meinem Mann bedankt. Wir beschlossen daher, schon am übernächsten Tag nach Feranje aufzubrechen.
Ich hatte oft ein mulmiges Gefühl, wenn ich an das Zusammentreffen mit Samirs Eltern dachte.
»Sei einfach wie du bist«, riet er mir, als ich ihm dies ge-

stand. »Dann werden dich meine Eltern sicher ebenso in ihr Herz schließen wie ich.«
Er hatte leicht reden, er konnte die nahende Konfrontation sicher leichter einschätzen als ich.

Am nächsten Abend kam Samir zurück und strahlte über das ganze Gesicht. Morgen früh hätte er eine Überraschung für mich, erklärte er seine überschwängliche Freude. Ich war neugierig und bohrte mehrfach nach, aber bekam keine Chance ihm auch nur die kleinste Andeutung zu entlocken.
Samir schlief noch, als gegen neun Uhr jemand an unsere Tür klopfte. Ich öffnete, und vor mir stand ein Beduine, der mir bekannt vorkam. Ich war sicher, ihn schon einmal gesehen zu haben, konnte mich aber partout nicht erinnern, wann oder wo. Ich weckte meinen Mann, der sofort in seine Sachen sprang. So ein schnelles Erwachen und Aufstehen war für ihn ganz und gar nicht die Regel. Samir bat den Gast hinein, und ich schenkte ihnen von dem Tee ein, den ich in der Feuerstelle stehen hatte. Der Beduine erzählte etwas von einem Kamel, und Samir signalisierte ihm mit einer Geste, still zu sein. Den Satz, den er dazu sagte, verstand ich zu lückenhaft, um mir einen Reim darauf zu machen. Er ließ den Beduinen sitzen und bat mich mit nach draußen zu kommen. Als wir vor die Tür getreten waren, hielt mir Samir die Augen von hinten zu und führte mich hinter das Haus an die Straßenecke. Als er die Hände wegnahm und sagte: »Herzlichen Glückwunsch! Das ist jetzt deiner«, traute ich meinen Augen nicht.
Vor mir stand das Kamel, das mir auf der Tour mit der Französin so leidgetan hatte. Ich erkannte ihn sofort, fiel

Samir stürmisch in die Arme und bedankte mich.
Seine Namensgebung war einfach. Ich nannte ihn Abu Saier, nach den blauen Eidechsen mit dem lustigen Gang.
»Ich bin mir sicher, in ein paar Wochen hast du den Guten aufgepäppelt. Dann haben wir ein sehr gutes Geschäft gemacht. Außerdem brauchst du ein eigenes Tier, wenn wir in Ras Abu Galum sind. Und wenn wir Touristentouren von dort aus machen wollen, ist ein zweites Kamel ebenfalls notwendig.«
Ich nahm Samir nochmals in den Arm und gab ihm einen dicken Kuss, den Samir schnell unterbrach, da er offensichtlich Panik bekam, gesehen zu werden. Beduinen küssten sich in der Öffentlichkeit nicht. In meiner übergroßen Freude und Dankbarkeit war mir das vollkommen egal gewesen.
»Das ist dein verspätetes Hochzeitsgeschenk«, sagte er mit einem liebevollen Augenzwinkern.
Der Besuch ging, und gemeinsam machten wir die nötigen Einkäufe.

Auf dem Weg nach Feranje machten wir an einer der schönsten Oasen des Sinai Halt. Wadi Hamam war genau, wie ich mir eine Oase in meinen schönsten Vorstellungen erträumt hatte. Ein von Schilf gesäumter Wasserlauf war umgeben von unzähligen Palmen. Leise plätschernd suchte sich der dünne Bach seinen Weg zwischen den Steinen. Libellen umkreisten mit ihren schimmernden Flügeln die Szenerie und ihr Summen klang sehr lieblich zu der Musik des Wassers. Während Samir die Kamele absattelte, ging ich an den Bachlauf, um mich zu erfrischen und mir die Hände zu waschen. Samir rief gerade, ich solle vorsichtig sein, dort könnte es Schlangen geben, als ich auch schon geschockt erstarrte. Direkt neben mir, etwa eine doppelte Armlänge entfernt, lag ein zusammengerolltes dunkelgraues Reptil am Uferrand und schaute mir züngelnd ins Gesicht. Ich wusste, man durfte sich nicht schnell bewegen, wenn man auf eine Schlange traf, und konnte diesen Rat sehr leicht befolgen. Ich hatte mich so erschrocken, dass es kaum möglich war, mich zu bewegen. So leise und ruhig wie möglich rief ich meinen Mann. Doch erst als ich ihn das zweite Mal etwas lauter rief, reagierte er und kam auf mich zu. Das löste meine Starre und ich gab ihm hinter meinem Rücken mit der Hand zu verstehen, was sich vor mir abspielte. Er hatte mich verstanden und ging zurück, um einen Stock zu holen. Ganz langsam näherte er sich und gab mir ein Zeichen, ruhig zu bleiben. Er war noch nicht ganz bei mir angelangt, als sich ein befreites Grinsen in seinem Gesicht ausbreitete.

»Die ist harmlos«, verkündete er erleichtert und verscheuchte sie mit einer Handvoll Sand. Meine restliche Anspannung löste sich in einem letzten Schauer, der mir eiskalt über den Rücken rann. Erleichtert ließ ich mich in Samirs Arm sinken, der sich hinter mich gehockt hatte. Er hielt mich fest und mir wurde einmal mehr bewusst, wie kostbar das Leben ist und wie schnell eine kurze Begebenheit die schönsten Momente in das absolute Gegenteil verkehren konnte.

Ich drehte mich herum und küsste meinen Mann voller Zärtlichkeit. Heißes Verlangen stieg in uns empor, vertrieb die dunklen Wolken der Angst und ergoss sich in purer

Ekstase und Lebensfreude.
Nachdem wir uns ein schmackhaftes Mahl aus frischem, in der Glut gebackenem Brot und Bohnen bereitet hatten, verschliefen wir die heißesten Stunden des Tages und brachen am Nachmittag wieder auf.

Am Morgen des dritten Tages erreichten wir das Tal, das uns zu Samirs Familie führen würde. Wir machten einen letzten Halt unter einer großen Akazie und ich tauschte Hose und T-Shirt in ein bodenlanges Beduinenkleid. Ich wollte es Samirs Eltern einfacher machen. Sie sollten erkennen, dass ich zumindest äußerlich bereit war, mich auf ihre Traditionen einzulassen. Samir strich mir vor dem Aufsitzen ein paar Haare, die unter dem Tuch herausgerutscht waren, aus dem Gesicht und flüsterte mir mit einem tiefen Blick in meine Augen zu: »Wie schön du bist!«
Dann küsste er mich und sagte: »Sie müssen dich einfach mögen.«
Er half mir grinsend auf mein Kamel und mit klopfendem Herzen ritt ich die letzten Kilometer neben ihm her. Wir sprachen nicht mehr, die Anspannung hielt uns gefangen.
Eine Herde Ziegen und Schafe kam als verschwommen zu sehende Ansammlung schwarzer und weißer sich bewegender Punkte auf uns zu. Samir mutmaßte, es sei seine Schwester, aber als sie auf unserer Höhe waren, stellte es sich heraus, dass es seine Schwägerin Solima und das Mädchen der Nachbarn war. Wir stiegen ab und begrüßten die beiden. Sie waren unterwegs, um die Ziegen in den Bergen zu weiden und Holz zu sammeln. Nach einem kurzen Wortwechsel und dem Versprechen Solimas, uns ein

leckeres Brot in der Glut zu backen, sofern sie genug Holz finden würde, verabschiedeten wir uns vorerst.
Kurze Zeit später waren einige Gebäude zu erkennen.
Samir breitete seine Arme aus und verkündete stolz: »*Ja marhaba, fi Feranje*«, herzlich willkommen in Feranje.
Hinter einem Sandwall sah ich einen großen Garten und ein stabil gebautes Haus aus großen Natursteinen, das Haus der Nachbarn, wie Samir mir verriet. In einiger Entfernung stand ein Ziegenhaarzelt und weitere Gebäude aus den typischen grob behauenen Sandsteinen. Zwei kleine Kinder kamen uns entgegengerannt, sahen mich an, drehten auf dem Absatz um und liefen ohne ein Wort zurück ins Zelt. Die wussten wohl nicht wirklich, was dort auf sie zukam und informierten die Erwachsenen. Als wir das Zelt erreichten, erhob sich ein alter Mann. Wir stiegen vom Kamel und Samir begrüßte ihn ehrfürchtig. Er war leicht als Samirs Vater zu erkennen, denn eine Ähnlichkeit war nicht zu übersehen.
Er gab mir die Hand und begrüßte mich mit einem: »*Salam aleik!*«, Friede sei mit dir!
Sein Blick war offen und in keiner Weise ablehnend, was mich erst einmal beruhigte. Inzwischen war eine Frau aufgestanden, die zuvor im Zelt am Boden gesessen hatte, und kam auf uns zu. Samir küsste sie zur Begrüßung auf die Stirn. Dies war für mich ein deutliches Zeichen, meiner Schwiegermutter gegenüber zu stehen, denn ein Kuss auf die Stirn war eine Geste höchster Verehrung. Meine Anspannung kehrte für kurze Zeit zurück, wurde mir durch ihre äußerst herzliche Begrüßung jedoch sofort wieder

genommen.
Sie ergriff meine Hand, umschloss sie mit ihrer anderen und wiederholte ein sehr ehrlich klingendes *»Ja marhaba!«* gleich mehrfach. Dann unterstrich sie ihren Willkommensgruß noch, indem sie mich herzlich und wohlwollend in ihre Arme nahm.
»Schön, dass du uns deine Frau endlich vorstellst«, sagte sie mit einem Lächeln zu Samir. Bei den Beduinen war es unmöglich, Neuigkeiten geheimzuhalten. Selbst in diese abgelegene Siedlung hatte sich Samirs und meine Heirat herumgesprochen. Ein Teppich wurde ausgebreitet und Samirs Mutter schenkte uns von dem im Feuer stehenden Kaffee ein, der etwas dünn und unbeschreiblich süß war. Sie tauschte mit meinem Mann einige Floskeln aus, bis er sich wieder erhob und unsere Kamele absattelte. Anschließend ging er zu seinem Vater, der ebenfalls mit den Kamelen beschäftigt war und ließ mich mit seiner Mutter allein. Sie fragte mich, ob ich schon einmal gesehen hatte, wie Teppiche gewebt wurden. Als ich verneinte, sagte sie, sie könne es mir gern zeigen und bat mich, ihr zu folgen. Etwas abseits der Feuerstelle waren in etwa zwei Metern Abstand vier Stöcke in den Erdboden gerammt worden. An diesen war auf jeder Seite ein sehr glatt geschabter Holzstab gebunden, über den mehr als einhundert verschiedenfarbige Wollfäden liefen. Hadia, wie Samirs Mutter sich inzwischen vorgestellt hatte, setzte sich an die Stirnseite und nahm eine Holzspule zur Hand, auf der rot gefärbter Wollfaden aufgewickelt war. Sie schob sie zwischen den Fäden hindurch und danach gekonnt mit einem abge-

wetzten Ziegenhorn in die Zwischenräume. Danach arrangierte sie eine etwas komplizierte Holzkonstruktion so um, dass jeder zweite Faden, der eben noch unten gewesen war, jetzt oben lag und führte die Spule zurück. Wieder wurde der Faden mit dem Ziegenhorn nah an den vorherigen Faden gedrückt und die Konstruktion wieder umgestellt. Nachdem sie diese Arbeitsschritte mehrmals ausgeführt hatte, überließ sie mir ihren Platz und ermutigte mich, es selbst zu versuchen. Ich stellte mich scheinbar nicht dumm an, denn sie lobte meine Bemühungen. Als ich sie fragte, woher sie die Wolle bekam, stand sie auf und ging zu meinem Kamel. Sie griff dem Tier in die dicht behaarten Flanken und zupfte ihm einige Haarknäule aus. Dann holte sie aus einer Tasche im Zelt einen kurzen, dünnen Stock, an dessen unterem Ende ein Nagel war und kurz darüber das hintere Stück von der Sohle eines Flip-Flops. Dies benutzte sie als Spindel und hatte im Nu einen dünnen Faden aus den Haaren meines Kamels gesponnen. Sie machte es mir so lange vor, bis auch ich meinen ersten Faden einigermaßen anständig gesponnen hatte. Immer wieder lächelte sie mich dabei an und meine anfängliche Sorge, Samirs Mutter könnte mich vielleicht ablehnen, war vollkommen verflogen. Wir waren uns von Anfang an sehr sympathisch.

Samir setzte sich wieder zu uns. Ihm war die Erleichterung über die wohlwollende Aufnahme anzusehen. Er forderte mich auf unsere wenigen Sachen, die wir dabei hatten, in einen separat stehenden Raum zu schaffen. Unser Nachtlager war eigentlich ein Schuppen und wir verbrachten die

nächste Stunde damit, den Raum so herzurichten, dass wir Platz zum Schlafen hatten. Samir warnte mich, nicht unbedacht etwas anzuheben. Skorpione könnten sich darunter verbergen. Mir wurde etwas mulmig, vor allem bei dem Gedanken, dort später zu schlafen, aber es blieb mir nichts anderes übrig, als meine Angst zu ignorieren. Als unsere Bettstatt bereitet war, sah es recht gemütlich aus, und ein Skorpion hatte sich zu meiner Freude nicht blicken lassen. Samir nahm mich in den Arm und sagte mir, wie froh er war, seine Eltern so entspannt zu sehen.
»Ich wusste, sie würden dich mögen, *inti assal,* du bist wie Honig. Dich kann man einfach nur mögen und deshalb liebe ich dich.«

Nach dem Aufräumen gingen wir in das Haus seiner Schwester Aischa, das direkt neben dem von Samirs Eltern stand. Es waren zwei aus Naturstein gebaute Räume mit einer Feuerstelle vor und einer in der Behausung. Außer einem niedrigen Schrank, auf dem einige Kissen und Decken lagen, war der vordere Raum leer.
Aischa war mit ihrem Mann gerade aus der Wüste heimgekehrt und hatte eine große Menge Brennholz gesammelt, die sie nun gemeinsam mit ihrem Mann, Samir und den beiden Kindern, die vor mir weggelaufen waren, ablud. Auch ich hätte mich gerne an der Arbeit beteiligt, aber die Schwester lehnte dies ab und befahl mir regelrecht, es mir an der Feuerstelle bequem zu machen.
Sie schichtete eine beachtliche Menge Brennholz in der Feuerstelle auf und entzündete sie. Zwischendurch hatte sie in der Küche Tee gekocht. Sie schenkte mir ein Glas ein und

stellte den Teepott an den Rand des mittlerweile hoch lodernden Feuers. Dann holte sie eine Schüssel voller Mehl und knetete Brotteig. Sie fragte mich, wie die Menschen in Deutschland leben würden und ob mir das Leben der Beduinen gefiel. Sie selbst würde gerne in einer großen Stadt leben. Hier sei immer jeder Tag wie der andere.
Ihr Mann kam und gab ihr irgendwelche Anweisungen, die ich nicht verstand, da er ungewöhnlich schnell sprach. Eine deutliche Ablehnung seitens der jungen Frau war unübersehbar. Kaum hatte er sich umgedreht, machte sie eine Grimasse, die ihn in den Rücken traf. Ich hätte diesen Blick mit Sicherheit körperlich gespürt, aber entweder war er an ihn gewöhnt oder immun gegen solche Wahrnehmungen. Zu gern hätte ich verstanden, was hier vor sich ging und war mir sicher, Samir würde mir später mehr zu den Beiden sagen können. Inzwischen war auch die Schwägerin heimgekehrt und setzte sich zu uns ans Feuer. Die Kinder trauten sich aus irgendeinem Grunde nicht an mich heran, hielten sich im Hintergrund und tuschelten, während sie mich verstohlen ansahen. Der Junge war der Sohn von Samirs Schwägerin und das Mädchen die Tochter von Fatma, Samirs anderer Schwester, die morgen erst zurückkommen würde.
Solima, die Schwägerin meines Mannes und Aischa, die anwesende Schwester, stritten sich derweil, wer das Abendessen bereiten würde. Als ich meine Hilfe anbot, war ihnen dies sichtlich peinlich und sofort erhob sich Solima und sagte bestimmt, sie würde sich schon um das Essen kümmern.

Samir war mal wieder einfach so verschwunden und ich saß etwas gelangweilt herum. Ich hoffte, nicht die ganzen drei Tage, die wir hier verbringen wollten, zur Untätigkeit verdammt zu sein. Ich hatte zwar ein gutes Buch dabei, aber es erschien mir unhöflich, mich damit zurückzuziehen. Als Aischa und ich dann allein am Feuer saßen und sie das Brot gewendet hatte, erzählte sie mir plötzlich von allein, sie könne ihren Mann nicht ausstehen.

»Warum hast du ihn dann geheiratet?«, fragte ich sie frei heraus, da ich ihrer Offenheit mit derselben begegnen wollte.

»Wer sagt, ich wollte ihn heiraten? Mein Vater hat mich dazu gezwungen. Ich bin schon mit ihm verheiratet, seit ich fünfzehn bin. Acht lange Jahre an der Seite eines Mannes, den ich nicht ausstehen kann.«

»Kannst du dich nicht von ihm scheiden lassen?«

»Nein, ich frage meinen Vater immer wieder, aber er lehnt es strikt ab. Aber noch habe ich es bisher geschafft, kein Kind von ihm zu bekommen«, sagte sie mit einem Augenzwinkern. »Es besteht also noch Hoffnung, ihn eines Tages loszuwerden.«

Ihre Mutter kam, und wir mussten unser Gespräch unterbrechen. Beim Essen sah ich Samir auch nicht, und so blieb ich bei den Frauen und wurde von ihnen mit Fragen zu meiner Kultur gelöchert. In der Art, wie sie mit mir redeten und mit mir lachten, steckte Neugierde und Respekt. Sie schienen mich ebenso zu mögen wie ich sie.

In zwei Wochen sollte ein großes Fest zu Ehren des Urvaters der Muezzina stattfinden. Seine Grabstätte lag etwas abseits der Siedlung. Unter einem kleinen Mausoleum mit Zwiebeldach, von dem die Farbe unter der Trockenheit abbröselte, war der Stammesgründer begraben. Ihm zu Ehren machten sich jedes Jahr Muezzina-Abkömmlinge auf die Reise nach Feranje. Die Frauen freuten sich sehr auf das Fest und waren in jeder freien Minute mit der Frage beschäftigt, was sie anziehen würden. Fatma nähte an einem neuen Kleid aus blauem Stoff, der über und über mit türkisfarbenen Pailletten besetzt war, die herrlich in der Sonne funkelten. Solima nähte Perlen an ihr Kopftuch und Aischa stickte ein riesiges Blumenmuster auf einen Umhang, den die Frauen beim Tanzen tragen würden. Auch hier wurden großzügig glänzende Pailletten mit verarbeitet. Wie viele Frauen auf dieser Welt liebten auch die Beduininnen alles Glitzernde. Ich kaufte mir bei einem fahrenden Händler, der jede Woche in Feranje seine Waren feilbot, ein Tuch und ein paar Tüten Perlen und beteiligte mich an den Handarbeiten.

Samirs wollte mit seinem Schwager in die Berge, um nach den Kamelen der Familie zu sehen. Mir war es recht, ich fühlte mich bei den Frauen wohl. Am frühen Morgen des nächsten Tages ging ich mit Hadia und Solima in die Berge, um die Ziegen zu weiden und um nach einem Kraut Ausschau zu halten, das Samirs Mutter zu Heilzwecken benötigte. Die weise Frau wusste, wo sie suchen musste, und schon bald war das Kraut gefunden und in ihrer Tasche verschwunden. Sie erklärte mir auch die Namen und Verwendungen der anderen Kräuter. Samir hatte mir schon gesagt, dass meine Schwiegermutter eine große Heilerin war. Wie gut sie allerdings ihr Fach verstand, erlebte ich erst später. Im Moment war ich nur begeistert, wie reichhaltig die wenigen Pflanzen, die hier wuchsen, genutzt werden konnten. Magenkrämpfe, Bindehautentzündungen, Diabetes, Menstruationsbeschwerden, Muskelkrämpfe, das Zahnen der Kinder ... Es gab nach Hadias Meinung für alles eine Medizin.

»Auch im Koran steht dies geschrieben«, teilte sie mir mit und ich erinnerte mich, so etwas gelesen zu haben.

Sie fragte mich unterwegs nach meinem Glauben und ich sagte ihr, dass ich den Koran studiere und mich mit der Überlegung beschäftigen würde, zu konvertieren.

Die Frauen hier beteten regelmäßig die fünf Gebete am Tag, und dies waren die einzigen Momente, in denen ich mich nicht zugehörig fühlte. Die Zufriedenheit, die sie ausstrahlten, wenn sie gebetet hatten, beschäftigte meine Gedanken, während wir weiterliefen.

Zur Mittagszeit setzten wir uns unter eine große Akazie und Hadia holte eine Flöte aus ihrem Sack; ein einfaches Aluminiumrohr ohne Mundstück mit Löchern. Ähnlich einer Querflöte legte sie es sich an die Lippen und spielte liebliche Melodien. Die Töne füllten die stille Leere der Wüste mit ihrem Klang. Ich legte mich auf einen Teppich, schloss die Augen und hatte das Gefühl, genau am richtigen Ort zu sein. Die Stimmung, die sie heraufbeschwor, hatte etwas märchenhaft Magisches.

Als ich mich erhob, reichte sie mir ihr Instrument und forderte mich auf, es zu spielen. Ich konnte einige Flöten spielen, aber aus diesem Rohr bekam ich nur prustende

Misstöne. Mehrfach zeigte sie mir, wie ich die Flöte anlegen und die Lippen schürzen musste, aber es wollte kein annehmbarer Laut entstehen.
›Das gibt es doch nicht‹, sprach der Ehrgeiz, ›wir üben das jetzt so lange bis wir aus diesem Rohr einen Ton bekommen.‹
Als meine Schwiegermutter aufbrechen wollte, bat ich sie, mir die Flöte noch eine Weile zu überlassen. Den ganzen Rückweg über probierte ich erfolglos einen Ton zu erzeugen. In der Siedlung angekommen setzte ich mich vor unseren Raum und übte weiter. Plötzlich hatte ich den richtigen Winkel und die benötigte Lippenstellung. Ein satter langer Ton entstand. Ich holte noch einmal tief Luft und von einer Sekunde auf die andere konnte ich es. Tonfolgen waren jetzt kein Problem mehr, da ich schon immer gut nach Gehör und ohne Noten spielen konnte.

Am Abend waren die Männer noch immer nicht zurück und die Frauen nutzten die Gelegenheit, um ungeniert Musik zu machen. Aischa legte sich ihren fast fertigen Umhang um und zeigte mir, wie die Frauen hier tanzen. Hadia spielte Flöte, Fatma sang und die Kinder trommelten auf alten Ölkanistern den Takt. Auffordernd zog Aischa mich hoch, um mit ihr zu tanzen. Die geschmeidigen Hüftbewegungen, die den Beduininnen im Blut zu liegen schienen, waren bei mir ungelenk und alles andere als anmutig. Wir alle lachten aus vollem Halse über meine Verrenkungen.
Als die anderen schlafen gehen wollten, zog auch ich mich in unseren Raum zurück. Eigentlich wollten wir schon wieder abgereist sein, aber mein Mann war noch immer

nicht zurück. Mit einer Kerze in der Hand betrat ich den Raum. Ich hatte ein komisches Gefühl in der Magengegend und fragte mich gerade warum, als ich einen etwa fingerlangen Skorpion auf dem Wandvorsprung sitzen sah. Leuchtend schwarz glänzten seine Glieder im Schein der Kerze. Wie angewurzelt blieb ich stehen und wollte schon nach Samirs Schwestern rufen, als ich beschloss, dieses Problem selbst zu lösen. Ich wollte hier leben, also musste ich auch lernen, hier klarzukommen. Langsam, um ihn nicht zu verscheuchen, stellte ich die Kerze ab und zog mir meinen Schuh aus. Wenn ich daneben schlagen sollte, würde der Skorpion in dem schlechten Licht womöglich abhauen und sich verstecken, das bedeutete, ich müsste mit der Kerze in der Hand wachen, bis er wieder auftauchte. Mit ihm zusammen hier zu nächtigen war indiskutabel. Ich positionierte die Kerze mit den behutsamsten Bewegungen, zu denen ich fähig war, näher an den Skorpion, holte aus und schlug mit aller Kraft zu. Zuckend fiel das furchteinflößende Tier direkt vor meine Füße. Angewidert sprang ich schnell zurück und griff nach der Kerze. Vorsichtig überprüfte ich, ob das Tier auch wirklich tot war. Nachdem ich ihn mir noch einmal ausgiebig angeschaut hatte, schlug ich vorsichtshalber noch ein zweites Mal drauf. Dann wickelte ich ihn in ein Blatt Papier und legte das Biest als Abschreckung für die anderen draußen neben die Tür. Damit niemand drauf trat, schob ich ihn nah an die Hauswand. Das Gift eines Skorpions, so sagen die Beduinen, wirkt auch dann noch, wenn die Tiere schon tot sind.

Am nächsten Morgen lag mein Mann neben seinem Bruder

im Zelt und schlief tief und fest. Ich holte zwei Gläser Tee bei der Schwester und setzte mich zu ihm. Leise weckte ich ihn. Der Tee in meiner Hand beschleunigte meine Bemühungen. Samir erhob sich und trank einen Schluck des süßen Elixiers. Sie waren erst weit nach Mitternacht zurückgekommen und Samir hatte mich nicht wecken wollen. Ich zeigte ihm meinen nächtlichen Feind. Mein Mann war wenig beeindruckt.

»Die Biester sitzen hier oben überall. Schmeiß ihn einfach ins Feuer; nicht dass noch jemand drauf tritt.«

Er fragte mich daraufhin: »Ist mein Vater mit deinem Kamel beschäftigt? Er wollte sich dessen Gaumen ansehen.«

Abu Saier fraß einige sehr dornige, doch nahrhafte Büsche nicht, die normalerweise ganz oben auf der Speiseskala der Wüstentiere standen. Meinem Mann war das auf der Reise hierher aufgefallen und er hatte versprochen, mit seinem Vater darüber zu sprechen.

»Als ich den Tee holte, sah ich deinen Vater am Feuer deiner Schwester sitzen.«

»Dann werde ich mal zu ihm gehen, sicher braucht er meine Hilfe«, sagte Samir sich reckend. Er ging hinter das Zelt, um sich den Schlaf aus den Augen zu waschen.

»Komm mit!«, forderte er mich auf. »Jetzt kannst du einem der besten Kameldoktoren bei der Arbeit zuschauen.«

Hadsch Feisal, wie Samirs Vater genannt wurde, verbrannte gerade ein Stück von dem Gewebe des Ziegenhaarzeltes und schüttete die aufgefangene Asche dann in einen Mörser. Das Zerstoßen des Inhalts in dem wunderschönen alten Mörser aus massivem Messing klang ohrenbetäubend

in der Stille dieser abgelegenen Siedlung.
»Womit vermischt dein Vater die Asche gerade?«, fragte ich meinen Mann.
»Das ist zerstoßenes Meersalz, antwortete er mir und holte auf Geheiß seines Vaters mein Kamel.«
Im Feuer lagen zwei große, etwa zwanzig Zentimeter lange Baunägel, die vom Kopf her etwa bis zur Hälfte schon rot glühten. Während Samir mit meinem Kamel zurückkam, klaubte sein Vater aus einer Tasche im Zelt einige vorgeknotete dicke Stricke. Samir zwang Abu Saier dazu, sich hinzusetzen. Mein Kamel blökte mehrfach lauthals hintereinander und versuchte wieder aufzustehen. Es hatte Angst, das war deutlich zu sehen. Samir jedoch war mit Kamelen groß geworden und ignorierte die kläglichen Laute. Er zwang ihn erneut in die Knie und gemeinsam mit seinem Vater verknoteten sie Abu Saier die Beine so, dass es dem Tier unmöglich war, sich wieder zu erheben. Samir griff nach dem Mörser und *Hadsch* Feisal nahm mit einem alten, abgewetzten Handschuh die Nägel aus dem Feuer. Er sagte etwas für mich Unverständliches zu Samir, der daraufhin ruckartig in Abu Saiers Nase fasste. Da Kamele an den Nasenlöchern äußerst empfindlich sind, hielt mein Wüstenschiff nun still. Der massige Kamelkörper schien wie erstarrt. Sein Vater drückte dem Tier die glühenden Nägel rechts und links an die Lippen und es roch augenblicklich nach verbrannten Haaren. Abu Saier blökte markerschütternd und riss sein Maul weit auf. Genau diesen Moment nutzte Samir und schüttete ihm gekonnt den gesamten Inhalt des Mörsers in den Rachen. Der Arme

blökte und spuckte, kaute und blökte wieder. Mit seiner Zunge und seinen Lippen versuchte er, die Mischung aus seinem Mund zu bekommen. Es sah bemitleidenswert aus, wie er sich umsonst anstrengte.
Samir ging schnell hinter das Zelt und holte aus einem der großen Tücher, mit denen die Frauen Pflanzen und Holz sammelten, einen Armvoll *Sille*, ein Kraut mit sehr langen Dornen. Er legte sie vor das Kamel und ich traute meinen Augen nicht. Abu Saier fraß davon, als hätte er noch nie ein Problem mit stacheligen Pflanzen gehabt. Ich war mehr als beeindruckt und das Kamel sicher froh, den Geschmack von Salz und verbrannten Haaren loszuwerden. Ich fragte mich, wer wohl vor langer Zeit auf die Idee kam, verbrannte Ziegenhaare als Medizin einzusetzen. Aber es wirkte. Mein Kamel vertilgte den gesamten Haufen und war, bis auf die zwei tiefen Verbrennungen auf seiner Lippe, die ihn jedoch schon nicht mehr zu stören schienen, wieder der alte. Er wirkte sehr entspannt, fast glücklich.
Kurz danach brachen wir auf und hatten eine bezaubernde Rückreise. So weit entfernt von Dahab mit seinem Gerede waren Samir und ich ganz bei uns selbst, unbeschreiblich verliebt und unbeschwert. Ich war beeindruckt, wie gut er sich in der Wüste auskannte. Am nächsten Morgens überraschte er mich mit leckeren Früchten. Er reichte mir eine rote, etwa handlange Frucht. Wie aus einer aufgeschnittenen Apfelsine schlürften wir das grellgelbe Fruchtfleisch heraus. Es hatte einen interessanten Geschmack aus sehr süßem Fruchtfleisch mit überraschend scharfen Kernen.

Ras Abu Galum

»Die Zukunft soll man nicht voraussehen wollen,
sondern möglich machen.«
- Hermann Hesse -

Nachdem wir wieder etwa eine Woche in Dahab waren, kam Samir abends nach Hause und fragte mich, ob wir nicht nach Ras Abu Galum ziehen sollten, in ein Naturschutzgebiet. Ich hatte von diesem Ort gehört, war aber noch nie dort gewesen. Samirs Vorstellungen, wie wir dort leben könnten, hörten sich verlockend an. Als die Sonne über Saudi Arabien mal wieder in atemberaubenden Farben aufging, sattelten wir unsere Kamele und machten uns auf den Weg dorthin.

Am Blue Hole, einem der bekanntesten Tauchgebiete der Welt, trafen wir bei einer Tasse Kaffee in einem Restaurant auf ein deutsches Pärchen, das das gleiche Ziel hatte wie wir. Sie hatten schweres Gepäck und waren froh, uns gefunden zu haben. Ich liebte es, wenn man Arbeit und Freizeit so leicht kombinieren konnte, und auch wenn wir nicht viel daran verdienten, so kam auch das kleinste Taschengeld immer gelegen. Der Weg dorthin war atemberaubend. Direkt hinter dem Blue Hole mussten wir einen Berghang hinauf, von dem aus man das Tauchgebiet von oben sehen konnte. Inmitten der etwa 30 Meter breiten, ins offene Meer übergehenden und grau schimmernder Riffplatte, glänzte der ovale, ausgezackte Einbruch durch

seine enorme Tiefe in sattem, zu Abenteuer verlockendem Dunkelblau. Kurz danach musste man von den Kamelen absteigen. Ein verschlungener, enger Pfad führte uns über einen Berg mit Steilküste wieder ans Ufer. Samir führte die Kamele sicher über den, für sie nicht einfach zu bewältigenden, schmalen Weg. Ich blieb mit den Touristen mehrfach stehen und nahm fasziniert wahr, wie klar das Wasser unter uns war. Von oben konnte man große Fische ausmachen, die sich an der Riffkante tummelten.
»Schnell, kommt mal zurück«, rief ich die Touristen, die weitergegangen waren. Ergriffen beobachteten wir eine Wasserschildkröte, die gerade an der Oberfläche aufgetaucht war und sich in den sanften Wogen schaukeln ließ. Ihre Schwimmbewegungen waren ganz langsam und sie gewährte uns genug Zeit, sie ausgiebig zu betrachten - ein wunderbares Naturschauspiel.

Von nun an zogen wir am ebenen Strand entlang. Ich beneidete die Touristen etwas um ihre bessere Aussicht vom Rücken der Wüstenschiffe und freute mich schon jetzt auf diesen Ausblick auf dem Rückweg. Da würde ich ein eventuelles Taschengeld lieber verweigern, als noch mal auf den besseren Blickwinkel zu verzichten. Als unser Ziel schon in Sicht war, kam eine letzte kleine Bucht, die mich anmutig und still animierte, eine Pause zu machen. Ich verschob diesen Drang. Wenn wir in Ras Abu Galum bleiben würden, gäbe es sicher noch hinreichende Gelegenheiten, dort einige Stunden zu verbringen. Wir waren von den ansässigen Wüstenbewohnern schon gesichtet worden. Eine Gruppe von fünf Beduinenkindern kam uns entgegen, begrüßte uns kurz und stürzte sich auf unsere Touristen, um ihnen schon vor der Ankunft ihre bunten Bänder feilzubieten. Energisch wies Samir sie zurecht, die Leute erst einmal in Ruhe ankommen zu lassen. Schmollend verzogen sich die Kinder in die umliegenden Zelte.

Ich zählte vier Zelte am Strand, zwischen denen verteilt etwa zehn Bambushütten standen. Die Zelte der Beduinen lagen im Rückraum. Laut Samir lebten hier noch vier andere Familien, Fischer, die hier ein kleines Camp für Touristen aufgebaut hatten. Gleich das erste Zelt sollte unseres werden. Die Familie, die es vorher bewirtschaftet hatte, wollte sich in Dahab niederlassen, da ihr Kind dort zur Schule gehen sollte. Das Zelt im Rückraum war ziemlich zerfallen und auch die dazugehörigen zwei Hütten am Strand brauchten dringend neue Wände. Aber der Platz an sich war atemberaubend schön. Direkt am Strand stand ein großer Findling auf weichem Sand, der zum Ufer hin in feinen Kies überging. Das Wasser war kristallklar und einladend. Das Areal, das uns zur Verfügung stehen würde, bot genügend Platz für ein neues Zelt und ein oder zwei weitere Hütten.
Ich verliebte mich auf Anhieb in diesen Ort. Die Ruhe, die er ausstrahlte, hatte etwas magisch Anziehendes, und der Gedanke, hier zu wohnen, war sehr verlockend. Der Besitzer des Nachbarzeltes kam auf uns zu und lud uns zum Tee ein. Samir erzählte ihm von unserem Vorhaben, und er versicherte uns, hier gut von den Einnahmen durch die Verköstigung und Unterbringung der Touristen leben zu können. Er selbst besaß zusätzlich noch ein Boot und

übernahm den Fischfang, während seine Frau und seine fast erwachsenen Söhne sich um die Gäste kümmerten. Auch uns könnte er für einen geringen Preis jederzeit frischen Fisch zur Verfügung stellen und unser Überleben damit um einiges vereinfachen. Ras Abu Galum hatte alles zu bieten, was wir uns wünschten. Bereits am Nachmittag hatten wir unseren Entschluss, hier zu leben und zu arbeiten, sicher getroffen.

Wir ritten noch am selben Tag zurück, um direkt am nächsten Morgen mit den Vorbereitungen beginnen zu können. Samir hatte bei seiner Mutter Geld hinterlegt und machte sich auf, es zu holen. Ich packte alle nötigen Sachen, die wir am Anfang brauchen würden und machte eine Liste, was wir einkaufen wollten. Zwei Tage später hatten wir alle Besorgungen erledigt und brachen mit unseren Kamelen in eine neue Zukunft auf.

Einen voll beladenen Pick-up mit Nahrungsmitteln und Baumaterial hatten wir vorgeschickt. Aber da man mit dem Auto umständlich außen herum fahren musste, während wir nur etwas mehr als zwei Stunden immer am Meer entlang ritten, würde dieser erst nach uns ankommen. Mit dem Auto musste man zuerst etwa 60 Kilometer Asphaltstraße in Richtung Nuweiba zurücklegen, dann die Oase Bir Sreir durchqueren, um schließlich über eine oft schwierig zu befahrene Strecke durch die Wüste nach Ras Abu Galum zu gelangen.

Nachdem wir angekommen waren, machten Samir und ich uns direkt nach einem Begrüßungstee bei den neuen Nachbarn an die Arbeit. Der Platz war seit einigen Wochen nicht genutzt worden, überall lag Müll und Unrat herum, den wir zusammentrugen und hinter einem kleinen Berg verbrannten. Qualmend zog der Rauch von verschmortem Plastik in den Himmel. Ich hatte ein schlechtes Gewissen bei dieser ökologischen Sauerei, aber dort blieb uns keine andere Wahl. Die Müllbeseitigung war allgemein ein sehr großes Problem auf dem Sinai. Meist wurde er auf Müllkippen verbrannt oder einfach zugeschüttet. Da jedoch auf der Halbinsel oft heftiger Wind wehte, wurden die Unmengen an Plastiktüten, die die Menschen nutzten und im Supermarkt umsonst bekamen, meist in alle Himmelsrichtungen geweht. Bäume und Sträucher in naher Umgebung einer Müllkippe sahen aus wie surreale, mit Tüten geschmückte Weihnachtsbäume. Es stank an diesen Orten schon von Weitem. Allein die Fliegen fanden es dort paradiesisch und breiteten sich noch stärker aus, als das sowieso schon der Fall war. Wenigstens waren diese Deponien größtenteils weit abseits der Dörfer.

Als unser Pick-up endlich ankam, wir ihn entladen und zu Mittag gegessen hatten, machten wir uns an die Instandsetzung. Samir sanierte mit den Nachbarn die Hütten am Strand. Ich hatte mir unser Hauszelt vorgenommen, das wir von den Vorbesitzern übernommen hatten und das durch den Wind an einigen Stellen zerrissen war. Mit einer großen, etwa handlangen Nähnadel und einem extra dicken Zwirn, den ich aus Deutschland mitgebracht hatte, nähte ich mehrere Stunden die Bahnen des Zeltes, in dem wir uns aufhalten würden, wieder aneinander. Zwei junge Mädchen und die Nachbarsfrauen unterhielten mich dabei. Unser Zelt

und die Küche standen am Fuß der Bergkette, die etwa 35 Meter vom Strand entfernt war. Später nähte ich ein weiteres in Einzelteile zerlegtes Zelt zusammen, das Samir von seiner Familie bekommen hatte. Dies sollte für die Touristen vorn am Ufer aufgebaut werden. Es war eine sehr mühsame und langwierige Arbeit, aber ich saß dabei am Strand und es kam auch dort immer mal wieder jemand vorbei und versüßte mir die Zeit mit Gesprächen. Als meine Arbeit beendet war, halfen uns zwei Nachbarn, das Zelt aufzubauen. Dazu legten wir neun Stämme, die einen Durchmesser von ungefähr fünfzehn Zentimetern und eine Länge von circa zwei Metern hatten, unter die zusammengenähten Bahnen. Gemeinsam hievten wir sie mit dem Zelt obenauf senkrecht in die Höhe und steckten sie in dafür ausgegrabene Vertiefungen. Mit großen Steinen wurden die Stämme im Boden verankert. Rechts, links und in der Mitte stand das Zelt auf jeweils drei Stämmen. Mit fingerdicken Seilen, die ich an das Zelt angenäht hatte, wurde es gespannt. Sie mussten stark genug sein, um das Zelt bei dem hier herrschenden Wind zu sichern.
Die Küche war zum größten Teil aus Sperrholzplatten zusammengezimmert.
›Schön geht ja mal anders‹, flachste die Ironie, ›da hat der Vorgänger aber mal ordentlich ausgemistet und alles verbaut, was übrig war.‹
›Aber immerhin scheint es stabil zu sein‹, hielt der Pragmatismus dagegen und die Faulheit unterstützte sie mit einem: ›Also, von mir aus kann es so bleiben.‹
Ich besprach mich mit Samir und wir kamen überein, dass

wir so bald wie möglich eröffnen wollten. Wir reinigten die Küche daher vorerst nur anständig und stellten unsere beiden Gasflaschen hinter das Haus. Eine schlossen wir an den Gaskocher und die andere an einen *Schaß,* einen Brotbereiter an. Diese *Schaß* wurden im Norden des Sinai in El-Arish extra für die Beduinen angefertigt. Es war eine gewölbte Eisenplatte, die auf vier Füßen stand und von unten mit einer großen Gasflamme erhitzt wurde. Darauf würde ich schon am nächsten Morgen das köstliche dünne Beduinenbrot backen. Als ich den ebenfalls zum Brotbacken mitgebrachten Tisch holen wollte, erlebte ich eine unangenehme Überraschung. Ich hatte ihn gerade angehoben, als ein Skorpion von der Länge meines kleinen Fingers von der Rückseite des Tisches aus auf die Vorderseite gekrochen kam. Blitzschnell warf ich den Tisch wieder in den Sand. Sofort zog ich meinen Schuh aus, zielte und schlug zu. Doch der Skorpion war zu schnell und versteckte sich unter einem Stein. Ich rief nach Samir, der sofort herbei eilte und fragte; was geschehen war. Er wies mich an, mich auf einen danebenliegenden Stein zu stellen und den, unter dem der Skorpion saß, langsam anzuheben. Samir nahm für sein Vorhaben eine seiner Sandalen und schlug, bevor der Skorpion flüchten konnte, präzise und kraftvoll zu. Nach einem sichernden zweiten Schlag drehte er das Tier mit einem Stöckchen um und schob ihn auf seine Sandale. Er stieg ein wenig den Abhang hinter unserer Küche hinauf und begrub ihn unter einem großen Stein. Nach dieser Aktion hatten wir beide genug von der Räumerei für diesen Tag und schliefen in unserem Zelt am Strand.

Am nächsten Morgen reparierten wir die Hütten. Da Samir schon viel Vorarbeit geleistet hatte, waren wir mittags fast fertig. Es fehlten nur noch einige Bahnen Bambusschilf, die an das dafür restaurierte Gerüst aus Latten gebunden und genagelt werden mussten.
Drei Tage harter Arbeit lagen hinter uns, als wir am vierten mit der Einrichtung der Strandhütten beginnen konnten. Samir hatte an jede Hütte ein großes Schattendach angebracht. Darunter stellten wir auf einen großen Flickenteppich je ein kleines Tischchen, darauf eine Kerze, die, wie hier üblich, in einer abgeschnittenen und mit Sand gefüllten Plastikflasche steckte. Um den Tisch drapierten wir viele bunte Sitzkissen, die zum Entspannen einluden. Das Zelt gestalteten wir ähnlich.
Da wir noch keine Touristen hatten, übernachteten Samir und ich vorerst in der schönsten der drei Hütten. Wir mussten schließlich erproben, wie es sich dort schlafen ließ. Auf den mit Baumwolle gefüllten Matratzen lag man sehr bequem. Das beruhigende Geräusch der Wellen begleitete mich sanft in den Schlaf.
Nicht zu toppen war jedoch der erste Morgen. Ich wurde bei Sonnenaufgang wach und gerade als ich aus der Hütte an das vor mir liegende Ufer trat, ging über der spiegelglatten See die Sonne hinter den Bergen von Saudi Arabien auf. Ich setzte mich eine Weile an den Strand und genoss das farbenfrohe Naturschauspiel. Außer mir schien noch niemand wach zu sein. Selbst der hier übliche Wind schien noch zu schlafen. Absolute Ruhe und Zufriedenheit ging von diesem Moment aus und umhüllte mich wie ein flauschiger

Bademantel.
Nachdem ich richtig wach war, holte ich meine Taucherbrille, rannte voller Lebenslust über das Ufer und sprang mit einem Kopfsprung in das rifffreie Stück des Roten Meeres. Ich hatte erwartet, von vielen Fischen umgeben zu sein, doch diesmal wurde ich enttäuscht. Nach wenigen Schwimmzügen wurde das Wasser sehr tief, aber weit und breit war nicht ein einziger Meeresbewohner zu erblicken. Ich schwamm ein ganzes Stück hinaus, bis am rechten Ufer wieder ein mit Korallen bewachsenes Riff zu sehen war. Hier tummelten sich die gesuchten Meeresbewohner und die Korallen reihten sich farbenfroh aneinander. Ich tauchte in die Tiefe, bis mir die Luft ausging, tauchte prustend wieder auf, holte erneut tief Luft und versuchte tiefer zu gelangen. Innerhalb einer halben Stunde schaffte ich etwa einen Meter mehr als am Anfang. Das würde von nun an mein tägliches Training werden. Da das Tauchen mit Flasche in mir leichte Panik auslöste, war das Freitauchen eine gute Alternative, auch ohne Equipment die tieferen Regionen des Riffs zu erkunden.
Erfrischt und gut gelaunt stieg ich aus dem Wasser, duschte mich mit Trinkwasser ab, zog mich um und machte Feuer. Beim ersten Kaffee knetete ich den Brotteig und fertigte daraus am Feuer im Eingangsbereich meines Hauszeltes zehn Fladenbrote. Falls Touristen kämen, hatte ich diese Arbeit hinter mir und falls nicht, hätten wir genug Brot bis zum nächsten Morgen. Als Samir aufstand, aßen wir Fetakäse aus einem Tetrapack zu dem herrlich frischen Brot. Mit ein wenig Olivenöl und einigen Bergkräutern aufgepeppt,

war der sonst nur nach Salz schmeckende Käse sehr lecker. Zeitlich perfekt kam direkt nach dem Frühstück eine große Touristengruppe mit Kamelen, von denen sich vier Schweizer entschieden, einige Nächte zu bleiben.
Sie bezogen eine Hütte am Strand und aßen Fisch zu Mittag, den wir ihnen fangfrisch zubereiteten und mit Salat, *Tahina*, einem Sesambrei, und selbstgemachten Pommes frites kredenzten. Sie überschütteten uns mit Lob für das gelungene Mahl, von dem wir genügend gemacht hatten, damit es auch für uns noch reichte. Ich konnte den Touristen nur zustimmen, Samir war ein erstklassiger Koch. Er schaffte es, den Fisch auf den Punkt genau zu garen. Das gelang mir noch nicht so gut, aber da es hier so gut wie nichts anderes gab, war ich mir sicher, dies bestimmt bald ebenso gut zu beherrschen.

Am Abend saßen wir mit den neuen Touristen zusammen und ich musste mal wieder die Geschichte erzählen, wie ich in den Sinai gekommen war. Als ich ihnen zu später Stunde das lumineszente Plankton zeigte, waren sie begeistert wie kleine Kinder von einem Feuerwerk. Ich erinnerte mich, ähnlich reagiert zu haben, als ich dieses Schauspiel zum ersten Mal im Urlaub in Ras Gitan zu sehen bekam. Wenn man mit der Hand durch das Wasser strich, blinkte und leuchtete es überall um die Hand herum, als bestünde der Meeressand aus tausenden winziger, glitzernder Smaragde. Wie ich, konnten die Touristen sich daran kaum sattsehen. Wieder einmal fiel das Wort magisch.

Am nächsten Abend probierte ich vom Ufer aus zu fischen,

wurde jedoch bitter enttäuscht. Einige Stunden warf ich wieder und wieder meine Schnur ins Wasser. Mein Zeigefinger war mittlerweile blutig, da die Leine mir beim Schwingen und auswerfen immer tiefer in den Finger einschnitt. Alles, was ich fing, war ein kleiner Zackenbarsch, der nicht einmal als halbe Portion durchging und den ich nach dem vorsichtigen Ablösen vom Haken wieder ins Wasser geworfen hatte. Ich versuchte mein Glück am nächsten Tag, indem ich das Angelzeug mit zum Schnorcheln nahm und weit am Riff entlang in Richtung Dahab schwamm. Dort wurden meine Bemühungen belohnt und ich fing genug Fisch für ein Mittagessen. Allerdings brauchte ich insgesamt drei Stunden vom Sprung ins Wasser bis zur Fertigstellung unserer Mahlzeit. Das war eindeutig ein zu großer Zeitaufwand, wenn wir Touristen bewirten wollten. Aber es war immerhin möglich, sich zu nähren, auch wenn mal Ebbe im Portemonnaie herrschen würde. Das gab mir ein gutes Gefühl der Unabhängigkeit.
Am Anfang kamen die Touristen noch spärlich, aber wir investierten die Hälfte der Einnahmen in unseren Platz, verschönerten ihn, und schon bald waren wir nahezu ständig ausgebucht. Dazu kamen die Touristengruppen, die in regelmäßigen Abständen für einige Stunden unseren Platz besuchten, oftmals bei uns aßen und wieder verschwanden.
Wenn mal nicht so viel zu tun war, ging ich gern ein paar Minuten zu Fuß in die kleine Bucht, die es mir auf unserem ersten Ritt nach Ras Abu Galum schon angetan hatte. Oft nahm ich mein Zeichenmaterial oder ein Buch mit und

genoss die Einsamkeit. In der Beduinensiedlung war man fast nie allein, und manchmal brauchte ich Zeit und Muße nur für mich. Das Riff in der Bucht war fast unberührt und immer wieder entdeckte ich dort Fischarten, die ich nie zuvor gesehen hatte. Da meine europäische Kleidung vom Waschen und der gnadenlosen Sonne immer spröder wurde, hatte ich mich umgestellt, und trug nun vorwiegend die bunten Beduinenkleider. Die ließen sich zum einen wesentlich einfacher waschen und waren zudem angenehm luftig und bequem. Hinzu kam, dass ich mich mehr und mehr in die Welt der Wüstenbewohner integrierte und merkte, durch die äußerliche Anpassung wesentlich mehr Respekt von der Gemeinschaft entgegengebracht zu bekommen. Es war mir mittlerweile unangenehm, direkt vor den Augen der Beduinen im Bikini schwimmen zu gehen. In meiner kleinen Bucht fühlte ich mich jedoch unbeobachtet und konnte Wasser und Sonne direkt an meine Haut lassen. Wenn ich vor unseren Hütten schwimmen ging, zog ich ein älteres Kleid an, das ich mal geschenkt bekommen hatte, aber ungern trug. Es war übersät mit bunten Blumen, deren Farbzusammenstellung eine Beleidigung für mein künstlerisches Auge war. Der Stoff war so dünn, dass er sich nur mit sehr geringen Mengen an Wasser vollsog und keine Behinderung beim Schwimmen darstellte. Auch das dünne, schwarze, mit Perlen verzierte Kopftuch trug ich mittlerweile regelmäßig, da die Sonne mein Haar extrem angriff, wenn ich es mal nicht auf dem Kopf hatte. Samir hatte nie von mir verlangt, mich muslimisch korrekt anzuziehen, aber er sagte mir oft, wie schön er mich in dieser Kleidung fand und ich wusste, es beruhigte sein Beduinenherz, wenn ich den Nachbarn keinen Grund zum Reden gab.

Mit den Menschen in meiner unmittelbaren Umgebung verstand ich mich prächtig. Vor allem die Kinder liebten es, bei mir zu sitzen und ihre Englischkenntnisse zu verbessern. Im Gegenzug vertiefte ich mein Arabisch. Wir saßen oft zusammen, kreierten Touristensouvenirs aus Perlen, wuschen plaudernd die Wäsche oder nähten. Wir gingen gemeinsam in die Berge, um Holz zu sammeln, und saßen abends an den Feuern und erzählten Geschichten. Samir baute seit einigen Tagen an einer neuen *Simsemia*. Dazu nahm er einen alten Kanister, der zuvor Olivenöl enthalten hatte, zimmerte rechts und links zwei Holzlatten daran, die etwas schräg auseinanderliefen und verband dies mit einer Querlatte. In diese bohrte er mühsam mit einem Nagel fingerkuppenbreite Löcher, in die er kleine Keile steckte. Dann nahm er aus einem alten Telefonkabel die einzelnen Stränge und befestigte diese über einen Steg an einem, auf dem Kanister angebrachten Holzstück. Diese spannte er nun mit den Keilen und hatte damit eine einfache *Oud*, eine arabische Laute, gebaut. Samir spielte sie mit einem Plektrum, bestehend aus einer großen Fischschuppe des Papageienfisches oder angesengtem und zusammengedrücktem Plastik. Die Saiten, die er damit berührte, hatten einen anderen Klang als die unberührten und so entstanden einfache Melodien, die einige Abende am Feuer für mich und bestimmt auch für die Touristen unvergesslich machten.

Eines Tages hatte ich in meiner Lieblingsbucht eine riesige Schlange entdeckt. Sie lag zusammengerollt in meiner bevorzugten Rückzugsmöglichkeit, einer kleinen schattigen Höhle an der Bergkante, wo ich immer mein Wasser zum Kühlen hinstellte, und rührte sich nicht. Langsam bewegte ich mich von der Schlange weg und eilte zurück zum Camp. Samir saß mit einigen Männern am Strand und nachdem ich ihm von meinem Fund berichtet hatte, erfuhr ich, dass diese Schlange schon sehr lange dort lebte und toleriert wurde. Nach Aussagen der Beduinen war es eine Würgeschlange und für den Menschen harmlos.
Ich hoffte, dass sie recht hatten. Seit dem Vorfall war mir jedoch mein Lieblingsplatz nicht mehr ganz so geheuer und ich hielt mich fortan lieber bei uns am Strand auf.

Hin und wieder ritten Samir und ich gemeinsam nach Dahab, um Einkäufe zu machen, oder um nach unserem Haus zu sehen. Auf einer dieser Touren hatte ich den peinlichsten Moment meines Lebens.
Wir kamen gerade von Dahab zurück und waren bester Laune. Die Sonne stand schon sehr tief und tauchte die Umgebung in das typische rötliche Licht, bei dem man das Gefühl bekam, die Umgebung sei mit einem Weichzeichner überzogen. Samir alberte mit mir herum und wir beschlossen, eine Rast einzulegen. Etwa auf der Hälfte der Strecke, an einem Platz, den die Beduinen gern zum Fischen nutzten, war eine kleine *Arischa,* ein einfacher Unterstand aus Holzlatten mit einem Palmdach. Wir stiegen von den Kamelen und warfen unsere Angelleinen ins Wasser. Da meine sich leider schon beim ersten Wurf in der Riffkante

verhakte, zog ich mich kurzerhand aus und tauchte nach meinem Haken, platzierte ihn strategischer und stieg wieder aus dem Wasser. Wir waren uns recht sicher, allein zu sein und so war ich nur in T-Shirt und Slip abgetaucht. Als ich aus dem Wasser stieg, sah ich an Samirs Augen, dass ihn dies nicht kalt ließ. Er wickelte mich in ein hingehaltenes Handtuch und zog mich an sich. Seine leidenschaftlichen und fordernden Küsse entfachten auch in mir eine unwiderstehliche Lust auf ihn. Wir vergaßen alles um uns herum und liebten uns mit voller Hingabe in der freien Natur am Strand. Leider wurde unsere Ekstase plötzlich durch ein deutliches und sehr lang gezogenes: *»Assalaamu aleiiiiikum!«,* unterbrochen.

Ich erschrak wie nie zuvor und öffnete meine Augen. Ich schaute auf vier Kamelbeine. Als mein Blick sich aus meinem hochrotem Gesicht nach oben wandte, sah ich einen unserer Nachbarn aus Ras Abu Galum, der grinsend auf seinem Kamel saß. Schnell zog ich mir das Handtuch über, das nicht wirklich seinen Zweck erfüllte. Samir versuchte das Gleiche mit unserer Decke, auf der wir jedoch zur Hälfte lagen, und die daher auch nicht sonderlich hilfreich war. Ich glaubte, mein Gesicht glühte vor Scham heller als die untergehende Sonne, aber der Beduine fühlte sich nicht genötigt, seinen Blick von uns zu nehmen. Samir musste ihn bitten, doch endlich weiter zu reiten. Man würde sich später sehen.

Mir wäre es am liebsten gewesen, ich hätte dem Mann nie wieder unter die Augen treten müssen. Wann immer ich ihm in Ras Abu Galum begegnete, wurde ich rot wie eine

Tomate. Samir und ich grinsten noch Jahre später, wenn jemand von uns ein *Assulamu Alleikum* im Tonfall des Nachbarn in die Länge zog. Solch eine Scham konnte man nur mit genügend Humor ertragen.

Als wir etwa zwei Monate in Ras Abu Galum verbracht hatten, stellte ich eine ständige Müdigkeit bei mir fest. Oft wurde mir die Arbeit zu viel und und ich hatte ein starkes Bedürfnis mich auszuruhen. Ich war gereizt und hatte unglaublichen Hunger. Obwohl ich schon mehr aß als sonst, wurde ich nie wirklich satt.
Eine Nachbarin, der wohl aufgefallen war, wie ich das Essen förmlich in mich hineinstopfte, grinste mich bei einem gemeinsamen Mahl an und fragte, ob ich schwanger sei. Ich grinste und verneinte. Später jedoch, als ich allein in meinem Zelt saß und zurückrechnete, ahnte ich, sie könnte mit ihrer Vermutung vielleicht doch richtig gelegen haben. Ich war mir zwar noch nicht ganz sicher, aber trotzdem voller guter Hoffnung.
Ich erzählte Samir vorerst nichts und teilte ihm nur mit, dass ich den nächsten Morgen nach Dahab reiten wollte, um ein paar Besorgungen zu machen. Der Schwangerschaftstest, den ich mir dort aus der Apotheke besorgte, war innerhalb von Sekunden positiv und all die Veränderungen an mir ergaben einen Sinn. Ich ging mit meinem Kamel im Schlepptau auf den Markt und lud meine Satteltaschen voll Obst und Gemüse. Jetzt war es wichtig, besser auf meine Ernährung zu achten. In Ras Abu Galum bestand unsere Nahrung vorwiegend aus Fisch, Reis und Bohnen. Salat und Gemüse mussten wir aus Nuweiba oder

Dahab holen und verzehrten es selten selbst, sondern behielten es für die Touristen. Das musste sich jetzt ändern.

Zurück bei meinem Mann erzählte ich ihm die frohe Botschaft und seine Freude war grenzenlos. Er war vollkommen hin und weg vor Glück nahm mich in den Arm, küsste mich ohne Unterlass und strahlte tagelang über das ganze Gesicht. Wohingegen er vorher oft länger geschlafen hatte, stand er nun mit mir bei Sonnenaufgang auf und bemühte sich, mir so viel Arbeit wie möglich abzunehmen. Manchmal erschien er mir fast zu besorgt und nervte mich regelrecht mit seinen Ermahnungen, nichts zu heben und dies und jenes doch besser zu lassen. So wollte er zum Beispiel nicht, dass ich weiter mein Kamel ritt, aber ich liebte diese kleinen Ausritte, wenn mal Zeit dazu war und ließ es mir auch nicht nehmen. Ich plante, so schnell wie möglich nach Deutschland zu fliegen, um dort schauen zu lassen, ob mit der Schwangerschaft alles in Ordnung war. Den beiden ägyptischen Ärzten in Dahab trauten wir nicht sonderlich viel zu, da man zu oft die Klagen der Beduinen hörte, die sich unablässig über sie beschwerten. Beduinen, die Geld hatten, fuhren in eines der großen Krankenhäuser nach Sharm El Sheikh oder bei ernsteren Angelegenheiten direkt nach Kairo. Hinzu kam, dass ich, seit ich von der Schwangerschaft wusste, ein riesiges Bedürfnis verspürte, meine Mutter zu sehen. Viele Fragen sammelten sich in meinem Kopf an, die ich am liebsten mit ihr besprochen hätte. Samir hatte nichts dagegen, mich für eine Weile zu entbehren, aber ich spürte deutlich seine Angst, mich nach Deutschland fliegen zu lassen.

Eines Nachts, als wir vor unserem Zelt nebeneinanderlagen, fragte ich ihn frei heraus:
»Wovor hast du Angst? Ich sehe dir an deinem Gesicht an, wie nachdenklich du wirst, wenn ich von Deutschland rede. Glaubst du, ich würde nicht wiederkommen?«
Er schaute mir tief in die Augen und sagte zunächst gar nichts. Sein Blick und sein Gesichtsausdruck sprachen hingegen Bände. Ich küsste ihn sehr zärtlich und versprach ihm hoch und heilig, nach zwei Wochen wieder neben ihm zu liegen.
»Olahi?«, wirklich, fragte er unsicher mit zusammengekniffenen Augen.
»Olahi!«, antwortete ich und hoffte, ihm damit ein wenig die Angst genommen zu haben. Außerdem erzählte ich ihm, dass ich selbst ohne die Nähe zu meinem Vater großgeworden war und ich am eigenen Leib gespürt hatte, wie wichtig ein Vater für ein Kind ist. Bei meinen eigenen Kindern würde ich mit aller Kraft versuchen, ihnen solch ein Schicksal zu ersparen. Die Familienzusammengehörigkeit war einer der Aspekte, die mich bei den Beduinen am meisten beeindruckte. Jeder war in seiner Familie bestens integriert. Es gab keine Altenheime, Behinderte lebten inmitten ihrer Verwandtschaft, und solange es dem Clan gut ging, ging es auch dem Einzelnen gut, egal welches Manko er zu tragen hatte. Ich erlebte nie, dass Menschen aus irgendeinem Grunde isoliert wurden oder sich nicht zugehörig fühlten. Die Einsamkeit, die viele Menschen in unserer Kultur leider viel zu oft verspüren, ist den Beduinen komplett fremd.

Samir brachte mich nicht zum Flughafen, da dies einer der Orte war, die er mied. Er wollte nicht zur ägyptischen Armee gehen und hatte Angst, dass man ihn bei einer etwaigen Kontrolle sofort mitnehmen und einziehen würde. Ich flog nach Frankfurt, wo mich meine Mutter und meine Schwester schon sehnlichst erwarteten. Meine Schwester und ich lagen uns lange in den Armen, da wir uns schon einige Jahre nicht gesehen hatten. Bis in die frühen Morgenstunden waren wir wach und ich berichtete ihr ausführlich über mein Leben in Dahab. Sie freute sich von ganzem Herzen über meine Schwangerschaft und darauf, bald Tante zu werden. Doch sie äußerte auch ihre Bedenken bezüglich einer Mischehe. Ich sah ihr im Gesicht an, wie sehr sie sich um mich sorgte, aber auch ihr war klar, dass ich nun mit dem Kind noch einen Grund mehr hatte im Sinai zu bleiben.
Am nächsten Tag fuhr meine Schwester zurück in ihre Wohnung nach Kassel und ich blieb bei meiner Mutter in Bad Sooden-Allendorf.
Meine Ma unterstützte mich in jeglicher Hinsicht. Sie sagte, ich solle auf jeden Fall einen Ultraschall machen und fuhr kurzerhand mit mir in die Praxis, in die sie auch selbst ging.
Ich hatte Tränen in den Augen, als ich das kleine, schon menschenähnliche Wesen auf dem Ultraschallbild sah.
Die Ärztin, die lange in Tunesien tätig gewesen war und wissen wollte, was ich im Sinai erlebt hatte, stellte mir während der Untersuchung viele Fragen. Die Folge daraus war, dass ich über eine Stunde bei ihr im Behandlungszimmer zugebracht hatte.
Als sie zum Schluss ein zweites Ultraschallbild machen

wollte, stoppte ich sie mit den Bedenken, das nicht zahlen zu können.
»Das müssen Sie auch nicht«, sagte sie. »Ich finde ihre Geschichte äußerst spannend und Sie haben mich mit Sicherheit mindestens so gut unterhalten, wie ich Sie untersucht habe. Ich nehme von Ihnen nichts für die Untersuchung.«
Danach wünschte sie mir alles Gute und erklärte mir, dass ich mir über die Geburt keine allzu großen Gedanken machen bräuchte. Die meisten Kinder würden auf natürlichem Weg geboren und sowohl das Kind wie auch ich hätten physisch gesehen die besten Voraussetzungen für eine Geburt ohne Komplikationen.
Überglücklich zeigte ich jedem, der es sehen wollte, das Ultraschallbild meines Kindes. Ich hatte die Ärztin gebeten, mir das Geschlecht meines Kindes nicht zu verraten. Ich wollte mich gern überraschen lassen und freute mich auf den Rest der Schwangerschaft und die Geburt, die laut der Ärztin, am Anfang des neuen Jahres stattfinden sollte.
Um meinen Haushalt in Dahab etwas auf Vordermann zu bringen bestellte ich einen ganzen Haufen elektrischer Geräte. Außerdem kaufte ich eine Videokamera und einen Videorekorder. Meine Mutter hatte noch einige Kinderfilme, die sie mir ebenfalls mitgab.

Zwei Wochen in der alten Heimat vergingen wie im Flug und schon nahte der Tag des Abschieds. Am Flughafen verabschiedete ich mich von meiner Mutter mit nicht zu unterdrückenden Tränen. Ich hätte sie bei der Geburt gerne dabei gehabt, aber sie sagte, sie würde sicher über Silvester keinen Urlaub bekommen. In der ganzen nachfolgenden Zeit der Schwangerschaft vermisste ich meine Mutter wie nie zuvor. Immer wieder kamen Fragen auf, die ich am liebsten mit ihr besprochen hätte. Natürlich gaben mir auch die Beduinenfrauen gerne Auskunft, aber bei ihnen war es die Normalität, Kinder ohne Arzt oder Krankenhaus zu bekommen. Über meine Bedenken scherzten sie daher meist nur.

Samir war überglücklich, als ich wieder heil in Dahab angelangt war. Er verriet mir, dass er wirklich übergroße Angst gehabt hatte, ich würde nicht wiederkommen. Wir hatten während meiner gesamten Abwesenheit nicht miteinander gesprochen. Wie sehr er sich freute, zeigte er mir abends, als er das erste mal Zuhause für mich kochte und auch später, als wir uns ins Schlafzimmer begaben. Er hielt mich mehrfach so fest in seinen Armen, dass es an den Rippen schmerzte und ich ihn in Bezug auf das wachsende Leben in mir bremsen musste. Ich konnte an all seinen Berührungen spüren, wie sehr er mich vermisst hatte. Er liebte mich mit einer Heftigkeit und Lust, die ihresgleichen suchte. Seine Bemühungen, auch mich glücklich zu machen, schraubten sich immer höher und er fragte ohne Unterlass, was ich gerne hätte. Mehr und mehr hatte sich Samir zu einem wundervollen Ehegatten gemausert. Das einzige wirkliche Problem war nach wie vor seine Eifersucht.

Wir hatten seit zwei Wochen einen Brasilianer in unserem Camp, der jeden Morgen bei mir am Feuer saß, mit mir frühstückte und meine Gesellschaft mochte. Auch ich fand es angenehm, schon am Morgen unterhalten zu werden. Er hatte interessante Geschichten zu erzählen, denn er reiste schon seit einigen Jahren durch die Welt und lebte zwischendurch in Brasilien. Dort hatten sich nach seiner Aussage einige Aussteiger zusammengetan und ein ganzes Dorf gegründet. Sie lebten dort fast autark. Außer mir seine spannenden Erlebnisse anzuhören, hatte ich kein weiteres Interesse an diesem Mann, da mir ganz allgemein andere Männer egal waren und speziell dieser noch sehr unangenehm roch. Er hatte die ganze Zeit über die gleiche Kleidung an, und seine Ausdünstungen waren manchmal kaum zu ertragen. So gab ich ihm eines Morgens ein T-Shirt und eine Beduinenhose meines Mannes und bat ihn, endlich mal seine Sachen zu waschen. Er hätte tatsächlich nichts zum Wechseln, vertraute er mir sich sichtlich selbst schämend an und trottete zum Meer. Bis mein Mann wieder da war, trug er zwar wieder seine eigenen frisch gewaschenen Sachen, aber trotzdem missfiel meinem Mann sehr, wie oft der Brasilianer an unserem Feuer saß. Erst kamen leichte Andeutungen, die jedoch langsam zu handfesten Beschuldigungen ausarteten. Wieder ging mein Mann so weit, eindeutig unter die Gürtellinie gehende Vermutungen zu äußern, was ich mit diesem Mann angeblich alles angestellt hatte oder noch anstellen wollte. Samirs Misstrauen verletzte mich zutiefst. Ich konnte sagen, was ich wollte, Samir glaubte mir einfach nicht. Da ich keine andere Lösung sah, bat ich den Brasilianer, sich bitte von unserem Feuer fernzuhalten. Samir und ich sprachen einige Tage nur das Nötigste. Nachts schlief ich weit entfernt von

ihm und drehte ihm den Rücken zu. Ich erhoffte eine Entschuldigung, aber da hätte ich noch Jahre warten können. Samir war nach wie vor überzeugt, ich hätte mich falsch verhalten, weil ich einem Gast den Platz am Feuer nicht verwehrt hatte - etwas, das ein Wüstenbewohner dieser Gegend nie tun würde. Doch ich war eine Europäerin und wurde mir immer bewusster, dass Samir mir daher aus Prinzip nicht vertraute. Mir dafür aber alles zutraute.
Ein befreundeter Beduine kam im Verlauf dieser Streitigkeit für einige Tage zu Besuch und versuchte zu vermitteln. Er war ebenfalls mit einer Europäerin verheiratet gewesen, aber die Beziehung war in die Brüche gegangen. Ich erzählte ihm in meiner Not von unseren Problemen und er verstand mich sehr gut. Auch in seiner Beziehung war seine Eifersucht ein großes Thema gewesen. Er erzählte mir, unter welchem Druck Samir seitens der Beduinen stand, die ihre Meinung, solch eine Ehe würde nie halten, mit allen Argumenten zu stützen versuchten. Er sei ebenfalls sehr oft damit aufgezogen worden, wie wenig man europäischen Frauen trauen könnte. Meist wären dies Leute gewesen, die noch nie ein Wort mit einer Ausländerin gesprochen hatten. Typische Vorurteile von ignoranten und intoleranten Menschen. Schon immer ärgerte es mich sehr, wenn Menschen über andere urteilten, ohne je mit ihnen eine Unterhaltung geführt zu haben und meist nichts von deren Geschichte kannten.
Ibrahim riet mir, ich solle Samir gegenüber mehr Verständnis aufbringen und versuchen, ihm so wenig Gelegenheit wie möglich zu geben, Zweifel an meiner Loyalität auf-

kommen zu lassen. Er versprach, mit Samir zu reden. Am Abend saßen wir tatsächlich zu dritt am Feuer und versuchten die Wogen zu glätten. Es gelang uns. Samir war einsichtig und gab zu, übertrieben reagiert zu haben.
Trotzdem vergingen noch einige Tage, an denen keine wirkliche Freude aufkam. Meines Erachtens tat ich schon alles, um die Harmonie zu wahren, und hatte keinen blassen Schimmer, wie ich das noch verbessern könnte. Aber ich nahm mir vor, seine Eifersuchtsattacken gelassener zu nehmen und hoffte, es würde mir gelingen.

Mit den Frauen in unserer Siedlung verstand ich mich immer besser und saß oft mit ihnen zusammen. Eines Nachmittags, als die Männer zum Fischen rausgefahren waren und Samir sich in Dahab aufhielt, um Vorräte einzukaufen, sprach ich mit ihnen über das Thema Beschneidung der Frauen. Auch mit den Mädchen aus Dahab hatte ich diese Diskussion schon geführt. Die Beduininnen hier waren ausnahmslos beschnitten und gaben frei und offen zu, dies auch bei ihren Töchtern durchführen zu lassen. Diesmal wollte ich es jedoch genau wissen und hatte inzwischen die nötigen Sprachkenntnisse. Auf meine Frage , was genau beschnitten werden würde, beschrieb man mir die Klitoris als eine Perle, von der man ein Stück abschnitt. Die Größenbeschreibung von dem Stück, das weggeschnitten wurde, bekam ich anhand kleinster Kieselsteine vorgeführt. Da es fünf Frauen waren, zeigten sie mir fünf verschieden große Steinchen. Der Kleinste war in etwa so groß wie ein metallener Stecknadelkopf und der Größte hatte die Ausmaße eines Senfkornes. Wichtig wäre eigentlich nur, so

viel wegzunehmen, dass ein wenig Blut tropfen würde. Heute benutzte man dazu eine Rasierklinge aus dem Supermarkt. Früher gab es weniger Frauen, die dies durchführten, und diese besaßen dafür ein extra scharfes Messer. Die Mädchen würden dies von sich aus verlangen, da sie sich sonst nicht als muslimisch und rein fühlen würden, erzählten mir die anwesenden Frauen. Diese Aussage hatten auch die Mädchen in Dahab gemacht. Sie freuten sich regelrecht auf ihre Beschneidung, da sie sich nur so als vollwertige, gute Frau fühlen könnten.
Einmal bekam ich mit, dass am Morgen im Dorf gleich drei Beschneidungen stattgefunden hatten. Ich ließ es mir damals nicht nehmen, eines der Mädchen am frühen Abend zu besuchen. Ich hatte erwartet, das Mädchen leidend vorzufinden, aber das Gegenteil war der Fall. Sie wusch Wäsche in der für die Beduinen typischen Hockstellung und erzählte mir auf meine Fragen hin ganz stolz, jetzt endlich eine richtige Frau zu sein. Schmerzen schien sie kaum zu haben.
»Manchmal brennt es ein wenig«, war ihr kurzer Kommentar auf meine Neugier diesbezüglich.
»Hattest du keine Angst oder wärst gerne weggelaufen?«, bohrte ich weiter.
»Misch mumkin!, nicht möglich! Dann würde ich ja nie eine richtige Frau werden«,sagte sie bestimmt und wusch weiter ihre Wäsche.
Ich bekam nach diesem erneuten Gespräch das Gefühl, für die Beduininnen war eine Beschneidung nichts anderes als sich Löcher in die Ohren oder ein Tattoo stechen zu lassen;

ein Ritual, um dazuzugehören. Ich möchte Beschneidungen in keiner Weise gut heißen, aber nach dem Gespräch mit den Damen in Ras Abu Galum gab ich es auf, die Frauen in der Beziehung belehren zu wollen. Alles lief scheinbar freiwillig und ohne Zwang ab. Der Geschlechtsakt war nach Auskunft der Beduininnen nur eine Sache von Minuten. Auch mit vollständiger Klitoris hätten wohl die wenigsten Frauen jemals erfahren, was ein Orgasmus ist, denn auch sich selber zu berühren war zutiefst abwegig und teuflisch in ihren Vorstellungen. Ich verstand jedoch eines: Die Frauen waren diejenigen, die solche Regeln machten. Sie waren es, die ihre Töchter beschneiden ließen und sie waren es auch, die sich verschleiern wollten. Das erlebte ich einige Jahre später, als es plötzlich innerhalb der weiblichen Gesellschaft chic wurde, wieder komplette Burkas zu tragen. Schwarze Umhänge von Kopf bis Fuß, bei denen man nur noch die Augen sehen konnte. Aber selbst für diese gab es einen kleinen eingenähten Schleier, den Frauen bei Bedarf hinunterziehen konnten. Frauen, die sich viel in der Öffentlichkeit und in den größeren Städten bewegten, legten die Burkas wieder freiwillig an. Mir machte der für mich offensichtliche Rückschritt erst ein wenig Angst, aber mit der Zeit merkte ich, dass es alles nur eine Frage der momentanen Mode war und gar nicht so viel mit dem Glauben zu tun hatte, wie man hätte annehmen können. Dieser Trend verschwand nämlich zwei Jahre später ebenso schnell, wie er aufgetreten war.
Ich hatte über diese Themen auch mit Männern gesprochen. Einige fanden es gut, aber nicht notwendig, dass

sich ihre Frauen verschleierten und zum Teil wünschten sie sich, die Frauen wären nicht beschnitten und hätten mehr Spaß am Sex. Ich ahnte, dass es bis dahin noch ein sehr sehr langer Weg sein würde.

Ein echtes Problem in Ras Abu Galum war das Einkaufen, denn es nahm fast einen ganzen Tag in Anspruch. Kleinigkeiten holten wir aus Dahab. Morgens ritt einer von uns mit beiden Kamelen los und kam abends voll beladen zurück. Anfangs hatte ich diese Aufgabe sehr gern erledigt, da ich dort einige Freundinnen besuchen konnte und es sehr genoss, in unserem Haus zu duschen. Inzwischen wurde ich zu dick, um in den Sattel zu passen, und Samir übernahm den Einkauf. Alle sechs Wochen liehen wir uns zusätzlich einen Pick-up, kauften in Nuweiba ein und füllten unsere Wassertanks nach. Bei einer dieser Fahrten nahmen wir unseren Nachbarn Ibrahim mit. Auf der Rückfahrt war der Wagen bis zur Oberkante beladen. Dazwischen saß der Beduine und hatte die Aufgabe, auf dreizehn Paletten Eier achtzugeben. Nachdem wir etwa die Hälfte der Wüstenstrecke zurückgelegt hatten, sah Samir plötzlich einen Hasen vor uns auftauchen. Augenblicklich entbrannte sein Jagdfieber. Er hatte sich in den Kopf gesetzt, diesen Hasen mit unserem Wagen zu erjagen. Wie ein Geisteskranker fuhr mein Mann über Stock und Stein dem Tier hinterher.
Der Beduine mit seinen Eiern auf der Ladefläche, die er mittlerweile auf den Armen balancierte, versuchte ihn rufend und fluchend zu stoppen.
Mehrfach schrie auch ich ihn an: »Samir bist du verrückt, ich bin im siebten Monat schwanger, bleib stehen! Samir,

halt sofort an! Samir, ich kann das Kind verlieren, halt an!« Nichts nützte etwas. Er war wie in Trance.
Zum Glück war der Hase schlauer und sprang mit einigen gekonnten Sprüngen über einen kleinen Hügel. Samir fuhr total kopflos hinterher. Natürlich schaffte der Pick-up diesen Hügel nicht und der Wagen steckte nach einem lauten Scheppern mittig auf der Hügelkante fest. Mit heulendem Motor hingen Hinter- und Vorderräder in der Luft. Langsam schwankten wir hoch und runter.
Als der gröbste Staub sich gelegt hatte, sah ich den Hasen, der ebenfalls stehen geblieben war. Er schaute zu uns und ich hätte wetten können, er lachte sich kaputt über meinen durchgedrehten Gatten.
Ibrahim und ich waren sehr erbost. Die Eier waren zwar ganz geblieben, aber der arme Mann hatte sich mehrfach schmerzhaft die Beine angestoßen, da er krampfhaft mit beiden Händen die Eierkartons umklammert hielt und sich deshalb nicht festhalten konnte.
Ich zischte nur ein vorwurfsvolles: »Du bist doch total verrückt!«, durch meine zusammengebissenen Zähne, stieg aus und setzte mich etwas abseits schmollend unter einen Baum. Aus der Entfernung vernahm ich das Fluchen des Beduinen über meinen Mann, während sie gemeinsam versuchten, den Wagen von dem Hügel zu bekommen. Nach einer halben Stunde mit vielen Mühen gelang es ihnen und wir fuhren schweigend weiter. Ich sprach bis zum Abend kein Wort mit Samir und erlebte in der Nacht das erste Mal, dass mein Mann tatsächlich kam, um sich für sein vollkommen unverantwortliches Verhalten zu ent-

schuldigen.

Manchmal verstand ich diesen verrückten Mann einfach nicht, der sich aufgeführt hatte wie ein dummer Junge. Für einen Hasenbraten hatte er das Leben unseres ungeborenen Kindes aufs Spiel gesetzt. Unglaublich!

Kleine und große Wunder

»Das Wunderbarste an den Wundern ist,
dass sie manchmal wirklich geschehen.«
- Gilbert Keith Chesterton -

Samir und ich beschlossen, dass ich die letzten beiden Schwangerschaftsmonate in Dahab bleiben sollte, da es dort zur Not ein Krankenhaus und zwei Ärzte gab. Außerdem konnte ich mich in Dahab besser ernähren.

Wir zogen in ein leerstehendes Haus von Samirs Bruder Hussein. Es hatte zwei große Zimmer, eine Toilette, eine Küche und nebenan einen Ziegenstall. Mittig von hohen Mauern umgeben lag ein mit Kies beschütteter Innenhof. Dieses Haus war wesentlich geräumiger als das seines Onkels und bis auf einige Schönheitsreparaturen bezugsfertig.

Als Erstes bauten wir uns in eine Ecke des Innenhofs eine *Arischa*, ein Sonnendach aus Holzlatten mit einer Bambusabdeckung. Danach installierte Samir eine Dusche und kaufte einen Wassertank mit einer dafür benötigten Wasserpumpe. Gerne hätte ich mir auch direkt einen Wasseranschluss in die angrenzende Küche gelegt, aber wir wollten genügend Geld zurückgelegt haben, falls mit der Geburt doch noch etwas schief ging, und ich nach Sharm El Sheikh ins Krankenhaus gebracht werden müsste. Ich war unaufhörlich damit beschäftigt, es uns in unserem neuen Heim so gemütlich wie möglich zu machen. Ein typischer Nestbautrieb, wie ich annahm.

Zwischenzeitlich war Samirs Mutter für eine ganze Woche nach Dahab gekommen und wohnte bei ihrer Tochter. Ich besuchte sie täglich. Da auch Samir ein wenig Angst um mich und sein Kind hatte, wollte er seinem Gott zu Ehren und um einen guten Segen zu erhalten, eine Ziege schlachten. Dazu war die ganze Familie in unser Haus eingeladen. Die Frauen gingen mir bei der Küchenarbeit zur Hand und ein Cousin half Samir beim Schlachten und Häuten der Ziege. Sie gaben uns zuerst die Lunge, die Leber, die Nieren und das Herz, die ich zusammen mit einer Keule in unseren Kühlschrank legte und am darauffolgenden Tag zum Mittagessen bereiten würde. Der gesamte Rest des Fleisches wurde in zwei riesigen Töpfen, die fast den Durchmesser eines Autoreifens hatten, in Wasser gekocht. Als Gewürz benutzen die Beduinen nur Salz, Pfeffer und einige Lorbeerblätter. Als das Fleisch gar war, nahmen wir es heraus und füllten einen halben Topf der Brühe ab. In der verbliebenen Brühe kochten wir acht Kilo Reis, dem wir ein wenig Kurkuma beifügten. Die abgefüllte Brühe wurde als Vorspeise mit ein wenig frischem Zitronensaft verfeinert und den mittlerweile eingetroffenen Gästen gereicht. Währenddessen waren wir noch beschäftigt, Salat zu schneiden. Als der Reis fertig war, konnte er auf etwa zehn große Platten verteilt werden. Darauf kamen dicke Fleischbrocken, und um diese herum verteilten wir den Salat. Dazu gab es das übliche Fladenbrot. Die Gäste saßen in Gruppen in unserem Hof und teilten sich etwa zu sechst eine Platte. Frauen, Kinder und die Männer aßen in separaten Gruppen und saßen mit etwas Abstand voneinander auf ausge-

breiteten Teppichen, auf die eine Plane gelegt wurde, damit keine Essensreste die Teppiche verschmutzten. Alle aßen mit den Händen, und im Nu waren die Platten bis auf kümmerliche Reste leer gegessen. Die Männer tranken noch das obligatorische Glas Tee und verschwanden daraufhin recht zügig. Die Frauen und Mädchen der Familie und einige Nachbarinnen halfen mir, das Haus wieder herzurichten. Spät am Abend blieben nur meine Schwiegermutter und ich zurück.
Ich stellte der Heilerin viele Fragen in Bezug auf die bevorstehende Geburt. Hadia erzählte mir, sie hätte schon sehr vielen Frauen bei der Geburt beigestanden und beruhigte mich mit der Äußerung, sehr viel Erfahrung darin zu haben. Auch bei den meisten Komplikationen wüsste sie meist besser zu helfen als mancher Arzt im Krankenhaus. Sie sagte, das Wichtigste sei, ich solle mir nicht so viele Gedanken machen oder gar Angst haben. Wie schon die Ärztin in Deutschland war sie der Meinung, die meisten Geburten wären vollkommen komplikationslos. Sie würde auf jeden Fall kommen und mir beistehen, versprach sie und verabschiedete sich.

Kurz nach Anbruch des neuen Jahres wollte Samir mit seinem Bruder für einige Tage in die Berge, um Geschäfte zu erledigen. Er war etwas besorgt zu gehen, da mein Entbindungstermin in drei Wochen anstand. Doch ich fühlte mich gut und überzeugte ihn, ruhig zu gehen, da ich glaubte, noch Zeit zu haben. Trotzdem bat ich ihn, mich nicht all zu lang allein zu lassen, da ich Bedenken hatte, eventuell mitten in der Nacht Wehen zu bekommen und dann nie-

manden bei mir zu haben.
In unserer direkten Nachbarschaft lebten zwei Schwestern, die um einige Ecken mit Samir verwandt waren. Eigentlich verstand ich mich recht gut mit diesen Frauen, aber irgendwas hatten sie an sich, das mir Unbehagen bereitete, und der Gedanke mit diesen beiden Frauen allein zu sein, behagte selbst Samir nicht, der dieses unangenehme Gefühl auch verspürte. Zwischen Samir und Salha, einer der Frauen, war etwas vorgefallen, von dem ich nichts wusste und das ich auch durch Fragen nicht herausfand. Aber Samir warnte mich, mit dieser Frau vorsichtig zu sein. Sie wiederum buhlte sehr um meine Aufmerksamkeit. Fast täglich kam sie in mein Haus und lud mich mehrfach zu ihr zum Essen ein. Eines Mittags, als ich ihrer Einladung nachgekommen war, gab sie mir ein Beutelchen mit geriebenem Schafskäse. Sie wusste aus meinen Erzählungen, wie gern ich ihn mochte. Ich legte ihn neben meine Sachen und vergaß ihn später versehentlich. Kaum bei meinem Haus angelangt, holte sie mich ein und brachte mir den vergessenen Käse. Ich nahm in an mich, legte ihn in eine Dose in mein Küchenregal.

Einige Abende später bekam ich starke Schmerzen im Rücken und Unterbauch. Mein Geburtstermin war erst in siebzehn Tagen und dachte daher, es wären Vorwehen. Schon bald merkte ich jedoch, es waren richtige Wehen. Weit laufen konnte ich nicht mehr, und so geriet ich genau in die Lage, in die ich nicht kommen wollte.
›Na Klasse!‹, sprach die Vorahnung. ›Da hatten wir ja mal wieder schön den Teufel an die Wand gemalt. Jetzt haben

wir das Malheur.‹
Schmerzerfüllt schleppte ich mich zu meinen Nachbarinnen, die sofort kamen. Salha hatte schon vier Kinder und ihre Schwester Arbeia, so sagte man, könne keine bekommen. Ich bat die beiden, ins Dorf zu laufen, um eine ortsansässige alte Frau zu besorgen, die hier den Frauen beistand, doch beide wollten entweder nicht oder es war ihnen von ihren Männern untersagt worden. Der einzige verfügbare Arzt vor Ort war ein Hals-Nasen-Ohren-Arzt. Dem hiesigen Krankenhaus traute ich nach wie vor nicht. Ich versuchte, die Frauen noch einige Male zu überreden, doch bitte für mich ins Dorf zu gehen, aber sie wollten einfach nicht. Auch meinem Vorschlag, dann doch einen männlichen Nachbarn zu schicken, kamen sie nicht nach. Ich hatte Wehen in kurzen Abständen und war unfähig, zu anderen Nachbarn zu gehen.
Die Wehen kamen in immer kürzeren Abständen, während die Schwestern sich ständig stritten. Die Unerfahrene riet, mich ins Krankenhaus zu bringen, aber die andere beschwichtigte sie mit der Aussage: »Alle Frauen haben solche Schmerzen.«
Die Krämpfe wurden unerträglich und als ich mich erhob, um ein paar Schritte zu laufen, bekamen sowohl die Frauen als auch ich einen Schock. Mein ganzes Kleid war auf der Rückseite blutdurchtränkt. Als Salha dies sah, änderte sie abrupt ihre Meinung und machte sich auf den Weg den Arzt, der nicht weit entfernt wohnte, zu holen. Ich war von den Schmerzen so gefangen, mir war mittlerweile alles egal, ich wollte die Geburt nur noch hinter mich bringen - wie

und mit wem auch immer. Außerdem nervte mich das Streiten der Schwestern dermaßen, dass ich froh war, dadurch wenigstens der lautstarken Diskussion entkommen zu können.
Arbeia strahlte enorm viel Angst aus und ich merkte, wie diese sich auf mich übertrug. Die nicht stoppende Blutung steigerte dieses Gefühl zusätzlich.
Als der Jeep des Arztes vorgefahren war, weigerte er sich, zu mir ins Haus zu kommen. Ich sollte mit ihm in seine Praxis fahren. Schnell wickelte ich mich in eine Wolldecke, drückte Arbeia die Tasche mit den Babysachen, die ich schon Tage zuvor gepackt hatte, in die Hand und versuchte ins Auto zu steigen. Ich musste das Ende der nächsten Wehe abwarten, um genug Kraft zu haben, in den viel zu hoch scheinenden Jeep zu klettern. Beim Doktor angekommen sollte ich mich auf eine Liege betten und bekam einen Tropf gelegt, in den der Arzt alle paar Minuten irgendwelche Medikamente spritzte. Die Schmerzen waren mittlerweile so heftig, dass ich kaum in der Lage war zu fragen, was er mir da gab. Ich benötigte einige Versuche, mich zu artikulieren, und verstand dann nicht, was er antwortete, weil ich entweder die Wörter tatsächlich nicht kannte oder weil ich einfach zu schwach war, noch klar zu denken. Ich war definitiv nicht mehr ich selbst. Ich gab bei jeder Presswehe mein Bestes, aber das Kind schob sich immer wieder zurück. Der Arzt hantierte sichtlich nervös an mir herum. Obwohl es mitten im Winter war und die Praxis eiskalt, liefen ihm Schweißperlen von der Stirn die Wangen hinab. Zweimal hatte er mir schon gesagt, er könne den Kopf

sehen; doch so sehr ich auch presste, es ging nicht voran. Ich wusste nicht, woher ich noch mehr Kraft nehmen sollte. Ich konnte nicht mehr, war mir jedoch bewusst, wenn ich jetzt schlappmachen würde, nähme diese Nacht kein gutes Ende. Ich versuchte, mich zu sammeln, atmete ganz tief in mich hinein und konzentrierte alle Ressourcen in die nächste Wehe. Wieder spritzte der Arzt irgendetwas in den Tropf und seine Panik, die ihm dabei deutlich anzusehen war, übertrug sich auf mich und unterbrach kurz meine Konzentration, die ich so sehr gebraucht hätte. Ich bekam noch mehr Angst und die Schmerzen drohten mich um den Verstand zu bringen. Ich sah, wie der Arzt überhastet zu einer Schere griff und hörte, wie er fünfmal schnitt; ein Geräusch, das ich niemals vergessen werde. Da er dies inmitten der kommenden sehr heftigen Wehe tat, war ich außerstande, ihn zu stoppen, spürte aber keinen zusätzlichen Schmerz. Ich schaffte es, mich wieder zu fokussieren und nahm alle gesammelten Kräfte mit in die nächste Wehe. Ein unbeschreiblicher Schmerz, mit dem Gefühl, komplett zu zerreißen, begleitete mein Kind nach siebeneinhalb Stunden auf die Welt.

»Ahlan ja Mohammed«, willkommen Mohammed, begrüßte der Arzt sichtlich erleichtert und freudig mein Kind.

Vollkommen erschöpft, doch froh, es endlich geschafft zu haben, sagte ich fast atemlos:

»Ghanem - Ghanem heißt er, nicht Mohammed!«

Dann begann ich fürchterlich zu zittern, fror entsetzlich und hatte keine meiner Gliedmaßen mehr unter Kontrolle. Schweiß rann in meine Augen und ich war unfähig, ihn

wegzuwischen. Es brannte wie Feuer. Wieder und wieder versuchte ich, meine Arme zu heben, doch noch immer zitterte ich zu stark und war zu kraftlos für diese normalerweise geringe Bewegung. Ich hatte Angst, sterben zu müssen. Der Anblick jeder Menge Blut, wohin man auch schaute, bestärkte mich in der Annahme.
Die Nabelschnur wurde durchgetrennt.
Ich wollte mein Kind bei mir haben und versuchte mich mitzuteilen, aber nicht einmal mehr sprechen konnte ich. Nachdem er meinen Kleinen notdürftig in ein herumliegendes Tuch gewickelt und ausgerechnet Salha in die Arme gedrückt hatte, wurde der Arzt auf meinen desolaten Zustand aufmerksam. Hektisch zog er mir den Schlauch des Tropfs heraus und spritzte mir mit unruhigen Händen etwas direkt in die Kanüle. Das heftige Zittern ließ etwas nach, aber die innere Kälte blieb. Langsam konnte ich meine Arme wieder bewegen, und als ich um ein Handtuch bat, war auch meine Stimme wieder da: »Gib mir bitte meinen Sohn«, bat ich den Doktor.
»Erst mal müssen wir die Nachgeburt herausbekommen«, gab er mir zu verstehen.
Die hatte ich vollkommen vergessen und dachte, seiner Aufforderung, jetzt wieder zu pressen, nicht nachkommen zu können. Ich hatte einfach keine Kraft mehr. Alles, was ich noch wollte, war mein Kind in den Armen zu halten.
»Gib mir meinen Sohn!«, forderte ich Salha auf.
Wieder schüttelte der Arzt den Kopf und befahl mir in unwirschem Ton, endlich zu pressen. Doch obwohl mein Körper total erschöpft war, hatte mein Dickkopf wohl noch

irgendwelche Kraftreserven gebunkert.
»Ich will jetzt sofort mein Kind!«, verlangte ich nun sehr vehement, denn mir war nicht entgangen, dass Salha ihn an sich gedrückt hatte und ihm gerade etwas ins Ohr flüsterte. Ein furchtbares Gefühl, mit kaltem Grauen gemischt, beherrschte meine Gedanken und nichts schien mir so wichtig wie meinen Sohn aus den Armen dieser Frau zu bekommen.
›Nimm dich vor ihr in Acht‹, ahmte das Gedächtnis Samirs Stimme nach.
›Wie sie auf das Kind einflüstert, ist total unheimlich‹, sagte sogar der Verstand, und das Misstrauen zerrte so stark an meinen Gesichtsmuskeln, dass meine Augen zu angespannten, wütenden Schlitzen wurden.
»Gib ihn mir«, zischte ich durch zusammengepresste Zähne. Als ich zusätzlich Anstalten machte, mich zu erheben, wurde dem Arzt meine Kompromisslosigkeit deutlich und unverzüglich übergab er mir meinen Sohn. Ich legte ihn mir auf den Bauch und versuchte zu pressen. Die Nähe meines Kindes gab mir neue Kraft und endlich war auch der letzte Akt der Geburt geschafft. Erleichtert lehnte ich mich zurück, aber ich hatte mich zu früh gefreut, denn der Arzt sagte mir, dass er jetzt die Wunden nähen müsste.
Die Schmerzen waren höllisch und ich biss mir aus Verzweiflung den Arm blau. Mir war zum Schreien zumute, doch im wahrsten Sinne des Wortes verbiss ich mir jeglichen Laut.
Endlich war alles überstanden und ich durfte wieder nach Hause. Mühsam schleppte ich mich zurück in den Jeep.

Daheim angekommen schickte ich Salha und Arbeia weg. Sie protestierten und wollten bleiben, aber ich untersagte es ihnen. Ich wollte nur noch allein sein, mein Kind neben mir liegen haben und in Ruhe den ganzen Schmerz herausweinen. Als der Kleine die Augen schloss, ließ ich meinen Tränen freien Lauf.
Langsam wurde ich dadurch wieder ich selbst und konnte mein Glück kaum fassen. Ich wusste nur all zu gut, wie knapp ich dem Sensenmann von der Schippe gesprungen war. Das verdeutlichte mir auch mein Spiegelbild. Mein Gesicht war weiß und fahl wie eine frisch gestrichene Wand. Der Moment, als mich diese Kälte überfiel und die damit verbundene Angst, sterben zu müssen, kam noch ein paar Mal wieder und wurde von kalten Schauern begleitet.
Ich wünschte mir sehr, Samir würde auftauchen, aber den Gefallen tat er mir nicht.

Ich konnte nicht schlafen und drehte mich immer wieder zu Ghanem um, betrachtete und bestaunte ihn. Diese ersten Momente mit einem neu entstandenen Menschenkind, der ein Teil meines Selbst ist und immer bleiben wird, sind unbeschreiblich. Das innigste Gefühl von Zusammengehörigkeit, das ich je erlebt habe.
Schon früh am nächsten Morgen kamen die Frauen und brachten mir Frühstück. Ich bedankte mich herzlich bei ihnen und entschuldigte mich für mein schroffes Verhalten am Vorabend. Sie schienen Verständnis zu haben und sagten mir, ich sollte eine Woche im Bett bleiben. Sie würden alle Arbeiten für mich übernehmen. Es war mir unangenehm, so viel Hilfe in Anspruch zu nehmen, aber ich war

kaum fähig, irgendetwas selber zu machen. Schon ein Gang zur Toilette war ein Kraftakt sondergleichen.
Die Frauen hängten ein großes, quadratisches Zelt aus Baumwolle in meinen Raum. Sie gewährten damit einer jungen Mutter die nötige Privatsphäre. Zusätzlich waren Mutter und Kind vor Fliegen und Mücken geschützt. Mein Schwager ließ eine Ziege schlachten und alle paar Minuten kamen Beduinen in mein Zimmer und beglückwünschten mich. Jeder gab mir eine Tüte mit Obst, Saft und Süßigkeiten oder steckte Ghanem einen Geldschein unter sein Laken. Ich war überwältigt von so viel Zuneigung und Anteilnahme. Mir wurde die gebratene Leber der Ziege gereicht. Ich verschlang sie förmlich, wissend, dass das darin enthaltene Eisen meinem Blutverlust guttun würde. Ghanem war ebenso hungrig wie ich und wollte, kaum wach, gestillt werden. Legte ich ihn nach einiger Zeit zurück, schrie er aus Leibeskräften. Ich musste ihn zeitweise mehr als eine Stunde gewähren lassen, damit er ruhig wurde und wieder einschlief. Bei einem Toilettengang am nächsten Morgen löste sich eine Naht und ich blutete stark. Ich ließ mich von meinem Schwager zum Arzt fahren. Dieser wollte die Wunde erneut nähen. Nach einer örtlichen Betäubung ließ ich die Prozedur ein zweites Mal über mich ergehen. Leider war auch dieser Versuch vergebens. Wie zuvor fand ich die Fäden am nächsten Morgen in der Toilette.
›Genug von diesem Arzt!‹, sprach die Überzeugung resolut, und die Hoffnung wisperte leise: ›Vielleicht wird sich die Wunde ja von selbst schließen.‹
›Mir ist alles egal‹, sagte mein Körpergefühl, ›ich will nur

noch meine Ruhe!‹
Arbeia war immer bei mir und schlief auch nachts in meinem Haus.
In der dritten Nacht polterte es plötzlich an der Tür. Noch bevor Arbeia aufstehen konnte, wurde die einfache Eingangspforte eingetreten und eine Gruppe Polizisten stand in meinem Zimmer. Sie brüllten uns an und fragten nach meinem Mann. Wir versicherten ihnen, ihn seit Tagen nicht gesehen zu haben, und nachdem sie mein ganzes Haus durchsucht hatten, schenkten sie uns Glauben und zogen wieder ab. Arbeia hatte durch Fragen versucht herauszufinden, was sie von Samir wollten, doch sie gaben keine Antwort. Die junge Beduinin und ich standen unter Schock. Die Polizisten kamen mit vorgehaltenen Gewehren und hatten uns in gehörigen Schrecken versetzt. Arbeia überredete mich, bis Samir wiederkam, in ihr Haus direkt nebenan zu ziehen. Das war mir unangenehm, aber mir steckte der Schrecken so tief in den Knochen, dass ich ihr schließlich folgte.

Ich hoffte jeden Tag, Samir würde endlich kommen, aber erst als sein Sohn schon fünf Tage alt war, stand er plötzlich in der Tür. Er war überglücklich, mich und seinen Sohn gesund und munter vorzufinden. Stolz hob er ihn in die Höhe. Ghanem gefiel dies ganz und gar nicht und quittierte es mit einem lauten Schreien. Schnell gab Samir ihn zurück in meine Arme und setzte sich zu mir.
Er wäre schon an dem Tag nach dem polizeilichen Überfall gekommen, aber die Polizisten hatten ihn am Checkpoint vor Dahab abgefangen und mitgenommen. In El Thur war

ein Geschäft ausgeraubt worden und sie verdächtigten Samir, diese Tat gegangen zu haben. Als sie ihn jedoch dort hingebracht hatten, stellte sich bei einer Gegenüberstellung heraus, dass mein Mann mit der Sache nichts zu tun gehabt hatte. Er durfte wieder gehen. Er hatte versucht herauszubekommen, wie man gerade auf ihn gekommen war, aber seine Bemühungen blieben erfolglos.

Ich zog zurück in unser Haus und wir genossen das Leben als kleine Familie. Nach wie vor kamen die Frauen sehr oft und verrichteten viele Arbeiten für mich. Auch Samirs Mutter war inzwischen gekommen und bedauerte es sehr, mir bei der Geburt nicht beigestanden zu haben. Sie war sehr stolz auf ihren Enkel und verbrachte viel Zeit in unserem Haus. Sie schenkte mir zur Geburt zwei Ziegen. Ein Männchen und ein Weibchen.

»Jetzt bist du eine richtige Beduinin.«, sagte sie mir.

Die Schnitte von der Geburt heilten nicht und obwohl ich mir große Sorgen machte, wollte ich mit niemandem darüber reden. Auch nicht mit Hadia. Ich hoffte, irgendein Wunder möge geschehen, und mein Körper würde sich selber heilen.

Etwa zwei Wochen nach der Geburt kam ein Beduinenmädchen in meinen Hof und sagte mir, eine *Aschnabia*, eine Ausländerin, wäre vor der Tür und fragte nach mir. Ich bat das Mädchen, sie hereinzubringen. Eine äußerst attraktive Frau mittleren Alters stand in der Tür. Ihre Haare waren mit einem bunten Kopftuch locker verhüllt. Sie kam mir sehr bekannt vor und ich erinnerte mich, sie schon einige Male am Strand gesehen zu haben. Sie war mir aufgefallen, weil sie immer sehr vornehm gekleidet war, etwas eher unübliches für den Backpacker-Touristenort Dahab. Einmal hatte sie einen riesigen Hut getragen, der mit einem weißen Tuch aus Chiffon umschlungen war. Damit hatte sie ausgesehen wie eine englische Lady.

Diese Lady, begleitet von einer jüngeren Frau, fragte nun, ob sie eintreten dürfte, und reichte mir die Hand.

»Salam aleikum!«, begrüßte sie mich sehr herzlich mit einer weichen und warmen Stimme. »Ich bin Miss Vicky. Ich habe gehört, du hast vor einiger Zeit ein Baby bekommen und wollte mal sehen, ob es dir gut geht. Wir kennen uns zwar nicht, aber ich hatte das Gefühl, mal nach dir sehen zu müssen.«

Ich bat die beiden Frauen, sich zu setzen, und wir unterhielten uns eine Weile. Ich erfuhr, dass sie oft in Dahab Urlaub machte, eigentlich aus Amerika stammte, aber mit ihrem Mann, einem Jordanier, meistens in dessen Heimat lebte. Die andere Frau, eine Engländerin, hieß Jane und war mit einem Deutsch-Ägypter zusammen, der ebenfalls in Dahab leben sollte, von dem ich aber noch nie gehört hatte.

»Dir geht es nicht gut, stimmt`s?«, fragte mich Miss Vicky recht überzeugt von ihrer Annahme. »Ich war in Amerika Krankenschwester bei einem Schönheitschirurgen und wenn du ein Problem hast, kann ich mir das gerne mal ansehen.«

Ich hatte vom ersten Moment an große Sympathie für die Dame empfunden und vertraute ihr. So erzählte ich von meinen nicht heilen wollenden Schnitten. Sie fragte mich, ob sie es sich anschauen dürfe; und etwas verlegen zeigte ich es ihr.

»For godness' sake!«, äußerte sie sich tief erschüttert, »was hat der Arzt denn da veranstaltet. Er hat dich ja komplett zerschnitten. Am liebsten würde ich dich mit nach Amerika zu meinem alten Chef nehmen, aber ich fliege dieses Jahr nicht mehr. Ich werde jetzt gehen und mir bis morgen etwas überlegen. So früh wie möglich komme ich wieder, wenn es dir recht ist.«

»Ja, gerne!«, gab ich schüchtern zurück, »das würde mich freuen.«

Am nächsten Morgen kamen Miss Vicky und Jane wieder. Sie hatten eine Sitzwanne und zwei große Taschen dabei. Miss Vicky breitete alles aus und erklärte mir, was sie sich überlegt hatte. Sie würde vorerst die Wunden mit Leukoplast verkleben. Dazu schnitt sie viele lange, dünne Streifen, die sie erst horizontal und dann vertikal über die Wunde klebte. So konnte ich spüren, welche Bewegungen heilsam waren und welche an der Wunde spannten.

»Doch das allein wird nicht ausreichen. Ich würde gerne auf eine ganz bestimmte Art für dich beten, bist du damit einverstanden?«, fragte mich Miss Vicky.

»Ich bin mit allem einverstanden, was mir guttut«, antworte ich voller Hoffnung.

Sie forderte Jane auf, sich jetzt entweder voll auf meine Wunden zu konzentrieren oder, falls das nicht möglich wäre, besser den Raum zu verlassen.

»Ich werde dich jetzt in Trance versetzen und deinen Körper zur schnellstmöglichen Selbstheilung animieren. Bitte lass dich komplett fallen. Es kann sein, dass du eigenartige

Sachen sehen wirst. Bist du bereit?«

Ich war sehr gespannt, was nun folgen würde und gab ihr mein Einverständnis. Miss Vicky führte ihre Hände über meinen Kopf, ohne diesen zu berühren, und begann in einer mir unbekannten Sprache zu singen. Anfangs konnte ich ihren Tönen noch folgen, doch schon bald nahm ich den Gesang nur noch aus großer Entfernung wahr. Ich fühlte mich von meinem schmerzenden Körper gelöst, und öffnete die Augen. Ich weiß noch wie heute, welche Ruhe und Gelassenheit ich dabei verspürt hatte. Jetzt werde ich gesund, ging es mir durch den Kopf. Erleichtert schloss ich meine Augen wieder. Als ich wieder zu mir kam, fühlte ich mich so frisch und zufrieden wie lange nicht mehr.

»Wir hatten eine sehr starke Verbindung«, sagte die Heilerin.

»Das habe ich auch gespürt. Ist es bei dieser Art von Trance normal, dass so etwas passiert?«, fragte ich sie.

»Nein, es klappt nicht bei jedem, aber du hast dich mit so viel Vertrauen in meine Hände gelegt, dass es mir leicht fiel, deinen Körper und deine Seele voneinander zu lösen. Ich hoffe, dein Körper hat jetzt die nötigen Heilungskräfte, deine Wunden zu schließen.«

Ich war vollkommen überwältigt von dem eben Erlebten und konnte Miss Vicky nur herzlichst danken.

»Du solltest jetzt versuchen, ein wenig zu schlafen. Dein Körper braucht in den nächsten Tagen viel Ruhe, denn er hat einiges zu leisten. Ich werde morgen wieder nach dir schauen, wenn es dir recht ist.«

Natürlich war es mir recht. Was diese Frau für mich getan

hatte, war alles andere als selbstverständlich, ich würde ihr ewig dankbar sein. Selbst wenn die Heilung nicht besser voranschreiten sollte, war diese Prozedur ein einmaliges Erlebnis.

Vicky bat mich noch, jeden Morgen und Abend mit den von ihr mitgebrachten Essenzen ein Sitzbad zu nehmen und wollte sich verabschieden. Ich wollte sie gern für ihre Mühen bezahlen, doch sie wehrte vehement ab.

»Mein Mann und ich sind sehr gläubig und es ist uns eine Pflicht zu helfen. Jeden Monat spenden wir ein Zehntel unseres Einkommens und ich bin sicher, bei dir ist unser Geld genau an die richtige Person gegangen. Bitte nimm es an.«

Mir standen Tränen in den Augen. So viel Liebe und Warmherzigkeit überwältigten mich. Ich nahm ihre Hände, umschloss sie mit meinen, und dankte ihr von ganzem Herzen.

Am nächsten Morgen, gerade als ich mein Bad beendet hatte, kam meine Heilerin wie versprochen wieder. Wir tranken Tee und redeten über das Leben in anderen Ländern und über die verschiedenen Kulturen. Beim Abschied sagte sie mir, sie würde morgen für eine Zeit nach Jordanien reisen.

Ich sah sie leider nie wieder, doch meine Dankbarkeit wird immer erhalten bleiben. Mit Jane entstand eine herzliche Freundschaft, die bis zu ihrer Ausreise einige Jahre später bestand.

Nachdem die Wunden sich mehr als zwei Wochen keinen Millimeter geschlossen hatten, waren sie nun nach nur zwei Tagen fast verheilt. Ich hatte bis zu diesem Tag nicht an

Wunderheilung geglaubt, doch konnte in diesen Tagen am eigenen Körper erleben, wie es sich anfühlt und wurde eines Besseren belehrt.

Immer wieder fällt in Bezug auf den Sinai das Wort magisch. Zu Recht, denn dort passieren Dinge, von denen andere nur lesen. Dinge, die der menschliche Verstand nicht zu erklären im Stande ist, die unwirklich und ausgedacht klingen. Geschehnisse, an die man nur glauben kann, wenn man sie selbst erlebt hat.

Dunkle Wolken ziehen auf

»An allem Unfug, der passiert, sind nicht etwa nur die schuld, die ihn tun, sondern auch die, die ihn nicht verhindern.«
- Erich Kästner -

Als Ghanem sieben Wochen alt war, ging es zurück nach Ras Abu Galum. Alle Bewohner dort begrüßten den Neuankömmling mit kleinen Geschenken und auch hier versuchten die Frauen; mich anfangs bei vielen Tätigkeiten zu unterstützen. Samir machte seinen Job im Camp anfangs sehr gut und nahm auch hin und wieder den Kleinen. Leider mit stark abnehmender Tendenz. Das führte oft zu Streitereien, denn ich war noch nicht wieder vollkommen hergestellt, und erwartete mehr Hilfe von meinem Mann. Wir hatten viel Arbeit, die ich allein nicht schaffen konnte. Die Hütten waren über Monate ausgebucht.

Bis zu dem Tag, der den ägyptischen Tourismus nahezu lähmen sollte. Im Herbst 1997 schossen Extremisten vor dem Hatschepsut-Tempel wahllos auf Touristen. Das Resultat dieses fürchterlichen Terroranschlags waren über sechzig Tote, unter denen auch drei Deutsche waren. Alle waren geschockt und überall sprach man über nichts anderes mehr. Die Anspannung und Nervosität der Menschen war hautnah zu spüren. Viele Reiseveranstalter boten kostenlose Umbuchungen an, und schon einen Tag später verließen viele Menschen den Sinai. Vor allem die israelischen

Touristen packten sofort ihre Sachen und flohen geradezu aus dem Land. Innerhalb einer Woche war unser Camp wie leer gefegt und sollte sehr lange Zeit in diesem trostlosen Zustand bleiben.

Als ich ein paar Tage später nach Dahab ritt, war auch das Blue Hole nahezu touristenlos. So leer hatte ich diesen Platz bisher nur gesehen, wenn ich sehr früh morgens oder am späten Abend dort vorbeikam. In Dahab am Strand bot sich mir am nächsten Morgen derselbe Anblick. Lediglich ägyptische Touristen und einige Hartgesottene, die sich keine Angst machen ließen, waren dort anzutreffen.
Ich ging zu meiner Freundin Nancy. Wir waren schon seit einiger Zeit gut befreundet, hatten uns zur gleichen Zeit in Dahab niedergelassen und ihre Tochter kam eine Woche nach meinem Sohn auf die Welt. Das Resultat des Anschlages in dem Tauchclub, in dem sie arbeitete, waren 80% Stornierungen. Wir saßen allein an dem schönen runden Tisch, wo sonst viel Trubel herrschte, und tauschten uns über das schreckliche Attentat aus. Nancy hatte Verwandtschaft ihres Mannes in Luxor und einige Insiderinformationen. Auch dort, wo der Tourismus normalerweise boomte, war die Gegend touristenlos, hatten ihre Familienmitglieder berichtet. Die Stadt sei voll von Sicherheitskräften und es kam zu vielen Verhaftungen. Sie hatte am Tag zuvor versucht, nach Sharm El Sheikh zu fahren, aber die Sicherheitskräfte an den Checkpoints hatten ihr verboten, allein durch die Wüste zu fahren. Sie würden sie nur durchlassen, wenn ein großer, von einer Polizeieskorte begleiteter Konvoi gebildet werden könnte. Da sie dort nur

einkaufen wollte, war sie unverrichteter Dinge zurückgekehrt.
Wir sprachen über unsere Ängste, doch für uns beide war Luxor weit entfernt und wir fühlten uns nach wie vor sicher. Allerdings machten wir uns Sorgen über unser Business. Wir ahnten beide, dass es sicher sehr lange dauern würde, bis der Tourismus sich von diesem Schock wieder erholen würde. Vor allem in Ras Abu Galum würde man dies sehr zu spüren bekommen, denn wir hatten dort, mehr als in Dahab, vorwiegend israelische Touristen. Die Grenze zu Israel war gesichert wie nie zuvor und ließ nur in Ausnahmefällen Menschen in den Sinai.
Touristen, die am Morgen ankommen sollten, kamen erst weit nach dem Mittag. An den Checkpoints und im Flughafen hätten sie stundenlang in Warteschlangen gestanden. Überall herrschte Angst und Schrecken. Auch am Strand waren plötzlich wesentlich mehr Polizisten zu sehen, die zudem bis an die Zähne bewaffnet waren.

Wir verbrachten viel Zeit in Dahab. Nach Ras Abu Galum gingen wir nur, um dort nach dem rechten zu sehen. Von jetzt auf gleich hatten wir unsere kompletten Einnahmequellen verloren und wussten nicht weiter. Unsere Ersparnisse waren schnell verbraucht, und schon bald waren wir in der Situation, jedes ägyptische Pfund umdrehen zu müssen.
Samir verdiente etwas Geld, indem er mit einigen anderen Männern fischen ging. Das reichte zum Überleben, aber Samir war oft ungehalten, denn er wollte seiner Familie einen gewissen Standard bieten. Da ihm dies momentan

nicht gelang, war er sehr unzufrieden, ging mir oft aus dem Weg und überließ mich mir selbst. Ich ging dann einige Male an den Strand. Wenn ich am frühen Abend heimkehrte, wartete er mit unschönen Eifersuchtsattacken und den damit verbundenen Unterstellungen auf mich. Wir stritten ungeheuer viel und unsere anfängliche Familienidylle bröckelte zusehends. Wir waren beide sehr angespannt durch die schwierige Lage und nicht objektiv genug, dies zu durchschauen. Anstatt uns gegenseitig aufzubauen, machten wir uns überflüssige Vorwürfe.

An einem Nachmittag in der Tauchschule sprach ich mit einem holländischen Fotografen, der bei Nancy einen Tauchkurs machte und brennend an meiner Geschichte interessiert war. Er fragte mich, ob er ein paar Fotos von mir machen dürfte, um sie an eine Frauenzeitschrift zu verkaufen. Ich willigte ein und dachte, nie wieder etwas von diesem Herren zu hören. Doch einige Wochen später meldete er sich zurück und sagte, er hätte ein deutsches Magazin gefunden, das gern einen Artikel über mich bringen würde. Wenn ich dazu Lust hätte, könnte er demnächst mit einer Autorin zusammen vorbeikommen und weitere Fotos machen. Da ich eine Chance sah, damit Werbung für unser Camp zu machen, willigte ich ein.
Wir verbrachten einige Tage mit der Redakteurin in Ras Abu Galum und machten einen Ausflug in eine Oase.
Kurz nach dem Erscheinen des Artikels ließ mir die Redaktion eine Ausgabe der Zeitschrift zukommen. Er war gut geschrieben, enthielt einige sehr schöne Fotos und gefiel mir gut. Samir war ganz anderer Meinung, denn auf dem

Titelbild war eine junge Frau, die Ähnlichkeit mit mir hatte. Sie trug ein tief ausgeschnittenem T-Shirt, und darunter stand in großen Lettern »Tanzen und Sex« - Sex verstand mein Mann und ging nun davon aus, dass dies eine verkommene sexistische Zeitschrift war. Ich wollte mit ihm darüber reden, ihm die Zeitschrift im Einzelnen übersetzen und ihm erklären, was es mit dieser Überschrift auf sich hatte. Er ließ mich nicht zu Wort kommen, riss sie mir aus der Hand und warf sie ins Feuer. Wutentbrannt verschwand er bei den Nachbarn. Unser Feuer glühte nur leicht und hatte das Magazin nur auf den Vorderseiten etwas verbrannt. Ich nahm sie schnell wieder heraus und versteckte sie in meinen persönlichen Unterlagen. Vorsichtshalber verbrannte ich eine andere Zeitschrift, falls mein Mann wieder auftauchen sollte.

Ich konnte seine Verärgerung nicht verstehen und war wütend. Er hatte mich nicht nach meiner Meinung gefragt, oder sich etwas erklären lassen. Sich ein Urteil zu bilden, ohne den Sachverhalt verstanden zu haben, konnte mich zur Weißglut bringen. Meines Erachtens ließen sich viele Dinge wesentlich besser verstehen, wenn man alle oder zumindest zwei Seiten zu einem Thema betrachtete und der Sache etwas länger auf den Grund ging. Doch immer wieder kam ich in Situationen, in denen Menschen sich Urteile bildeten, ohne auch nur ansatzweise die Hintergründe erforscht oder erkannt zu haben. Hinterfragen war für sie scheinbar vollkommen überflüssig. So entstanden vorschnelle Urteile und Missverständnisse.

Noch Tage später versuchte ich, mit meinem Mann über

dieses Thema zu sprechen, aber er war total verbohrt und nicht zu überzeugen. Nie wieder würde er so etwas zulassen, war sein letzter Kommentar dazu. Nun hatte jedoch dieser Artikel gleich drei Fernsehsender auf mich aufmerksam gemacht, die sich fast zeitgleich bei meiner Familie in Deutschland gemeldet hatten. Meine Mutter gab ihnen die Telefonnummer meines Schwagers, da Samir und ich kein Telefon in Dahab besaßen. Wenn wir telefonieren wollten, gingen wir zu Samirs Bruder oder in ein Hotel. Da ich schon in Berlin und auch in Düsseldorf keinen Fernseher besessen hatte, kannte ich die Sendungen nicht, die gern über mich berichten wollten. Einer war ein öffentlich rechtlicher Sender, der den Bericht ohne Bezahlung machen wollte, und die Privaten waren RTL und SAT.1. Ich telefonierte mit meinem großen Bruder, der mir sagte, beide Sender seien gleichermaßen reißerisch und blöd. Da mich diese Aussage nicht weiterbrachte, entschied ich mich für den Sender, der mir am meisten zahlen wollte. Es war RTL.

Ein Filmteam kam und verbrachte einige Tage mit uns in Dahab. Es machte viel Spaß, mit ihnen zu drehen, da die Crew aus lauter interessanten und gut gelaunten Leuten bestand. Inzwischen meldete sich SAT.1 trotz der Absage noch ein zweites Mal und drängte förmlich auf einen Bericht. Ich erzählte dies den Leuten von RTL. Die Redakteurin war nicht begeistert von meinem Vorhaben, noch mit einem anderen Sender zu drehen. Sie telefonierte mit ihrer Chefin und sagte mir, sie würden mir den vierfachen Betrag zahlen, wenn ich einen Exklusivvertrag unterschreiben würde. Ich willigte ein und sie versprach, mir den Vertrag

fertigzumachen. Unterschreiben sollte ich ihn in Deutschland.
Sie wollten meine Geschichte in drei Teile aufteilen. Der erste berichtete nur über Samir und mich im Sinai. Im zweiten Abschnitt sollten meine Mutter und mein Bruder in den Sinai geflogen werden und das letzte Drittel würde man in Deutschland drehen. Die Flugtickets würde die Airline bezahlen, wenn man ihr Logo im Bericht mehrfach einblenden würde, erzählte mir der Kameramann. Es war sehr spannend mitzuerleben, wie solche Reportagen gemacht und finanziert wurden.

Als mein Bruder und meine Mutter in Dahab eintrafen, hatte RTL die Idee, mit meiner Familie einige Tage in Ras Abu Galum zu verbringen. Ich war sehr gespannt auf die Reaktion meines Bruders, der es bevorzugte, in guten Hotels zu übernachten. Schon die Anreise mit dem Kamel war für ihn nicht wirklich angenehm, daher lief er die meiste Zeit lieber zu Fuß. Nach zwei Tagen in Ras Abu Galum wollte er nur noch zurück in sein Hotel. Er konnte absolut nicht nachvollziehen, wie ich so unkomfortabel leben konnte. Keine Dusche, kein richtiges Bett, schlafen im Wüstensand, keine Stühle, kein Buffet und immer nur Beduinen um ihn herum, waren nicht das, was er sich unter einem Urlaub vorstellte. In Dahab dagegen fühlte er sich einigermaßen wohl. Sie waren in einem hübschen Hotel untergebracht und konnten es sich auf Kosten des Senders gut gehen lassen.
Leider verging die Woche mit meiner Mutter und meinem Bruder viel zu schnell und der Abschied wurde auf beiden

Seiten sehr tränenreich. Doch schon einige Wochen später sollte ich nach Deutschland fliegen. Dort, so hatte meine Mutter schon angekündigt, würde sie mich und Ghanem erst mal ordentlich aufpäppeln. Sowohl ich als auch mein Sohn waren ihres Erachtens viel zu dünn. Allgemein waren ihr die Beduinen zu mager. Ich sah das anders. In der Wüste ist es immer heiß und man schwitzt so viel, dass der Körper kaum Wasser speichert. Außerdem ist die Nahrung sehr reich an Vitalstoffen und enthält keine versteckten Fett- oder Zuckerzusätze. Ich kochte immer frisch und meiner Meinung nach waren wir ausreichend ernährt, aber eben sehr schlank. Ich fühlte mich gesund und auch mein Sohn entwickelte sich prächtig.

In Deutschland sah ich auch meine Schwester wieder, die ebenfalls interviewt wurde. Sie sagte, ich fehle ihr sehr und konnte dabei kaum die Tränen unterdrücken. Dies war ein sehr unerwartet emotionaler Moment für mich. Es war mir nie bewusst gewesen, wie sehr ich sie damals verletzt hatte, als ich erst unser Elternhaus verließ, um meine Ausbildung zu machen und später Deutschland ganz den Rücken zukehrte. Doch mein Leben war nun im Sinai. Meine kleine Familie war mir das Wichtigste auf der Welt. Ghanem und ich gehörten zu Samir, und Samir gehörte in die Wüste. Wir hatten überlegt, ob mein Mann im Rahmen der Filmaufnahmen mit nach Deutschland kommen sollte, aber erstens lief er nach wie vor vom Militärdienst davon und konnte daher keinen Reisepass beantragen, und zweitens fühlte er sich sehr wohl in seiner Heimat. Wir hatten vor, wenn Ghanem schulpflichtig wurde, nach Deutschland zu gehen.

In Deutschland war es kalt. Obwohl der Frühling nahte, fror ich die gesamte Zeit über und verbrachte viel Zeit in der Nähe von Heizungen. Zu allem Überfluss hatte sich die Redakteurin noch in den Kopf gesetzt, mich in voller Beduinen(ver)kleidung durch Allendorfs schöne Fachwerkgassen zu scheuchen. Obwohl ich zwei Pullover unter meinem Kleid und dem Beduinenumhang trug, wollte ich nur schnell diesen Dreh beenden, um mich so bald wie möglich wieder irgendwo zu wärmen. Dementsprechend frostig wurden auch meine Kommentare in diesem Teil des Drehs. Bei Sonnenschein hätte ich mich sicher erfreulicher über meine wirklich schöne alte Heimat geäußert. Bad Sooden-Allendort hat etwas sehr Nostalgisches. Es ist ein kleiner malerischer Badekurort, der ringsherum von herrlichen Wäldern und Feldern umgeben ist. Diese Wälder fehlten mir manchmal in der Kargheit der Wüste ebenso wie die ersten Blumen, die überall als Frühlingsboten die neue Jahreszeit ankündigten.
In Beduinenkleidung durch Allendorf zu laufen, durch diesen Ort, wo jeder jeden kennt und gern und viel geredet wird, fiel mir sehr schwer. Zu meinem Glück war das Wetter recht schlecht und nicht viele Menschen waren auf den Straßen. So einkaufen zu gehen war mir peinlich. Ich versuchte, es als Spaß anzusehen, aber noch ein zweites Mal würde ich dies nicht machen, höchstens während des Karnevals. Wenn man so kostümiert in einer Kleinstadt umherläuft, braucht man sich nicht zu wundern, wenn jeder einem hinterhergafft, so wie es an diesem Tag ständig

vorkam.
›Na, da haben die Allendorfer ja wieder einiges zu berichten‹, flachste die Ironie.
›Jaja, wir wussten ja schon immer, dass die so ein bisschen eigenartig ist‹, äffte der Sarkasmus die gefühlten Stimmen der Beobachter nach.
Am Abend sprach ich die Redakteurin ein drittes Mal auf den Vertrag an, den sie angeblich in Köln vergessen hätte und der gefaxt werden sollte. Wir hatten heute unseren letzten Drehtag und noch immer sah ich nichts von dem versprochenen zusätzlichen Geld. Doch auch diesmal vertröstete mich die Redakteurin mit ihrer Hinhaltetaktik. Sie sagte mir, der Vertrag käme nun doch per Post, und wenn ich diesen unterschrieben zurückgesandt hätte, würde man mir mein Geld überweisen. Die nächsten Tage ignorierte die Redakteurin, deren Handynummer ich besaß, meine wiederholten Anrufe. Bei der Redaktion wurde ich abgewimmelt. Ich war sehr verblüfft und enttäuscht über diese Handhabe. Heute wäre ich das nicht mehr. Ich versuchte, mich nicht weiter zu ärgern. Immerhin war ich umsonst nach Deutschland geflogen, meine Familie hatte mich besucht, ich hatte Werbung für den Sinai gemacht und eine sehr abwechslungsreiche Zeit gehabt. Zudem würde das Filmmaterial sicher das ein oder andere Mal für viel Freude in meiner Familie sorgen.

Zurück im Sinai ging ich eine Zeit lang mit Samir und Ghanem zu meiner Schwiegermutter in die Berge. Samir konnte leider nur drei Tage bleiben. Zwei davon verbrachten wir in der umliegenden Wüste. Samir nahm sich von seinem Vater zwei Kamele und gemeinsam ritten wir tagsüber an Orte, an denen er in seiner Kindheit viel Zeit verbracht hatte. Es wurden sehr romantische Tage, denn der Frühling in der Wüste war die Zeit des großen Erwachens. Wo sonst nur wenige grüne Büsche wuchsen, war jetzt ein Meer aus Blumen und saftigen Kräutern. Die Beduinen zogen zu dieser Jahreszeit regelmäßig mit großen Herden durch die Berge und bereiteten aus der frischen Ziegen- und Schafsmilch Butter und Käse. Dafür wurde ein Sack aus Ziegenleder einem Pendel gleich an der Decke befestigt. Zwei sich gegenüber sitzende Personen schubsten sich den Behälter solange zu, bis die Milch darin zu Butter wurde. Wann immer jemand gerade Zeit hatte, kümmerte er sich um diesen Vorgang. Auch die Kinder übernahmen diese Aufgabe gerne und machten sich einen Spaß aus dieser Tätigkeit.

Meine Schwiegermutter ging fast jeden Morgen in die Wüste und sammelte in einem großen Tuch auf dem Rücken die verschiedensten Kräuter. Ich begleitete sie und mit viel Liebe zu diesen Geschenken der Natur erklärte sie mir die verschiedenen Wirkungsweisen der einzelnen Kräuter.

Es gab *Samwa* (cleome droserifolia), das sowohl den Blutdruck als auch den Blutzucker senkte und von sehr vielen Beduinen getrunken wurde, die Diabetes hatten. Da es zudem hochgradig antiseptisch wirkte, war es für sie ein unverzichtbarer Bestandteil jeder Versorgung von schlecht heilenden oder eiternden Wunden.

Jahre später habe ich mit diesem Kraut einer Touristin eine

Blutvergiftung aus dem Bein gezogen. Ich war selbst überrascht gewesen, wie schnell und effizient es wirkte, und sorgte immer dafür, einen ausreichenden Vorrat in meinem Arzneischrank zu haben, um meine eigene Familie damit behandeln zu können.

Das nächste Kraut, das in meine Hausapotheke wanderte, war *Beitheran (*artemisia judaica), eine Wermutart. Sie wuchs zwar das ganze Jahr über in der kleinen Siedlung, aber meine Schwiegermutter bevorzugte die frischen, saftigen Pflanzen des Frühlings. Man benutzte sie gegen Übelkeit, Durchfall und Magenkrämpfe. Ein Händler aus Kairo kam jedes Jahr auf den Hof meiner Schwiegereltern und kaufte meiner Familie dieses Kraut säckeweise ab. Was daraus hergestellt wurde, erfuhr ich leider nicht. Gegen den sogenannten »Fluch des Pharao«, den berüchtigten Brechdurchfall, den sich viele Ägyptenurlauber einfangen, gab es kein besseres Mittel. Es brachte mir sehr häufig den Dank zahlreicher Touristen.

Dann sammelten wir noch Unmengen von *Rimth* (haloxylon salicornicum), das wir trockneten und lagerten. Die Beduinen badeten ihre Babys darin. Das gab ihnen eine gesunde Haut und half beim Zahnen.

Aus vielen gemischten Kräutern bereitete meine Schwiegermutter in den nächsten Tagen die *Schagar Rabia*, Kräuter des Frühlings. Diese wurden für das Immunsystem als stärkender Kräutertee getrunken und der Butter oder dem Ghee zugesetzt, wodurch die damit bereiten Speisen sowohl gesünder als auch schmackhafter wurden.

Ich nahm mir von allen Kräutern eine ordentliche Menge

mit nach Dahab, verpackte sie und verkaufte sie an die Gäste in Ras Abu Galum.
Diese Tage mit meiner Schwiegermutter in der Wüste waren für mich ein sehr lehrreiches und interessantes Erlebnis. Ihr Wissen war immens und wurde immer wieder durch Selbstversuche an ihr selbst und ihren Söhnen erweitert.
So verarztete sie mit einem Kräuterkegel gerade ihren geschwollenen Knöchel, in dem sich Wasser angesammelt hatte. Die Mischung dafür hatte sie vorher zerkaut und wie einen kleinen Räucherkegel geformt, der in einigem Abstand neben dem Feuer wieder getrocknet wurde. War er vollkommen durchgetrocknet, setzte sie ihn sich auf den schmerzenden Knöchel, zündete ihn an und ließ ihn langsam abbrennen. Auf meine Frage, ob dies nicht sehr heiß wäre und schmerzen würde, winkte sie ab und sagte: »Wesentlich weniger als das Wasser in meinem Knöchel. Der Fuß ist bis morgen etwas abgeschwollen und ich habe wieder für ein paar Tage weniger bis keine Schmerzen.«
Es stimmte, am nächsten Morgen hatte die Schwellung am Knöchel schon deutlich abgenommen.
Wie wirkungsvoll ihre Heilkünste waren, konnte ich in diesen Tagen noch ein zweites Mal erleben.
Ein Auto war in der typischen Stille der Siedlung nicht zu überhören, und sofort sprangen die Kinder auf und schauten, wer sich dort näherte. Sie kannten die Besucher nicht.
Als der Pick-up vor dem großen Zelt anhielt, stieg ein sehr alter Mann mit einer deutlich jüngeren Frau aus dem Wagen. Meine Schwägerin machte sich hastig daran, Tee zu

kochen, und meine Schwiegermutter begrüßte die Ankömmlinge. Sie breitete dafür die guten Teppiche, die sie selbst gewoben hatte und nur für Gäste benutzt wurden, am Feuer aus. Die Besucher begrüßten uns per Handschlag und setzten sich. Jetzt erst sah ich die Augen der Frau. Die Lederhaut war nicht mehr weiß, sondern feuerrot. Ihre Augenlider hingen weit herab und ständig tupfte sie sich mit einem Tuch Eiter aus den Winkeln. Dies war auch der Grund, wieso sie meine Schwiegermutter aufsuchte. Sie hatte gehört, die weise Frau könne bei dieser Krankheit helfen. Der Mann verabschiedete sich und wir Frauen blieben allein am Feuer zurück. Für den Gast wurde zum Mittagessen ein leckeres Gericht mit frischem Huhn gekocht, für das meine Schwägerin extra eine ihrer Legehennen schlachtete. Nach dem Nachmittagsgebet machte sich Hadia an ihre Arbeit. Wie auch ihr Mann benutzte sie für die Feuerakupunktur zwei Baunägel, die sie ins Feuer legte, bis sie glühten. Die Frau setzte sich ihr gegenüber und war sichtlich aufgeregt. Meine Schwiegermutter nahm ihr jedoch schnell die Angst, indem sie ihr versicherte, sie würde von der Prozedur kaum etwas spüren. Sie bat die Frau, ihr Tuch abzunehmen und teilte die Haare etwas ab. Mit einem alten Handschuh nahm sie den ersten Nagel und berührte damit blitzschnell die Kopfhaut der Frau an drei verschiedenen Stellen. Dann forderte sie den Fuß der Dame und hinterließ auf dessen Sohle drei weitere kleine kreisrunde Brandwunden vom Kopf des glühenden Nagels. Die Leidtragende zuckte zwar bei jeder Berührung mit dem Nagel kurz auf, verzog jedoch keine Mine. Wieder einmal

durchzog beißender Geruch von verbrannter Haut und versengten Haaren das Zelt. Meine Schwiegermutter hatte ihre Arbeit beendet und sagte der Frau: »Schon morgen wirst du eine deutliche Besserung verspüren.«
Die Dame war sichtlich erleichtert und antwortete, dass sie sich die Behandlung wesentlich schmerzhafter vorgestellt hätte.
Wie gut die Feuerakupunktur meinem Kamel geholfen hatte, war schon faszinierend gewesen. Dass diese Frau schon nach zwei Tagen wieder weiße Augen hatte, die kaum noch geschwollen waren und nicht mehr eiterten, überzeugte mich dann vollends von dieser alten Heilmethode. Ich nahm mir vor, mich irgendwann einmal in dieser Kunst des Heilens von Hadia unterrichten zu lassen.

Samir hatte bei meiner Rückkehr nach Dahab eine Überraschung für mich. Er hatte ein gutes Geschäft gemacht, über das er sich nicht äußern wollte, und einem Beduinen einen Platz für uns in Ras Abu Galum abgekauft.
Samir hatte schon gute Vorarbeit geleistet. Als ich eintraf, war er mit dem Umzug fast fertig. Er hatte einige neue Hütten gebaut, und bereits nach einer Woche konnten Touristen einziehen. Leider waren es nach wie vor sehr wenige. Da war es gut, dass wir nun keine Pacht mehr bezahlen mussten. An manchen Tagen waren wir gezwungen, fischen zu gehen, wenn wir etwas essen wollten. Über Wochen ernährten wir uns nahezu nur von Fisch, Reis und Brot. Wenn Ghanem schlief, ließ ich ihn hin und wieder in der Obhut meiner Nachbarin und ging fischen. Das funktionierte hervorragend mit Maske und Schnorchel

direkt vor unserer Hütte oder ein Stück nördlicher, in einem Abschnitt, an dem das Riff sehr schmal war. Ich band dafür einen Stein in eine sich selbst lösende Schlaufe und konnte damit die Angelschnur weit über das Riff hinaus auswerfen. Es gab Tage, da fing ich unser Mittagessen in einer Stunde, und Tage an denen ich aufgeben musste, weil die Angelschnur mir bei jedem Wurf ein wenig mehr in die Haut des Zeigefingers schnitt oder ich einfach kein Glück hatte.

Hin und wieder begleitete ich die Frauen zum Oktopusfischen. Dies war allerdings nur möglich, wenn der Wind, der hier meistens wehte, ausnahmsweise zur Ruhe kam. Ich fing nie selbst eines dieser wundervollen Tiere. Erstens erkannte ich sie in ihren Löchern ohne Taucherbrille nicht und zweitens mochte ich sie zu gern, um sie selbst zu fangen. Trotzdem genoss ich es, den Frauen dabei zuzusehen. Ihre Kleider die auf einige Entfernung wie farbenfrohe Tupfer im satten Blau wirkten, ergaben ein malerisches Bild. Sie hatten die leichten Kleider bis zu den Oberschenkeln umgeschlagen und trugen darunter alte Leggins und Tauchschuhe, um sich an den scharfen Riffkanten nicht zu verletzen. Ich kaufte den Frauen gerne direkt am Strand ihren Fang ab oder tauschte ihn gegen Dinge, die ich gerade entbehren konnte. Der Oktopus konnte zwar auch sofort zubereitet werden, aber besser war es, ihn einige Tage auf eine Leine aufgespannt zu trocknen, dann erst entwickelte er seinen hervorragenden und sehr kräftigen Geschmack.

Ich briet ihn am liebsten in Öl, Zwiebeln und viel Knoblauch an und füllte anschließend Wasser auf. Wenn das Wasser kochte, kam genau so viel Reis hinzu, dass das gesamte Wasser aufgesaugt wurde. Dazu aßen wir frische Zwiebeln.

Wir mussten in Ras Abu Galum niemals hungern, aber lebten zeitweise von der Hand in den Mund. Touristentouren mit den Kamelen machten wir kaum noch und unsere Tiere fraßen mehr, als sie erwirtschafteten. Ich hoffte, die Tourismuslage würde sich bald wieder entspannen, aber nach wie vor sah dies nicht danach aus. Ich hatte bei meinem letzten Aufenthalt in Bad Sooden-Allendorf einem Freund, der nebenberuflich für eine Zeitung schrieb, ein Interview gegeben und darin für den Sinai als Urlaubsland geworben. Daraufhin meldete sich ein Ärzteehepaar aus Witzenhausen, die eine Reise mit uns buchen wollten. Wir organisierten für sie einen 14-tägigen Urlaub. Eine Woche waren sie mit uns unterwegs. Vier Tage davon mit dem Kamel und drei Tage mit dem Jeep. Zwischendurch genossen sie unseren Strand in Ras Abu Galum.
Fantastische Touristen, wie man sie sich wünschte. Sehr neugierig, aufgeschlossen und an der Kultur interessiert. Auf eine schönere Art, hatte ich noch nie Geld verdient.
Ich überlegte, wie ich diese Geschäftsidee weiterentwickeln konnte, aber nach längerer Überlegung musste ich feststellen, dass dies mit Kind schwer zu bewerkstelligen sein würde. Um genug Touristen anzuwerben, hätte ich immer wieder nach Deutschland fliegen müssen. Es gab niemanden, dem ich bedenkenlos meinen Sohn anvertraut hätte, und außerdem wurde vor Reisen nach Ägypten immer noch gewarnt.
Ich zerbrach mir sehr häufig den Kopf, wie es weitergehen

sollte, und fühlte mich mit diesen Gedanken von meinem Mann alleingelassen. Dazu kam ein gehöriger Frust darüber, dass Samir seinen von mir erwarteten Vaterpflichten immer seltener nachkam. Nicht einmal wenn ich Essen kochte oder Wäsche wusch, nahm er sich seines Sohnes an. Er ließ mich den Kleinen eher anderen Leuten übergeben, als sich selbst um ihn zu kümmern. Er sagte, dies würde er später, wenn Ghanem sieben oder acht Jahre alt wäre, noch zur Genüge tun. Vorher gehörten Kinder seiner Überzeugung nach zur Mutter, und diese hatte sich ganz allein zu kümmern. Ich fragte andere Beduinen und erfuhr, dass Männer angeblich mit so kleinen Kindern nichts anfangen könnten. Meines Erachtens kompletter Nonsens, aber wieder eine dieser Traditionen, die ich wohl oder übel einfach schlucken musste.

Samir und ich hatten viel Streit in der kommenden Zeit. Nicht nur, weil er mich mit Ghanem nicht unterstützte, sondern auch, weil es immer mehr darauf hinauslief, dass ich auch alle anderen Arbeiten übernahm und mein Mann mehr und mehr die Tage verschlief und keinen Antrieb mehr hatte. Irgendetwas war mit Samir passiert. Ständig hatte er schlechte Laune und war zu nichts zu gebrauchen. Selbst wenn wir Touristen hatten, schlief er bis in den späten Mittag, und ich musste mich allein an die Arbeit machen. Mit dem Kleinen zusammen war das alles andere als einfach und ich hätte seine Hilfe wirklich benötigt. Ghanem bekam Zähne und wollte nur gestillt oder herumgetragen werden. Die Touristen bestellten Frühstück, und so backte ich am Feuer die Brote, während ich meinen Sohn im Tragetuch wippend schaukelte. Ich hatte manchmal so eine Wut im Bauch, dass mein Blut wie das Wasser auf dem Feuer nebenan kochte. Ich wusste nicht, was ich zuerst machen sollte, das Kind war unruhig und mein Mann schlief und träumte seelenruhig. Versuchte ich, Samir zu wecken und um Hilfe zu bitten, bekam ich als lapidare Antwort: »Das schaffst du doch auch allein.«

Ich schaffte alles allein, aber so sollte es nicht sein. Alle Versuche, mit ihm darüber zu reden, scheiterten und endeten damit, dass mein Mann für den Tag oder auch gleich mehrere verschwand. Allgemein war er neuerdings ständig unterwegs, wurde launischer und war zwischendurch kaum auszuhalten.

Wir sprachen in dieser Zeit manchmal über Wochen nur das Nötigste und stritten viel. Ich hatte ihn immer wieder gefragt, was los sei, warum er so müde, ungehalten und launisch war. Er schob es auf das wenige Geld und die geringe Anzahl an Touristen, die wir hatten. Er hatte recht, unser Business in Ras Abu Galum war stark gefährdet. Aber gerade jetzt sollten wir zusammenhalten und gemeinsam überlegen, was wir tun könnten, anstatt uns mies gelaunt aus dem Weg zu gehen und zu streiten. Aber normale Gespräche waren kaum möglich. Samir wirkte manchmal wie ein gehetztes Tier, und er hatte diese Ruhe nicht mehr, die ich immer sehr an ihm bewundert hatte. Ich vermisste vor allem unsere Vertrautheit. Samir hatte mir immer gesagt, was in seinem Kopf vor sich ging und so viele Nächte hatten wir wach gelegen und Pläne geschmiedet. Wir hatten uns begehrt und waren glücklich gewesen. Nun schlief ich meistens allein ein und mein Mann war entweder unterwegs oder schlief mit den Männern am Strand. Er fehlte mir, obwohl er in meiner Nähe war. Unsere eheliche Nähe war nicht mehr da. Selbst wenn wir uns körperlich wieder näherten, war es nicht so wie früher. Samir war auch in dem Bereich sehr oberflächlich geworden. Die Verbundenheit, die ich immer gespürt hatte, war verloren gegangen. Spaß machte es dadurch nicht mehr. Aus allem war die Tiefe verschwunden. Sehr oft war ich einfach nur traurig darüber. Ich sang mein Kind in den Schlaf und verbrachte viele einsame Stunden unter dem Himmelszelt, das mir auch keine Antworten darauf gab, was mit meinem Mann geschehen war.

Eines Abends, als wir gerade eine große Gruppe Touristen zu bewirten hatten, kam ich aus der Küche, um Wasser zu holen. Etwas kitzelte mich an der Wange. Ich zog meine Schulter hoch, um mich zu kratzen. Da fühlte ich, wie dieses Etwas unter mein Kopftuch krabbelte. Ich rief meinen Mann und riss mir im selben Moment das Tuch herunter. Eine etwa handgroße Kreatur flüchtete aus meinem Tuch in Richtung Berge. Mein Mann kam aus der Küche und brüllte mich an: »Warum hampelst du so herum? Jetzt ist sie weg und beißt vielleicht unsere Kamele.«
»Was war das?«, fragte ich zittrig.
»Ein Chrombusch, eine sehr giftige Kamelspinne. Und wenn du nicht so gezappelt hättest, hätte ich sie vielleicht erwischt. Ich hoffe, sie tötet unsere Kamele nicht.«
Wütend drehte er sich um und ging zurück in die Küche.
Dass ich gerade mit heiler Haut davongekommen war,

schien ihn nicht besonders zu freuen. Eine Umarmung hätte mir gutgetan.

Von dem Geld, das wir mit den Touristen verdienten, hatte ich immer einen Teil zurückgelegt, um unseren Platz weiter auszubauen. Samir hatte eines Abends jedoch eine andere Idee. Ich hatte auf meinem Konto noch eine eiserne Reserve für Notfälle zurückgelegt. Das wollte mein Mann nun mit den Einnahmen in einen alten Jeep investieren. Anfangs hielt ich dies nicht für eine gute Idee, ließ mich schlussendlich jedoch überreden. Mein Mann wollte damit Touristen von Nuweiba aus zu uns bringen. Ich hoffte, dies würde gelingen, denn nun waren auch keine Rücklagen mehr da.
Das Auto brachte zwar im ersten Monat keinen Gewinn, aber Samir und ich erlebten ein kleines Hoch in unserer Ehe. Wir packten mehrfach unsere Habseligkeiten zusammen und fuhren für ein paar Tage in die Berge. Dort in der reinen, kargen Landschaft konnten wir endlich mal wieder unsere Probleme vergessen und lachten viel, vor allem über unseren Sohn, der mittlerweile anfing zu laufen und lustige Sachen anstellte. Samir befasste sich ausnahmsweise sehr viel mit seinem Sohn und kochte auch wieder für uns. Es war wie früher. Wir gingen Hasen jagen und stellten Fallen für Wachteln auf.
Kaum waren wir jedoch zurück in unserem Camp, war sowohl die schöne Zeit als auch die gerade wiedererlangte Gemeinsamkeit verflogen.

Etwa zwei Monate später stellte ich fest, dass ich wieder schwanger war. Samir freute sich sehr und war für kurze

Zeit ganz der gute Familienvater, aber viel zu schnell gab es wieder Streitereien über seine fehlende Unterstützung. Er war fast nur noch unterwegs und ließ mich tagelang allein, ohne dass ich wusste, wo er war und wann er zurückkommen würde. Für beduinische Frauen war das nach vielen Gesprächen über dieses Thema normal, aber mir machte es mehr und mehr zu schaffen. Ich fühlte mich oft sehr einsam in den Nächten, alleingelassen mit meinen Gedanken. Tagsüber lenkten mich mein Sohn, die wenigen Touristen, meine Arbeit und die Nachbarn ab, aber in den Nächten kamen die Gedanken und die damit verbundenen Sorgen. Doch manchmal, wenn man denkt, es geht kaum schlimmer, setzt das Schicksal noch einen drauf.

Glück im Unglück

»Ein Blick in die Welt beweist, dass Horror
nichts anderes ist als die Realität.«
- Alfred Hitchcock -

Eines Abends kam mein Mann recht verschrammt nach Hause.
»Der Jeep ist Schrott«, erklärte er mir nach einem Begrüßungskuss.
Das erklärte sein Aussehen. Ich wollte mich um seine Wunden kümmern, aber er drehte sich weg.
»Lass das, ich bin ok, ich gehe erst mal duschen.«
Später am Feuer erzählte er mir, er hätte sich mehrfach überschlagen, als er in der Wüste mit zu hoher Geschwindigkeit die Kontrolle über den Wagen verlor. Ich war heilfroh, dass ihm nicht mehr zugestoßen war, aber jetzt waren auch meine letzten Ersparnisse weg und die Lage noch aussichtsloser. Wir müssten wieder einen Wagen von den Nachbarn mieten, um Vorräte einzukaufen, und konnten uns dies kaum noch leisten. Samir wusste auch keinen Ausweg und verschwand am Abend erst einmal wieder.

Ein paar Tage später fragte er mich, ob wir nicht zurück nach Dahab gehen sollten. Er hatte dort am Strand für einen wirklich lächerlichen Preis ein kleines Haus direkt am Strand gekauft; ein echter Glücksgriff. Der Vorbesitzer war in einer sehr schwierigen Lage gewesen und brauchte jedes ägyptische Pfund. Ich schaute es mir an und hielt es für eine gute Alternative, zumal es direkt neben der Tauchschule meiner Freundin lag. In Ras Abu Galum hatten zwischenzeitlich schon einige andere Familien das Handtuch geworfen und waren gegangen. Wir taten es ihnen gleich.

In Dahab war das Leben einfacher und komfortabler. Wir errichteten eine große, runde *Arischa*, die wir aus Palmen bauten. Auf einen dicken Stamm nagelten wir ein Gerüst aus Holzsparren, und obenauf wurden unzählige Palmwedel befestigt. Sie sah klasse aus. Auf der anderen Seite des Vorplatzes stellten wir unser Zelt aus Ras Abu Galum auf. Ich ging in die umliegenden Hotels und bot beduinische Dinner an. Einige Reisegruppen kamen und sicherten uns ein einigermaßen gutes Auskommen. Aber nach wie vor gab es nicht den Touristenboom wie in den Jahren zuvor.

Auch Samir hatte nach einer anfänglichen Euphorie, in der er viel schaffte und mir half, schon bald wieder ein Tief, und ich stand mit den Touristen wie schon oft zuvor allein da. Nur Farruja, eine befreundete Beduinin stand mir bei, wenn sich größere Touristengruppen angekündigt hatten und Samir mal wieder verschwunden war. Ich redete viel mit ihr. Ihrer Meinung nach könne man sich auf Männer nie verlassen, ich solle mir das nicht so zu Herzen nehmen. Wir sprachen auch über die Beleidigungen, die ich immer wieder von Samir zu hören bekam, wenn ich nicht seiner Meinung war. Auch die solle ich ignorieren, gab sie mir als weisen Rat.
Sie sagte: »Mona, du musst das Brett aus deinem Kopf zwischen deinen beiden Ohren nehmen, dann können sol-

che Sätze zum einen Ohr rein und zum anderen Ohr direkt wieder raus. Bei dir bleiben sie in der Mitte stecken und du quälst dich nur. Das bringt dir rein gar nichts. Verlass dich einfach auf dich und auf mich. Ich bin immer da, wenn du die Arbeit allein nicht schaffst.«

Ich war ihr sehr dankbar für ihre Worte und ihre Hilfe, die ich ihr reichlich belohnte, und kam über die Runden. Aber ich war nicht mehr glücklich. Für Ghanem und das heranwachsende Leben in mir wäre jedoch genau das am wichtigsten gewesen. Allzu oft war ich geradezu traurig. Ich liebte meinen Mann nach wie vor sehr und verstand nicht, was ihn von mir wegzog. Immer wieder fragte ich mich, warum er sich veränderte. Ich ging zu seinem großen Bruder Mohammed und fragte ihn, ob Samir ihm irgendwas gesagt hatte oder ob mein Mann vielleicht Probleme hätte. Mohammed fragte mich, warum wir uns streiten würden. Ich sagte ihm, dass ich mich mit der Arbeit alleingelassen fühlte, was er sehr gut verstand. Er versprach mir, mit Samir zu reden. Als ich schon aufbrechen wollte, rief er mich noch mal zu sich. Er druckste ein wenig herum.

»Ich muss dich jetzt was fragen, das dich vielleicht verärgern wird, aber ich möchte euch nur helfen. Verweigerst du Samir manchmal den Sex?«

Ich war sehr erstaunt über diese Frage und wurde rot wie ein glühendes Ofenrohr.

»Ja, das tue ich manchmal, wenn wir uns gestritten hatten, ich kann dann manchmal nicht sofort alles vergessen.«

»Das darfst du nicht tun«, war sein ernst gemeinter Ratschlag, »das können wir Männer nicht vertragen. Strei-

tet ihr nicht an solchen Tagen am Morgen weiter?«
»Ja, das ist so«, gab ich zu.
»Siehst du! Denk einfach mal darüber nach, ob ein wenig Hingabe deinem Ehemann gegenüber nicht einfacher ist, als nicht enden wollende Streitereien. Wir Männer werden viel ruhiger, wenn wir nicht auf Ablehnung stoßen.«

Ich ging sehr nachdenklich nach Hause.
›Du kannst doch nicht nur um des lieben Friedens Willen mit einem Mann schlafen, der dich gerade noch zutiefst beleidigt hat und grundlose Eifersuchtsszenen inszeniert. Der den ganzen Tag schläft und natürlich nachts noch seine volle Kraft hat‹, entrüstete sich der Zorn.
Es stimmte, dadurch, dass ich fast alle Arbeiten allein erledigen musste, war ich abends oft sehr müde.
›Könnte der Bruder recht haben? Vielleicht kommen Samirs Eifersuchtsanfälle aus dem Umstand heraus, dass du dich ihm verweigerst‹, warf die Umsicht ein.
›Aber ob ich so viel Selbstlosigkeit entwickeln kann, weiß ich nicht‹, konsternierte sich der Trotz.
Ich versuchte, meinen Mann in der nächsten Zeit mehr zu umschmeicheln und mehr als lieb zu ihm zu sein, aber meist merkte er es nicht oder hatte selbst keine Lust auf Zärtlichkeiten oder Sex.
›Das war es dann wohl doch nicht‹, sprach die Erkenntnis.
›Aber was ist es dann, was hier gewaltig schief läuft?‹, rätselte der Verstand.
Ich fand einfach keine Lösung. Aber des Rätsels Lösung fand mich.

Ich war endlich wieder einmal bei Jessica gewesen, um ein bisschen auszuspannen. Nach ein paar unbeschwerten Tagen dort, saß ich im Taxi nach Dahab und unterhielt mich mit dem Fahrer.
Er erkundete sich: »Bist du nicht die Frau von Samir?«
»Ja«, antwortete ich freundlich.
»Wie kannst du es dann in deinem Zustand tolerieren, dass er Heroin nimmt?«, fragte er mich, mit einem Blick auf meinen deutlich gewölbten Bauch.
»Samir nimmt Heroin?«, fragte ich vollkommen verblüfft. »Das glaube ich nicht!«
»Es tut mir leid, aber ich weiß es ganz sicher. Wie kannst du das nicht wissen, du bist doch seine Frau?«
Ich war sprachlos und konnte nicht antworten, denn die Gedanken in meinem Kopf überschlugen sich.
›Das erklärt alles!‹, war die spontane Reaktion des Verstandes.
›Ich kann das nicht glauben!‹, meldete sich jedoch sofort der Zweifel und begann am Verstand zu nagen.
›Das ist jetzt selbst mir zu absurd‹, sträubte sich auch die Vorstellungskraft, ›waren wir alle blind und taub, oder war diese Erklärung für seine Auffälligkeiten einfach zu furchtbar?‹
›Furchtbar, ja ganz fürchterlich ist dieser Gedanke!‹, bibberte die Angst und ließ mich am ganzen Körper erzittern.
Ein Schockzustand breitete sich in mir aus. Mir wurde eiskalt, die Gedanken überschlugen sich und waren nicht mehr einzeln vernehmbar. Ich konnte nicht mehr denken und saß den Rest der Fahrt wie versteinert im Taxi. Der

Fahrer sagte etwas. Ich hörte es wie aus weiter Ferne und verstand es nicht, da ich mich nicht auf seine Worte konzentrieren konnte. Mir war nur kalt. Alle Körperfunktionen schienen gelähmt. Die letzte halbe Stunde der Fahrt war eine Tortour. Wir kamen in Dahab an und der Taxifahrer stellte meine Taschen auf den Boden. Wie in Trance stieg ich aus, nahm Ghanem auf den einen Arm, die Tasche über den anderen und ging in unser Haus. Samir war nicht da. Ich setzte Ghanem auf die Matratze, gab ihm etwas zu spielen und setzte mich neben ihn auf das Bett. Noch immer fror ich bitterlich und legte mir eine Decke um. Ungläubig starrte ich an die gegenüberliegende Wand. Ich wollte es nicht glauben, aber diese Erklärung ergab einen Sinn für all die Veränderungen meines Mannes.
Deshalb war mein Mann nur noch unterwegs.
Deshalb hatte er manchmal aus heiterem Himmel viel Geld und dann tagelang wieder gar keins.
Deshalb war er so launisch, nächtelang wach und verschlief die Tage.
Deshalb nahm er uns kaum noch wahr.
Unsere Geschichte, die so märchenhaft begonnen hatte, verwandelte sich in dieser Stunde in einen Horrorfilm, der sich in meinem Kopf in vielen, sehr hässlichen Szenen abzuspielen begann und mich vollkommen aus der Bahn warf. Ich wusste nun gar nicht mehr, wie es weitergehen sollte. Mechanisch kümmerte ich mich um meinen Sohn und war über alle Maßen froh, als er endlich im Bett lag. Ich legte mich neben ihn und eine todeskalte Stille umfing mich. Lautlos rollten mir ohne Unterlass die Tränen aus den

Augen. Ich weinte die ganze Nacht und genauso mechanisch wie der Abend verlaufen war, so mechanisch ging der Morgen weiter. Ich wollte mich um neue Touristengruppen kümmern, unser Haus weiter renovieren, wo noch einiges im Argen war, und Schilder für unsere Beduinendinner malen. Bis zu der schicksalhaften Taxifahrt hatte ich noch hundert Sachen im Kopf gehabt, die ich tun wollte. Nun war ich plötzlich zu nichts von all dem mehr fähig.
Ich machte für Ghanem Frühstück und quälte mir eine Banane in den Magen. Ich durfte jetzt nicht die Kontrolle verlieren. Ich hatte ein Kind unter dem Herzen, und eines saß vergnügt neben mir und aß nichts wissend seinen Haferbrei, den ich ihm gekocht hatte. Nach dem Frühstück ging ich zu Farruja, meiner mittlerweile besten Beduinenfreundin und der einzigen, der ich wirklich vertrauen konnte. Ich berichtete ihr von dem Gespräch mit dem Taxifahrer. Leider bestärkte Farruja mich in der grauenvollen Annahme, dass der Taxifahrer die Wahrheit gesagt hatte. Bis dahin hatte ich noch gehofft, der Mann hatte irgendwas verwechselt oder Gerüchte verstreut. Das war nicht der Fall. Auch zwei von Farrujas Brüdern nahmen dieses Teufelszeug und sie hatte Samir einige Male mit ihnen zusammen gesehen. Dieses Heroin war nach ihrer Ansicht wie eine mörderische Welle über Dahab hereingebrochen. Auch im Dorf seien viele junge Männer diesem widerlich süchtig machenden Gift hörig geworden. Ich hatte von all dem nichts mitbekommen. Farruja war sich mit Samir nicht sicher gewesen und hatte mir daher nicht schon früher ihre Befürchtungen mitgeteilt.

Als ich gegen Mittag zurückkam, war Samir da, lag auf dem Bett und schlief. Ich wurde so zornig, als ich ihn dort liegen sah, dass ich ihn äußerst unsanft weckte und ihm mit Groll in der Stimme sagte, dass ich etwas wichtiges mit ihm zu besprechen hätte. Ich machte Tee und stellte ihn mit etwas Brot an unsere Feuerstelle. Dann brachte ich Ghanem zu Ferruja und bat sie, für eine Stunde auf ihn zu schauen.
Als ich zurück war, hatte Samir gefrühstückt und fragte mich lachend, was es denn so Dringendes zu besprechen gäbe. Dieses von mir so sehr geliebte Lachen kam mir in dem Moment so paradox vor, dass ich meine Haltung verlor und unbewusst in einen verbalen Angriff überging, obwohl ich hatte ruhig bleiben wollen.
»Samir, nimmst du Heroin?«, fragte ich ihn ohne Umschweife und in viel zu aufgeregtem Ton.
Er wurde nervös und das Lachen in seinem Gesicht erstarb augenblicklich.
»Wie kommst du denn auf so einen Unsinn?«, war seine Gegenfrage.
»Samir, lüg mich nicht an! Ich habe es mittlerweile aus mehreren Quellen rauschen hören. Das ist alles schlimm genug, lüg jetzt nicht auch noch. Lass uns ruhig darüber reden.«
Samir wurde zornig, warf das Teeglas aus seiner Hand in den Kies, brüllte mich an, ich wäre verrückt, zog seine Schuhe an und verschwand mit einem lauten Zuknallen der Tür.
Ich kannte meinen Mann gut genug, um zu wissen, dass er log. So reagierte er nur, wenn er in die Ecke gedrängt wurde

und nicht mehr ein noch aus wusste. Ich setzte mich ans Feuer und starrte regungslos in die Flammen. Mir war klar, ich würde nun einige Tage allein mit meinen Sorgen sein. Wenn mein Mann eines konnte, dann vor Problemen flüchten und sich irgendwo verschanzen. Auch Samir kannte mich und wusste, ich war auf dem Laufenden. Er brauchte jetzt ein paar Stunden oder sogar Tage, um zu überlegen, wie er mir wieder unter die Augen treten könnte.
Die Stunden vergingen wie in Zeitlupe. Ich machte, was unbedingt nötig war, aber ohne es wirklich wahrzunehmen. Die Frage: »Was nun?«, stand überall, in allen Räumen und ich stieß mich immer wieder daran. Die Stöße taten sehr weh. Wie konnte mein Mann so unverantwortlich sein? Wir brauchten ihn doch. In zwei Monaten sollte unser zweites Kind zur Welt kommen.
Nachts lag ich wach und weinte viel, hatte dann ein schlechtes Gewissen meinen Kindern gegenüber und war verzweifelt wie nie zuvor. Wie konnte Samir uns das nur antun und wie konnte ich so blind sein, dies nicht erkannt zu haben? Typisch Frau, machte ich mir Vorwürfe, nicht schnell genug erkannt zu haben, warum mein Mann sich so verändert hatte. Jetzt war er schon einige Zeit auf dieser Droge, bei der es täglich schwerer wurde, damit wieder aufzuhören. Hätte ich es doch nur früher gewusst.
Ich überlegte, mit Samir nach Deutschland zu gehen. Aber dafür müsste er bereit sein, mit mir zu reden. Mein Mann war jedoch unendlich stolz. Mir gegenüber diese riesige Schwäche zuzugeben, würde ihn gigantische Überwindung kosten. Ich wusste nicht, wann und ob er überhaupt je dazu

in der Lage sein würde. Inzwischen hatte meine Freundin Nancy im Tauchcenter einen Computer mit Internetzugang und ich ging dorthin, um nach Informationen zu forschen, wie ich mich verhalten sollte. Was ich las, gab mir wenig Hoffnung. Überall stand, dass ein Partner fast nichts tun kann, und der Abhängige meist erst wieder von seiner Sucht loskam, wenn man ihn komplett fallen ließ.
›Ihn fallen lassen? Kannst du das?‹, fragte mich die Zuneigung.
Wie sollte das logistisch zu regeln sein? Ich lebte in Samirs Haus und hatte kein Recht, ihm den Zugang zu verwehren.
›Du solltest dich dringend mit seiner Familie besprechen‹, riet der Verstand.
Vorerst redete ich mit Nancy. Die studierte Psychologin sagte mir das gleiche: Drogenabhängige mussten, der Erfahrung nach, erst ihr gesamtes Umfeld verlieren und ganz am Boden sein, um wieder aufzustehen.
Aber ich konnte mich doch jetzt so kurz vor der Geburt nicht von Samir trennen. Ich würde einige Zeit nicht arbeitsfähig sein. Wie sollten wir uns ernähren? Wie ich es drehte und wendete, alle im Ansatz gut erscheinenden Wege hatten bei genauerem Hinsehen am Ende ein Sackgassenschild. Ich sah keinen weiterführenden Weg und war in meiner Machtlosigkeit gefangen. Wenn ich einen Weg hätte sehen könnten, sei er auch noch so schwer und beladen mit vielen Hindernissen, hätte ich ein Ziel gehabt. Aber im Moment drehte ich mich im Kreis. Ein kaum auszuhaltender Zustand, vor allem, wenn man kurz vor einer Geburt steht. Ich wollte mich auf mein Kind freuen,

aber Freude war ein Gefühl, das gerade so hoch mit Sorgen überschüttet war, dass es nicht an die Oberfläche gelangen konnte.
Samir kam immer mal wieder ins Haus, wechselte seine Sachen und behauptete weiterhin, ich hätte nicht mehr alle Tassen im Schrank und würde anderen mehr glauben als ihm. Er hatte im zweiten Punkt recht. In diesem Fall glaubte ich anderen mehr und gab das auch gerne zu. Wir hatten unmögliche Diskussionen, die zudem vollkommen überflüssig waren, solange Samir nicht ehrlich sein konnte. Er beschimpfte mich, ihm nicht mehr zu vertrauen; wusste nicht mehr, was er da von sich gab und schlug verbal in alle Richtungen, um nicht an den Kern der Sache herangehen zu müssen. Selten blieb er länger als eine halbe Stunde bei uns und Ghanem beachtete er kaum noch. Ich war unglaublich verletzt über sein gesamtes Verhalten, vor allem aber, dass er es nicht wenigstens zugab. Dann hätten wir gemeinsam überlegen können, wie wir die Situation in den Griff bekommen könnten.

Ich sprach mit den Familienmitgliedern, die zum Teil schon wussten, was mit meinem Mann geschehen war. Alle waren unfassbar zornig und enttäuscht. Samir schuf damit nicht nur Probleme für sich, er hatte auch die ganze Familie in schlechtes Licht gestellt. Seine Brüder wollten vorerst nichts mit ihm zu tun haben. Sie waren in ihrer Ehre tief gekränkt und ebenso machtlos wie ich. Auch ihnen gegenüber bestritt mein Mann alle Anschuldigungen und konnte dadurch keinerlei Hilfe erwarten. Ich hätte mir so sehr konstruktivere Gespräche gewünscht, aber alle waren zu

geschockt und verärgert, um irgendetwas tun zu können, was hilfreich gewesen wäre.
Eines Abends klopfte sein Bruder Hamed an die Tür und fragte nach meinem Mann. Ich sagte ihm, er sei nicht da und bat ihn hinein, denn ich sah die Verzweiflung in seinem Gesicht. Wir redeten sehr lange über Samir, und Hamed sagte mir, Samir hätte ihm und gleichzeitig noch zwei anderen den kaputten Jeep verkauft. Alle drei hatten eine Anzahlung geleistet und waren nun sehr aufgebracht. Hamed wollte seinen Bruder zur Rede stellen.
Es wurde immer schlimmer, Samir war bisher stets gradlinig gewesen und hatte nie jemanden bewusst übers Ohr gehauen. Die Sucht nahm ihm diesen Stolz und setzte sich über sein Gewissen. Ich ahnte, dass schlimme Zeiten anbrechen würden - viel schlimmer, als ich bisher befürchtet hatte.

Samir und ich stritten uns im Laufe der Zeit so stark, dass wir uns nur noch aus dem Weg gehen konnten, um dies zu vermeiden. Seine Blicke und der leere Ausdruck seiner ehemals so wunderschönen Augen taten mir weh und ich konnte sie nicht ertragen. Ich versuchte, für meine Kinder stark zu sein, aber ich verlor mehr und mehr an Kraft. Die letzten zwei Wochen vor der Geburt war ich ein in mich gekehrtes Häuflein Elend. Samir bestritt noch immer, Heroin zu nehmen, obwohl ich ihn mittlerweile sogar dabei erwischt hatte. Er wollte mir weiß machen, mit dem Löffel und der Zitrone würden er und seine beiden Freunde Saft machen.
›Für wie naiv hält dieser Idiot dich?‹, fragte sich der

Verstand.
›Das ist das allerletzte Verhalten. Er schaut dich an und lügt dir ins Gesicht!‹, schmetterte der Zorn und warf Blitze, die meine Hände zu Fäusten ballten.
Der Verstand gebot Einhalt: ›Werde ruhig, du bist schwanger. Kümmere dich um euch. Vielleicht musst du bald alles allein schaffen.‹
›Solange er nicht versteht und zugibt, hier einen riesigen Mist zu veranstalten, hast du sowieso keine Chance‹, gab auch die Einsicht zu bedenken.
Ich hörte auf sie, gab die Streitereien auf und redete mit Samir fast gar nicht mehr. Ich musste mich auf die bevorstehende Geburt konzentrieren. Diesmal hatte ich meine Schwiegermutter extra vierzehn Tage vor dem errechneten Termin abholen lassen. Ich wollte sicher sein, diese Mal jemanden an meiner Seite zu haben, dem ich vertrauen konnte. Auch sie wollte den richtigen Zeitpunkt nicht wieder verpassen. Außerdem war es hier in Dahab Anfang Juni deutlich angenehmer als in der Wüste, wo die Temperaturen einem das Leben mühselig machten, selbst wenn man nur das Notwendigste tat. In Dahab konnte sie Oktopus fischen gehen, sich angenehm die Zeit vertreiben und war von ihren häuslichen Pflichten entbunden. Hier kümmerten sich die jüngeren Frauen um alles. Es gab Strom und fließend Wasser. Hadia konnte zur Ruhe kommen und die Tage genießen.
Die ersten Nächte schlief sie bei mir, aber die ständige Klopferei von Samirs »Freunden« an unsere Tür vertrieben sie. Bis drei Uhr früh kamen irgendwelche Gestalten, denen

man den Drogenkonsum deutlich ansah, und fragten nach meinem Mann. Der lag jetzt meistens in dem durch eine Mauer abgetrennten Männerraum und überließ es mir, an die Tür zu gehen. Ich hatte versucht, die Klopferei zu ignorieren, aber diese Typen wussten, wann mein Mann zuhause war, und gaben nicht so schnell auf. Wenn ich also nicht auch noch meine Nerven verlieren wollte, war es besser, einfach aufzumachen. Meine Schwiegermutter beschimpfte die Ruhestörer des Öfteren, aber sie ignorierten alles und jeden. Hadia zog resigniert und ratlos, wie wir alle mittlerweile waren, zu ihrem anderen Sohn, der direkt um die Ecke wohnte. Es war furchtbar mit anzusehen, wie Samirs Mutter unter dem Verhalten ihres Sohnes litt, aber auch ihr gegenüber hielt er seine Lügen nach wie vor aufrecht. Es war für uns alle schwer, an ihn zu glauben, wenn er uns nicht einmal den kleinsten Funken Hoffnung geben wollte, indem er die Wahrheit sagte.

Als die Wehen einsetzten, ging ich gegen Mitternacht zu meiner Schwägerin, bei der meine Schwiegermutter gerade zu Bett gehen wollte. Sie packte schnell ein paar Sachen zusammen und zog wieder zu mir. Nach sieben Stunden Wehen war ich sehr müde. Hadia hatte sich inzwischen hinter mich gesetzt. Wenn die Schmerzen kamen, gingen wir beide in Hockstellung. Sie umfasste mich dann von hinten und drückte mir ihre Knie in den Rücken. Sie richtete mich dadurch kerzengerade auf und gab mir gleichzeitig immensen Halt. Mit ihren Armen übte sie leichten Druck auf meinen Oberbauch aus. Ich erinnere mich gut, welch angenehmes Gefühl es war, zwischen den Wehen an ihren

sehr korpulenten aber unheimlich weichen Körper geschmiegt zu sein. Sie gab mir ein selten dagewesenes Gefühl von inniger Nähe, welches mir wiederum Kraft für die nächste Anstrengung gab. Bei den Presswehen bekam ich erneut enorme Schwierigkeiten. Hadia begann zwischen den Wehen Gebete zu sprechen und jagte mir dadurch Angst ein. Ich fragte sie hechelnd, ob ich sterben müsste.
»Nein, ich bete, dass dein Kind endlich kommt, du bist sehr müde und die Sonne ist schon lange aufgegangen. Press kräftig. Alles wird gut.«
Doch so sehr ich auch presste, immer wieder rutschte der Kopf wieder zurück. Ich wusste, meinem Kind war es durch die früheren Wunden zu eng. Trotz der Gewissheit, gleich zu zerreißen, gab es keinen anderen Ausweg. Ich nahm alle meine Kräfte zusammen und gebar kurze Zeit später einen gesunden Sohn, den Hadia nach ihrem verstorbenen Bruder Salama nannte. Der Name leitet sich aus dem Wort Frieden ab und sagte aus, was ich mir von allen Dingen am sehnlichsten wünschte; in der Welt, in diesem Land und besonders in meinen eigenen vier Wänden.
Ich war sofort mit dem Namen einverstanden. Bei der Nachgeburt gab es Probleme, da sie sich nicht komplett gelöst hatte. Meine Schwiegermutter wusste, was zu tun war. Sie wusch sich gründlich die Hände, desinfizierte sie mit einer Lösung, die meine Mutter mir mitgebracht hatte, und löste die Nachgeburtsrückstände mit der Hand. Sie betonte sehr deutlich, wie gut es war, diesmal anwesend gewesen zu sein. Sie sagte mir, dies hätte bei unerfahrenen Ärzten zu großen Komplikationen führen können. Nun wäre

alles überstanden. Auch ich war sehr froh, dass sie diesmal da gewesen war, und glaubte ihr uneingeschränkt jedes Wort.

Eine Ziege wurde geschlachtet und plötzlich war mein Mann wieder ganz der professionelle Gastgeber. Als die anderen schliefen, kam er zu uns und legte sich zu mir. Er entschuldigte sich immer und immer wieder für sein Verhalten und erkannte, der größte Idiot unter der Sonne zu sein. Er gab auch zu, abhängig und total machtlos gegen diese Sucht zu sein. Er sprach in der kommenden Zeit nächtelang darüber, wie oft er schon versucht hatte, die Finger von dieser Droge zu lassen. Seine Machtlosigkeit trieb ihn in den Wahnsinn und machte ihn schuldbewusst und aggressiv. Auch dafür entschuldigte er sich mehrfach. Er fühlte sich sehr schlecht und war sich durchaus bewusst, wie sehr er mich und seine Familie verletzte und beschämte. Trotzdem oder vielleicht genau deswegen kam er von der Sucht nicht los. Gemeinsam überlegten wir, was wir tun könnten. Wir gingen zu meiner Freundin und hofften, sie hätte eine Idee, wie Samir die Sucht besiegen könnte. Nach dem Gespräch mit Nancy hatte mein Mann neue Zuversicht und schaffte es tatsächlich, der Droge zu entkommen. Er war fast nur noch bei mir, ging kaum noch aus dem Haus und kümmerte sich rührend um Ghanem, der in dem ganzen Trubel der letzten Zeit viel zu kurz gekommen war. Nachts schlief Samir nun wieder neben mir und wir hatten uns endlich wieder etwas zu sagen.

Es gab ein neues Wir. Der kleine Salama hatte Frieden über unser Haus gebracht. Trotzdem nutzte ich die Gelegenheit, als ich Salama bei der deutschen Botschaft in Kairo anmeldete, einen Gesprächstermin mit einem Mitarbeiter des Auswärtigen Amtes zu bekommen. Ich erzählte ihm von der Misere mit meinem Mann und dass ich Angst vor dem hätte, was die Zukunft mir bringen könnte. Es müsste doch irgendeine Möglichkeit geben, wie ich das Land im Notfall mit meinen Kindern verlassen könnte. Er sagte mir, der Botschaft wären in solchen Fällen die Hände gebunden. Samir müsste uns eine Ausreisegenehmigung bei einem Notar erstellen, damit ich mit meinen Kindern auch allein ausreisen dürfte. Mir war klar, mein Mann würde dieses Papier nicht unterschreiben und fragte, ob es nicht noch irgendeine andere Möglichkeit gab. Leider konnte der Beamte mir keine Alternative nennen. Nachdenklich ging ich zurück zur U-Bahn. Salama hatte ich auf den Bauch geschnallt und Ghanem saß in einem Buggy. Kairo war für mich nach wie vor eine furchtbare Stadt. Laut und viel zu überfüllt. So war es auch in der U-Bahnstation. Die Bahn fuhr ein und Menschenmassen drückten sich aus dem Waggon, ein Schieben und Schubsen sondergleichen. Ich spürte eine Hand an meinem Hintern, aber das Gewusel war zu groß, um ausmachen zu können, woher die Hand kam. Der wartende Pulk schob sich vorwärts in die offenen Türen. Niemand nahm Rücksicht auf meine beiden Kinder. Ich ging ein paar Schritte zurück und ließ die schiebenden Personen passieren. Als ich endlich an der Tür angelangt war und die Vorderräder des Buggys sich bereits im Inneren des Wagens befanden, schlossen sich auf einmal mit lautem Hupen die Türen und die Bahn setzte sich in Bewegung. Die

Vorderräder des Kinderwagens klemmten in der Tür fest. Ich zog wie wild an dem Kinderwagen und versuchte ihn zurückzuziehen. Vergebens. Gott sei Dank waren zwei Männer im Inneren des Waggons auf die brenzlige Situation aufmerksam geworden und versuchten, die Türen von innen so weit zu öffnen, dass sich die Räder lösten. Es klappte nicht. Die Bahn wurde schneller und ich lief am Buggy zerrend neben der U-Bahn her. Der Abstand zum Tunneleingang kam unaufhaltsam näher. Salama und Ghanem fingen an zu schreien. Kurz bevor der Zug in den Tunnel verschwand, schafften die beiden Ägypter es, die Türen so weit zu öffnen, dass ich mit einem starken Ruck den Kinderwagen nach draußen bekam. Ich flog mitsamt meinen Kindern rücklings auf den Bahnsteig - in letzter Sekunde, etwa drei Meter vor dem Tunneleingang.
Mein Körper zitterte so stark, dass ich für einen Moment nicht fähig war, mich zu erheben. Einige Wartende hatten den Vorfall miterlebt, aber niemand kam mir zu Hilfe. Ich rappelte mich auf und ging mit wackeligen Beinen nach oben an die frische Luft. Dort brach ich auf dem Bürgersteig weinend zusammen. Nicht auszudenken, was passiert wäre, wenn die beiden Männer die Türsperre nicht mit aller Gewalt außer Kraft gesetzt hätten.
Dazu kam noch die Nachricht, dass ich mich komplett in Samirs Händen befand. Ich war fix und fertig. Ich saß mit meinen Kindern mitten in dieser überfüllten Stadt und war jetzt ungemein froh, dass sich niemand darum scherte, wie ich dort an einer Ecke saß und weinte. Ich hielt meine beiden Kinder fest im Arm und versuchte, sie und mich

wieder zu beruhigen. Es dauerte eine Weile, aber dann erhob ich mich und ging zu Fuß zurück nach Down Town, in den Stadtteil, in dem mein Hotel war. Der lange Fußmarsch tat mir gut. Als ich im Hotel ankam, war ich zwar müde und geschafft, aber wieder Frau meiner Sinne.

Dahab verändert sich

»Ein Leben ohne Freunde ist wie eine
weite Reise ohne Gasthaus.«
- Demokrit -

In den kommenden Monaten verbrachte ich viel Zeit mit Nancy und wurde der Babysitter ihrer kleinen Tochter. Ich nahm gerne jeden zusätzlichen Job an, der sich mir bot, um weniger Zeit zum Nachdenken zu haben. Durch sie hatte ich im Laufe des vergangenen Jahres einige andere europäische Frauen kennengelernt, die sich ebenfalls in Dahab niedergelassen hatten. Bald waren wir eine kleine Gruppe von etwa fünf Frauen geworden, die alle schon Kinder hatten. Wir machten gemeinsame Ausflüge in die Berge oder trafen uns für Unternehmungen mit unseren Kindern. Ich kochte dann für alle, weil ich darin geübt war, auf offenem Feuer für eine ganze Gruppe Essen zuzubereiten. Fast alle hatten wir die gleichen anfänglichen Probleme mit unseren einheimischen Männern, und der Austausch über unsere Schwierigkeiten half uns, die Lage besser zu reflektieren und neue Kraft zu tanken.

In der Zeit, als Samir drogenabhängig wurde, standen mir meine Freundinnen immer bei und hatten ein offenes Ohr für meine Sorgen. Mit ihnen über dieses Dilemma reden zu können, machte die Sache zwar nicht besser, aber wenigstens ertragbarer. Ich bin vielen von ihnen noch heute unendlich dankbar für diesen Beistand.

Die Tage mit den Kindern in den Bergen waren wie Urlaub aus den Sorgen. Wir lachten viel und betrachteten unsere Probleme mit viel schwarzem Humor und Sarkasmus. Eine reine Überlebensstrategie in den dunklen Tagen, die bei den anderen eher gelegentlich auftraten, bei mir leider viel zu häufig.
Es fing schleichend an. Mein Mann blieb zuerst Stunden verschwunden und bald wieder mehrere Tage. Mir war klar, er war wieder dort angekommen, wo er nach der Geburt seines zweiten Sohnes aufgehört hatte. Ich bot ihm erneut meine Hilfe an, aber meist war er für Gespräche nicht offen und hatte selbst auch keine Lösungsvorschläge anzubieten.
Ich resignierte immer mehr und hatte keine Kraft mehr, mir Auswege zu überlegen, die Samir nicht bereit war zu gehen. Diskussionen, ohne ein Ziel vor Augen zu haben, führten ins Nichts oder zu Streitereien, die ihn nur noch tiefer in den Strudel der Drogenabhängigkeit treiben würden. Wenn er mit mir redete, schämte er sich offensichtlich für sich und ging daher lieber der gesamten Misere aus dem Weg. Er wollte mich nicht weiter verletzen und sich ebenso wenig.
Der kurz zurückgekehrte Stolz meines Mannes schrumpfte zusehends sehr schnell und schon bald wurde er wie zuvor launisch und verbal aggressiv.
Eines Abends, als ich wirklich sehr müde war und einfach nur noch schnell die Hausarbeit beenden wollte, machte er es mir mit seiner miesen Laune so schwer, dass ich mich doch auf eine heftige Diskussion einließ, die in einen bitterbösen Streit ausartete. Samir wurde so laut, dass Ghanem wach wurde. Weinend schmiegte der Kleine sich

an mich.
Ich zischte Samir an: »Schau, was du machst! Du machst deine ganze Familie kaputt und bereitest deinen Eltern eine riesige Schande. Deine Mutter liegt so viele Nächte wach und weiß nicht ein noch aus wegen dir, und mir geht es genauso. Geh und lass dir helfen, ich kann dich nicht mehr ertragen. Geh! Geh einfach!«
Samir schaute mich schockiert an. Noch nie hatte ich so resolut mit ihm gesprochen. Er muss mir an meinen Augen angesehen haben, dass ich es ernst meinte. Auf dem Absatz drehte er sich herum und verschwand. Ich nahm den weinenden Ghanem auf den Arm, tröstete ihn und legte mich dann zwischen meine beiden Kinder, die mich wie ein Schild vor der totalen Verzweiflung bewahrten.
Ich sah Samir eine ganze Woche nicht. Einerseits war ich froh, da ich etwas zur Ruhe kam, andererseits hatte ich mit fortschreitender Dauer seines Wegbleibens Angst um ihn. Niemand seiner Freunde hatte ihn gesehen.

Als er dann mitten in der Nacht auftauchte, sah er so mitgenommen und schlecht aus, dass ich ihn kaum noch erkannte. Sein Gesicht war geschwollen und auch seine Gliedmaßen waren ungewöhnlich dick. Ich stand auf und machte uns einen Tee. Schon als er mich begrüßt hatte, hörte ich an den paar Wörtern und dem Ton seiner Stimme, wie schlecht es ihm ging. Ich reichte ihm den Tee und mit schuldbewusstem Ton sagte er: *»Schukran, ja ruhi«*, danke meine Seele.
In dem Blick, den er mir dabei schenkte, lag soviel Liebe und Schmerz, dass es mein Herz zu sprengen drohte.

›Er liebt dich so tief,‹ sprach die Erkenntnis und das Mitleid begann so markerschütternd zu weinen, dass eine Träne bis hinauf in meine Augen gedrückt wurde. Mein Herz schmerzte. Absolute Machtlosigkeit tobte in mir und riss alle anderen Gefühle mit sich. Der Zorn schlug wild um sich, machte rigoros alle und jeden blind verantwortlich, und die Angst bibberte, wodurch ich zittrig und nervös wurde.
›Kannst du dich nicht mal ein wenig zurückhalten!‹, bat sie der Verstand, ›wir müssen in aller Ruhe eine Lösung finden. Dieses Gefühlschaos bringt uns keinen Schritt weiter. Beruhigt euch bitte.‹
Die Hilflosigkeit setzte mit einem langen Seufzer an, um sich doch noch zu Wort zu melden, aber die Vernunft schnitt ihr den Versuch ab. Sie entschloss sich einfach kompromisslos alle anderen Gefühle außer Kraft zu setzen. Dieses rigorose Verhalten trat sehr selten ein, aber es gab Situationen, wo allein sie die Macht übernehmen musste. Sie durfte den anderen Gefühlen jetzt keine Chance einräumen, hier mitzureden. Für den Moment war nur ein klarer und kühler Kopf erforderlich, ohne hitzige Diskussionen im Hintergrund.
»Erzähl mir, wie es dir geht«, forderte ich meinen Mann liebevoll auf.
»Ich fühle mich wie ein Toter«, sagte er, »wie diese Wesen, die nicht sterben und sich von anderen ernähren. Wie die in dem Film, den wir zusammen sahen, wo alle, die gebissen wurden, zu Monstern mutierten.«
»Du meinst die Zombies von Dawn of the dead«, warf ich ein.

»Ja, wie einer dieser Zombies fühle ich mich. Ich kann nur überleben, wenn ich anderen schade. Du, meine Söhne, meine Familie, alle leiden unter mir. Und ich? Was tue ich? Nehme mir jede Nacht vor, mit dem Zeug aufzuhören. Wenn ich dann irgendwann mittags mit Schmerzen erwache, denke ich an nichts anderes mehr als daran, wie ich mir neuen Stoff besorge. Meine Gedanken sind komplett überschüttet mit der Gier nach diesem Teufelszeug. Ich bin nur noch zu gebrauchen, wenn ich bis oben hin zu bin. Dann erscheint es ganz leicht aufzuhören, aber wenn ich davon runterkomme, werde ich wie ein Ertrinkender, der nach Luft schnappt. Dann erkenne ich mich selbst nicht wieder. Kein klarer Gedanke kommt mir mehr in den Sinn.«
Er nahm einen Schluck Tee und sah kurz zu mir hoch. Dann fuhr er fort: »Alles tut mir weh, mein Körper juckt, ich schwitze, dass mir der Schweiß in Strömen läuft und Minuten später ist mir eiskalt. Alles was ich will, ist nur das Eine, dass dieser Zustand aufhört. Ich will da raus. Dieses Zeug wird mich töten ... Aber ich schaffe es nicht.«
Betreten schaute er zu Boden.
»Du hast so viele Gründe, mich anzuklagen. Du gibst dir so viel Mühe, machst hier alles allein, erträgst meine ungerechten Vorwürfe, kommst keine Nacht zum Schlafen, weil diese anderen Idioten genauso irre sind wie ich. Dann hast du noch den Kleinen, der dich immerzu weckt und trotzdem versuchst du noch, mir zu helfen. Und ich? Ich komme mir so schäbig vor und anstatt das alles zu sehen, werde ich zornig auf mich, schiebe es dann irgendwann auf dich, merke dies und werde noch zorniger. Mona, *ja ruhi*, ich weiß

nicht weiter. Wie kannst du mir dies nur alles vergeben? Du müsstest mich hassen.«
»Genau das tue ich manchmal«, gab ich zu, »aber meine Liebe zu dir ist stark. Außerdem weiß ich, die Sucht macht diesen Menschen aus dir. Es ist, als wärest du vom Teufel besessen. Es ist nicht mehr Samir, der hier agiert, du wirst gesteuert von deiner Sucht. Sie tötet deine wahre Identität.«
»Ja, du hast recht, genau so fühle ich mich. Vielleicht sollte ich wieder anfangen zu beten und um Beistand bitten. Ich fühle mich wirklich besessen. Weißt du, es gibt eine Frau aus den Bergen, die kann sehen, wenn jemand vom Teufel besessen ist. Manche Beduinen sind nicht gut und sprechen Flüche gegen andere aus. Vielleicht bin ich von einem Fluch belegt.«
»Dann versuche, zu dieser Frau Kontakt aufzunehmen. Ein Versuch ist es allemal wert. Du kannst nur gewinnen. Verlieren tust du nur, wenn du nichts tust.«
»Das werde ich gleich morgen früh tun.«
Auch ich hatte in dieser schweren Zeit angefangen, regelmäßig zu beten. Wenn man auf muslimische Art betet, sitzt man zwischen den üblichen Rezitationen still da und dankt seinem Gott für alle Dinge, die man hat, und bittet nur um etwas, wenn es einem extrem wichtig erscheint. Ich saß manchmal zehn Minuten in absoluter Stille und in mich versunken. Ich machte mir bildlich bewusst, was ich alles hatte. Das war nicht wenig: Ich hatte genug zu essen, ein Dach über dem Kopf, zwei wundervolle, gesunde Kinder, einen fantastischen Freundeskreis und endlich eine riesige Fa-

milie. Wir waren, bis auf Samir alle gesund, das Wetter war immer traumhaft und die Gegend, in der wir lebten, ebenso. Ich brauchte morgens nur dreimal hinfallen und lag in dem Meer, das mich schon so oft, wenn das Geld knapp war, ernährt hatte ...

Je länger ich saß, desto mehr Dinge und Situationen fielen mir ein, für die ich dankbar sein konnte. Das machte ich fünfmal am Tag und dieses Bewusstwerden, wie reich ich war, half mir ungemein, diese schwere Zeit zu ertragen. Ich machte mir ebenso deutlich, wie viel schlimmer es sein könnte. Meine ehemalige Nachbarin hatte gerade ihr fünfjähriges Kind verloren. Der Vater hatte *Senich*, verdünnte Schwefelsäure, die er für die Behandlung seines Kamels brauchte, das an derselben Krankheit litt wie meines damals, in eine leere Colaflasche umgefüllt und sie in einen Tank gestellt, wo er all seine Kamelutensilien aufbewahrte. Die Kinder hatten beim Spielen diese Flasche entdeckt und da es nicht wirklich wie Cola aussah, jemanden auserkoren, der dies Gebräu probieren sollte. Das Los fiel auf die kleine Aischa. Mutig hatte sie einen kräftigen Schluck genommen. Sie kam sofort in das Krankenhaus nach Sharm El Sheikh. Vier volle Tage hatte sie nur geschrien, aber die Ärzte konnten die entstandenen Schäden nicht mehr behandeln.

Dieser sehr traurige Anlass machte mir wieder einmal ganz deutlich klar, wie schnell ein Leben enden kann und man allein schon für die Gesundheit unendlich dankbar sein sollte, anstatt immer nur zu sehen, was man nicht hat und was gerade falsch läuft. Ich las viel im Koran, auch weil ich diesen benutzte, um mein Arabisch weiter zu verbessern.

Die Suren sind sehr melodisch und man kann sie sich gut einprägen. Ich las sie in Arabisch und später die deutsche Ausgabe zur Übersetzung.

Eines Nachmittags saß ich unter unserer Arischa am Strand, schaukelte den kleinen Salama in den Schlaf und vertiefte mich in die kleineren Suren am Ende des heiligen Buches. Es war drückend heiß und ich war müde von der Hitze. Meine Aufmerksamkeit litt darunter und ich konnte mich nicht richtig konzentrieren. Bis ich zu Sure 113 kam. *»Al Falaq«*, die Morgendämmerung.
Die deutsche Übersetzung ist in etwa so:
Sprich: »Ich nehme meine Zuflucht beim Herrn des Frühlichts
und vor dem Übel der Dunkelheit, wenn sie hereinbricht,
vor dem Übel dessen, was Er erschaffen hat,
und vor dem Übel der Knotenanbläserinnen
und vor dem Übel eines (jeden) Neiders, wenn er neidet.«
Bei der vierten Zeile stellten sich alle meine Haare auf und ein eiskalter Schauer lief mir über den Rücken.
Ich sah ganz deutlich, wie Filmszenen, den Ablauf vor mir, als ich zwei Jahre zuvor, während des Ramadans, den Käse meiner Nachbarin aus dem Regal nahm. Ich erinnerte mich, wie ich mich über die vielen, vielen Knoten geärgert hatte, die so schwer aufzubekommen gewesen waren.
Dieser kalte Schauer und die so plötzlich aufkommenden Bilder schockten mich.
Warum sah ich dieses unbedeutende Ereignis gerade so deutlich vor mir? War es nur eine zufällige Verknüpfung meiner Synapsen, oder sollte ich hier von einer höheren Macht gewarnt werden? Es blieb für immer ein Rätsel.

Ich erzählte Samir von diesem Moment. Es bestärkte ihn in der Annahme, böse Mächte könnten involviert sein.
Samir und ich legten uns nach diesem Gespräch seit langem mal wieder gemeinsam ins Bett. Uns beiden fehlte die Nähe ungemein, aber schon lange hatten wir nicht mehr zusammengefunden. Wir schmiegten uns ganz nah aneinander und gaben uns gegenseitig den Halt, der uns in den vergangenen Wochen und Monaten so sehr gefehlt hatte. Eng umschlungen schliefen wir ein.
Während der Nacht hatte Samir oft stark gezittert und gleichzeitig angefangen zu schwitzen. Sein Zustand beim Erwachen war desolat. Er stand sofort auf und verschwand. Ich wusste, was er suchte, und ließ ihn ohne jegliche Vorwürfe gehen. Ich bat ihn lediglich, nach Sheicha, der Frau, die Flüche lösen konnte, zu fragen. Als er um die Mittagszeit wieder auftauchte, brachte er gute Nachrichten. Sheicha hatte eine Schwester hier in Dahab und wollte diese in den nächsten Tagen besuchen. Die Schwester versprach Samir, ihn sofort zu unterrichten, wenn Sheicha ankommen würde.
So saßen wir einige Tage später in unserem Hof und sprachen mit ihr. Ich hatte sie mir alt und hexenhaft vorgestellt, wurde aber von dem absoluten Gegensatz überrascht. Sie war eine junge Frau Mitte Dreißig und bildschön. Umgeben von einer fantastischen Aura, strömte sie pures Urvertrauen aus. Ihre Stimme war weich, und was sie sagte, war wohl durchdacht. Sowohl Samir als auch ich fühlten uns sehr gut in ihrer Gegenwart und konnten offen mit ihr reden.
Sie bat darum, Kaffee machen zu dürfen. Sie hatte in einer

Tasche kleine Mokkaschalen, in die sie jedem von uns eine Tasse einschenkte. Als wir den kaum trinkbar starken Kaffee getrunken hatten, bat sie uns, die Becher zu schwenken und den darin zurückgebliebenen Kaffeesatz nach unserem Belieben verlaufen zu lassen. Danach nahm sie die Becher zurück und betrachtete jedes für sich eine ganze Weile. Sie sagte uns eine schwere Zeit voraus, die aber überstanden werden könne. Sie nahm sich meine Tasse und betrachtete sie eingehend. Ihr Blick verriet mir mehr als Worte. Es war nicht nur Gutes, was sie dort sah. Doch Sheicha sagte mir, dass ich wundervolle Dinge erleben würde und noch viele Jahre zu leben hatte. Ich solle stark sein und immer auf meine Kräfte vertrauen. In die Tiefe gehende Fragen ließ sie unbeantwortet. Sie gab mir die weise Erklärung, es wäre nicht gut, mehr als nötig zu wissen und war der Meinung, je unbedarfter und positiver ich in die Zukunft blicken und gehen würde, desto besser wäre es für mich.

Sie nahm sich die andere Tasse und studierte deren Inhalt sehr ausgiebig. Sorgenvoll blickte Sheicha meinen Mann an und bestätigte seine Vermutung, gegen ihn sei ein Fluch ausgesprochen worden. Sie bat Samir um sein Kopftuch und eine Haarsträhne, die sie ihm mit einer kleinen mitgebrachten Schere abschnitt. Beim Abschied versprach sie uns, am nächsten Morgen wiederzukommen, um Samir genau zu schildern, wie er den Fluch lösen könnte.

Als sie am folgenden Tag wieder mit uns zusammen saß, erklärte sie meinem Mann, wie er vorzugehen hatte. Er solle dieses Tuch, das sie behandelt hatte, zu jeder Zeit bei sich tragen. Auch nachts solle er es sich irgendwie am

Körper befestigen. Mit seinen Haaren hatte sie zuhause ein Ritual veranstaltet, über das sie sich nicht weiter äußern wollte. Sie übergab Samir eine Mixtur aus Kräutern und sagte ihm, er müsste diese in eine große Schüssel mit Wasser geben, um sich jeden Morgen damit zu übergießen. Diese Schüssel sollte tagsüber vor der Sonne geschützt und nachts unter den Sternenhimmel gestellt werden. Wir sollten gut achtgeben auf diese Mixtur, denn einige Kräuter, die darin enthalten waren, seien sehr schwer zu finden und daher äußerst kostbar. Sieben volle Tage musste die Prozedur durchgeführt werden, sonst würde sie nicht wirken. Sie riet Samir, wieder zu beten und vor allem die kleinen Suren am Schluss des Korans zu rezitieren. Wichtig wäre vor allem die Sure 113, *»Al Falaq«*, die Morgendämmerung.

Wir fragten, was sie für ihre Dienste haben wollte. Sie antwortete, es sei uns überlassen, was wir ihr geben würden. Wenn wir kein Geld hätten, wären Naturalien auch in Ordnung. Samir überreichte ihr einige Scheine und einen Beutel mit getrocknetem Fisch, den uns sein Bruder einige Tage zuvor gegeben hatte. Sie verabschiedete sich mit den besten Wünschen für uns. Zum Abschied schaute sie noch einmal auf Samir und dann auf mich. Ihr Blick irritierte mich sehr, denn ich konnte ihn nicht als hoffnungsvoll, sondern eher als besorgt interpretieren.

Da war sie wieder, diese Sure, die mir schon einige Schauer verursacht hatte. Immer mehr glaubte ich meinem Gefühl, dass Salhas Käse nicht nur Käse war. Mir kam das Bild in den Sinn, als sie meinem Sohn direkt nach der Geburt etwas eingeflüstert hatte. Ich bekam Magenkrämpfe.

Samir tat, was sie ihm gesagt hatte. Jede Nacht stellte er das Wasser hinaus unter den Sternenhimmel. Wenn ich kurz vor Sonnenaufgang betete, stellte ich die Schüssel rechtzeitig zurück ins Dunkle. Wir redeten über die dubiose Nachbarin, die mir damals den Käse aufgedrängt hatte.
»Ich hatte dich vor ihr gewarnt«, sagte er »Diese Frau ist böse.«
»Was ist zwischen dir und ihr vorgefallen?«, bohrte ich.
»Ich glaube, sie war mal verliebt in mich, aber ich mochte sie schon als kleines Mädchen nicht und habe ihr klar gesagt, dass ich sie für eine schlechte Frau halte. Vielleicht hat sie das so geärgert, dass sie einen Fluch über mich legte.«
Ich weiß bis heute nicht, was ich von dieser Geschichte halten soll, aber wann immer ich daran denke und das tue ich auch heute noch manchmal, läuft mir dieser Schauer über den Rücken und mir wird kalt.

Meine Mutter kam zu Besuch. Natürlich belastete auch sie die Situation mit Samir, aber er schien momentan sehr gefestigt. Er war sehr zuvorkommend meiner Mutter gegenüber und unternahm einige Touren mit uns. Zwischen ihm und mir herrschte gerade eine gute Verbindung aus gegenseitigem Verständnis, Gnade und Vertrauen.
Eines abends fuhren wir in eine nah gelegene Oase. Samir kochte uns ein Gericht aus Huhn und ich backte Brot dazu. Meine Mutter behauptete, noch nie so leckeres Huhn gegessen zu haben. Abends saß er mit uns und spielte für meine Mutter und seine Söhne auf seiner selbst gebauten *Simsemia*. Wir waren müde und beschlossen, in der Wüste

zu übernachten. Wir wussten, das war in dieser Oase nicht erlaubt, aber die Beduinen hielten sich selten an die vielen Verbote, die die Ägypter den Einheimischen aufzwingen wollten. Für sie war es ihr Land und da zählten auch nur ihre Gesetze.
Samir fuhr mit unserem gemieteten Fahrer, der uns abholen wollte, zurück nach Dahab und holte Wasser und unsere Decken. Ich erinnerte ihn noch daran, sein Wasser wieder ins Haus zu stellen, da wir bestimmt nicht vor Sonnenaufgang zurück sein würden. Für sein Ritual war der letzte Tag angebrochen. Noch einmal musste Samir sich mit dem energetisch aufgeladenen Wasser am nächsten Morgen übergießen.
Für meine Mutter war dies die erste Nacht in einer Oase und sie war überwältigt von der Stille. Sie hatte auch schon in Ras Abu Galum unter freiem Sternenhimmel übernachtet, aber dort herrschte durch den stetigen Wellengang nicht diese alles einhüllende Ruhe.
»In solch einer Stille werde ich sicher hervorragend schlafen«, waren ihre letzten Worte, nachdem ich ihr eine gute Nacht gewünscht hatte.
Doch man sollte die Nacht nicht vor dem Morgen loben. Weit nach Mitternacht wurde Samir von einem unsanften Tritt in den Rücken geweckt. Sein Aufstöhnen weckte mich und ich schaute in einen Gewehrlauf. Ein paar bewaffnete Ägypter standen uns gegenüber. Einer riss gerade meiner Mutter die Decke weg, die sie sich, um sich vor Moskitos zu schützen, bis über das Gesicht gezogen hatte. Auch sie erwachte mit dem Blick in einen, auf sie gerichteten Ge-

wehrlauf, und der Schock war ihr deutlich anzusehen. Sie wusste nicht, dass man hier nicht übernachten durfte, und dachte, wir würden überfallen werden. Samir schrie die Ägypter an, sie sollen ihre Gewehre senken und seine Schwiegermutter nicht zu Tode erschrecken. Er fragte sie tatsächlich, ob sie verrückt geworden wären. Wie zu erwarten erfolgte auf diese barsche Frage meines Mannes ein lauter Disput, der darin endete, dass wir unsere Sachen packen und den Polizisten folgen mussten. Sie fuhren uns nach Dahab City, von wo aus meine Mutter und ich ein Taxi nach Hause nehmen durften. Meine Mutter erholte sich nur schwer von dem Schock und fühlte sich den ganzen Tag über nicht wohl. Der Schrecken saß ihr tief in den Knochen. Anstatt eine wundervolle Nacht in himmlischer Ruhe zu verbringen, musste meine Mutter eine angsteinflößende Darbietung der Ägypter über ihre Vormachtstellung gegenüber den Beduinen erleben. Wenigstens bekam Samir, der auf der Wache bleiben musste, nur eine Verwarnung und keinen weiteren Ärger.

Als er in unser Haus kam, wollte er sich zuerst mit dem Wasser übergießen und dann beten. Irritiert kam er in den Hof und fragte mich, wieso ich das Wasser ausgeschüttet hätte. Hatte ich aber gar nicht. Ich fragte meine Mutter, und sie erklärte mir, die Wanne benutzt zu haben, um ihre Wäsche durchzuwaschen. Samir und ich schickten zeitgleich einen langen Seufzer in den Himmel und sahen uns ungläubig an. Meine Mutter verstand zwar, dass sie irgendwas falsch gemacht hatte, aber nicht die Tragweite ihrer Handlung. Auch als ich ihr die ganze Geschichte erzählte, ahnte sie nicht, wie sehr sie Samirs Hoffnung ungewollt und unwissend zerstört hatte. Wir könnten doch einfach neues Wasser nehmen, war ihr Vorschlag, denn sie glaubte an solchen »Hokus Pokus« nicht.

Ich hoffte, mein Mann würde nochmals die Kraft aufbringen, Sheicha ausfindig zu machen und die Prozedur von vorn beginnen. Es ging ihm zwar in den letzten Tagen viel besser und aufgrund des Besuches meiner Mutter riss er sich schwer am Riemen, aber er war nach wie vor sehr labil. Im Moment nahm er »nur« Opium, um seine Schmerzen zu lindern und um die Entzugserscheinungen allgemein in den Griff zu bekommen, aber diese Versuche hatten wir schon einige Male durch. Bisher waren sie gescheitert. Samir hielt genau so lange durch, bis meine Mutter wieder abreiste. Am Abend danach kam er nicht nach Hause und auch am nächsten Tag nicht. Als er nach drei Tagen im Haus erschien, brauchte er mir nichts zu sagen. Er entschuldigte sich und ich nahm sein Schuldeingeständnis verzweifelt und traurig zur Kenntnis. Reden mochten wir beide nicht und gingen uns, die alte Strategie benutzend, einige Tage aus dem Weg. Es folgte eine sehr lange Zeit, in der ich viel mit meinen Freundinnen unternahm und meinen Mann kaum zu Gesicht bekam.

Dann bekam ich einen furchtbaren Anruf meiner Schwester. Mein Bruder lag seit einigen Tagen im Koma. Bei dem Versuch, einen Hausbrand zu löschen, den sein Stiefsohn aus Versehen entfacht hatte, erlitt er so starke Verbrennungen, dass man ihn in einer Spezialklinik in ein künstliches Koma versetzt hatte. Es würden Wochen oder Monate vergehen,

in denen er in diesem Koma gehalten werden musste, damit sein Körper die Chance bekam zu heilen. Ich wollte sofort nach Deutschland fliegen, hatte aber kein Geld.
Meine Freunde starteten ohne mein Wissen eine wundervolle Aktion. Sie schrieben einen Brief an alle ihre Freunde. Darin war ein Märchen über die Hexe Heroina, die Monas Mann verführt hatte. Sie baten um eine Spende, damit seine traurige Frau sich von einem Zauberer einen fliegenden Teppich kaufen konnte, der sie zu ihrem kranken Bruder fliegen würde.
Etwa drei Wochen, nachdem ich von dem Unfall meines Bruders gehört hatte, überreichten sie mir diesen Brief mit einem Haufen Geld. Dass handgeschriebene Märchen, das so liebevoll ausgestaltet war, rührte mich zu Tränen und ich wusste nicht mehr, was ich sagen sollte. Ich fiel meinen Freundinnen weinend in die Arme.

Ich buchte sofort einen Flug für mich und meine Söhne. Ich kam bis zum Flughafen. Dort sagte man mir, ich könne ohne ein notarielles Einverständnis meines Mannes das Land nicht verlassen, zumindest nicht mit allen meinen Kindern. Wenn ich mindestens einen meiner Söhne da lassen würde, könnte ich fliegen, bot man mir als Kompromiss an. Ich telefonierte meine ganzen Freunde und die Familie ab. Es war wie verhext, niemand war zu erreichen und die Zeit schritt voran. Ich flehte sie mehrfach an, weinte, tobte und zum Schluss fluchte ich sogar, doch die Beamten blieben unerbittlich. Der Flug wurde aufgerufen und startete ohne mich.
Ich saß mit meinen beiden Kindern im Taxi zurück nach

Dahab und weinte stumm. Der Fahrer wollte mich in ein Gespräch verwickeln, aber ich bat ihn, mich zu verschonen, das er freundlicherweise auch tat.
Jetzt war das Geld verloren, das so liebevoll für uns gesammelt worden war. Ich wurde mir darüber hinaus der Tragweite des eben Geschehenen bewusst. Samir würde mir dieses generelle Einverständnis sicher nie erteilen. Er wollte nicht, dass ich irgendwann einmal vielleicht für immer das Land verließ. Ich konnte ihn verstehen, denn ich hätte auch nie meine Kinder zurücklassen können. Ich sparte für ein neues Ticket. Ich würde Ghanem als »Pfand« für eine Woche bei meiner Schwiegermutter lassen und allein mit Salama fliegen. Geld zu verdienen war immer noch schwierig und die Wochen zogen ins Land, in denen ich mich unsagbar um meinen kranken Bruder sorgte.
Bei einem erneuten Anruf meiner Schwester teilte sie mir mit, dass sich die Ärzte nach nunmehr vier Monaten entschlossen hatten, meinen Bruder aus dem künstlichen Koma zu holen und die Atemgeräte abzuschalten. In zwei Tagen sollte sich entscheiden, ob seine Lungen, die schwere Verletzungen davongetragen hatten, kräftig und geheilt genug sein würden, um ohne Maschinen zu atmen. Dann würde sich auch zeigen, ob das Koma Schäden an seinem Gehirn verursacht hatte.
Ich bat Samir, mir eine Ziege zu besorgen. Ich wollte sie nach beduinischem Brauch, als Opfergabe schlachten und damit um das Leben meines Bruders bitten. Samir war jedoch mittlerweile wieder so tief im Sumpf, dass er selbst dies nicht mehr schaffte. Also besorgte ich die Ziege und

bat unseren Nachbarn, sie für mich zu schlachten. Wie so oft stand mir meine Freundin Farruja bei und half mir. Das Fleisch wollte ich an arme Menschen verteilen und einen Teil in die Moschee geben. Als das Essen fast fertig war, tauchte mein Mann mit einigen seiner üblen Gefährten auf. Sie setzten sich in den Männerraum und wollten bedient werden. Ich war über Samirs fehlende Hilfe so erbost, dass ich sie einfach nicht beachtete und ihnen nicht einmal Tee anbot. Als mein Mann in die Küche kam und verlangte, dass ich Tee machen sollte, weigerte ich mich. Farruja rügte mich, so etwas dürfe ich nicht tun, kochte Tee und brachte ihn den Junkies.

Ich nahm das erste Fleisch aus dem Topf und wickelte große Portionen in dünnes Fladenbrot, das wir frisch gebacken hatten. Die Portionen stapelte ich auf einem übergroßen Teller. Ghanem sollte sie später mit Mohammed, Farrujas Sohn, der ebenfalls half, verteilen. Die erste Portion sollte meine älteste Beduinenfreundin Om Aid bekommen, die alte Dame, die so hingebungsvoll mit ihren Tieren zusammen in einer Hütte lebte. Farruja hatte gerade Reis und Fleisch auf eine Platte gefüllt und das ganze mit Salat garniert, als mein Mann in der Küche erschien.

Ich gab Ghanem die erste Portion in Brot gewickeltes Fleisch und wollte ihn zu Om Aid schicken. Samir nahm es ihm wieder aus der Hand.

Ich war geladen wie ein eben entzündeter Kanonenlauf und entriss ihm das Stück wieder.

»Du hast mir kein bisschen geholfen und willst nun als Erster essen? Vergiss es!«, zischte ich ihn an.

Da ich mich ihm vor anderen Leuten erstens widersetzt und zweitens traditionell unangemessen und unfreundlich geäußert hatte, verlor er komplett die Kontrolle über sich. Wutentbrannt trat er Farruja von unten die volle Platte mit Fleisch und Reis aus der Hand. Das Essen flog in alle Himmelsrichtungen.

»Und du Miststück kannst aus dem Kies fressen!«, schrie er mich an.

Das Fleisch der Ziege lag verdorben im feinen Kies unseres Innenhofes. Reis und Salat klebte an den Wänden. Dass dem kleinen Salama ein Tomatenstück im Gesicht klebte, brachte für mich das Fass zum überlaufen.

Die Kinder sahen mich fragend an. Es war mucksmäuschenstill. Keiner sagte etwas. Hasserfüllt schaute ich meinen Mann an und flüsterte ihm im Vorbeigehen ein: »Du Arschloch!«, ins Ohr.

Ich nahm Ghanem an die Hand und ging mit ihm vor die Tür. Dort drückte ihn kurz liebevoll an mich und gab ihm das in Brot gewickelte Fleisch.

»Papa nicht lieb!«, sagte er betroffen. Mir blutete das Herz.

»Du, der Papa hat ganz dolle Zahnschmerzen und gerade eben tat es ganz besonders weh, da hat er um sich geschlagen«, versuchte ich, ihm diesen Irrsinn zu erklären.

»Erinnerst du dich, als du den Backenzahn bekamst und immer so viel weinen musstest? Papas Schmerzen sind noch sehr viel schlimmer, weil er größer ist als du. Ich schicke ihn jetzt zum Doktor und dann wird alles wieder gut. Geh mit Mohammed und bring Om Aid das Fleisch. Bleibt für ein Weilchen bei ihr und kommt dann wieder.«

Ich gab ihm das Fleisch in seine Patschehändchen und rief Mohammed, den Sohn von Farruja. Gemeinsam marschierten sie los. Als ich wieder ins Haus kam, saß mein Mann seelenruhig im *Magat* und aß mit den anderen Junkies. Ich hätte ihm am liebsten die Augen ausgekratzt, so sauer war ich. Farruja hatte sich schon dran gemacht, das Chaos zu beseitigen. Sie sagte mir, Männer wären dumm.
»Meiner auf jeden Fall«, entgegnete ich resigniert.
»Diese Drogen machen Tiere aus ihnen«, fuhr Farruja fort, »mein Bruder ist auch nicht mehr der Mensch, der er einmal war und mein kleiner Bruder hat nun auch mit diesem Zeug begonnen. Sie haben mich beide schon bestohlen. Ich verstehe das alles nicht, wie kann man so gewissenlos werden?«
Wir sprachen beim Aufräumen noch viel über diese zerstörende Sucht und aßen von den verschonten Resten. Dann wickelten wir das verbliebene Fleisch in die Brote und gaben es einem Neffen meines Mannes, der er es zu einigen Familien und einen Teil in die Moschee brachte.

In der Nacht dachte ich das erste Mal darüber nach, mich von meinem Mann zu trennen. Ich wollte nicht, dass meine Kinder jemals wieder eine solch hässliche Szene mit ansehen mussten. Spät in der Nacht kam Samir in mein Zimmer und wollte mit mir reden. Ich stellte mich tief schlafend, obwohl ich hellwach war. Er rüttelte an meiner Schulter und ich gab ein mürrisch, verschlafenes: »Lass mich bitte in Ruhe!«, von mir. Ich war noch viel zu verwirrt, enttäuscht und sauer auf meinen Mann. Ein Gespräch hätte in lautstarker Streiterei geendet, das war mir so klar wie der

Himmel im Sommer. Ich musste mich erst einmal wieder beruhigen und überlegen, ob ich wirklich noch mit diesem Mann verheiratet sein wollte. Es musste etwas geschehen. Aber es geschah nichts. Jeder Versuch von Samir, der Droge zu entkommen, scheiterte. Wenn wir redeten, gab es immer mal wieder Lösungsansätze. Wir überlegten auch, gemeinsam nach Deutschland zu gehen. Aber alle Vorhaben waren nach spätestens zwei Wochen wieder vergessen oder plötzlich doch nicht mehr gut. Samir schaffte es nicht.

Aber mein Bruder schaffte es. Am Morgen nach der Opfergabe kam der ersehnte Anruf meiner Schwester. Mein Bruder war wach und konnte selbstständig atmen. Ich weinte vor Glück und wollte zu meiner Freundin Om Aid, die über die schrecklichen Vorkommnisse meinen Bruder betreffend Bescheid wusste und große Anteilnahme gezeigt hatte. Auf dem Weg dorthin kam mir ihre Nichte entgegen.
»Om Aid ist tot«, sagte sie.
»Was?«, fragte ich entgeistert, aber bis mir ihre Worte richtig bewusst wurden, war das kleine Mädchen schon um die Häuserecke verschwunden.
Ich ging zu dem Haus von Om Aids Tochter, das direkt vor der Hütte meiner guten Freundin stand. Als ich eintrat, hörte ich schon das Weinen der jungen Frau. Ich setzte mich zu ihr und den anderen, die entweder ebenfalls klagten oder betroffen ins Leere starrten.
»Sie ist komplett verbrannt«, brachte die Tochter unter Tränen hervor und konnte nicht weitersprechen. Ihr Bruder klärte mich auf: »Sie hat sich heute Morgen gewundert, dass unsere Mutter nicht bei den Ziegen war, und diese

immer noch im Stall eingesperrt waren. Als sie die Hütte betrat, fand sie unsere Mutter mitsamt der Matratze komplett verbrannt. Alles andere in der Hütte war verschont geblieben. Wir verstehen alle nicht, wie so etwas passieren konnte.«

Ich war sprachlos. Noch gestern hatte ich kurz bei ihr gesessen und mit ihr über meinen Bruder gesprochen. Jetzt war mein Bruder wieder wach, auf dem Weg zur Besserung und sie tot. Ich hatte die Ziege geopfert und damit um das Leben meines Bruders gebeten und Om Aid das erste Stück Fleisch gegeben. Nun war sie verbrannt.

Ich fühlte mich irgendwie schuldig. Musste sie sterben, damit mein Bruder leben durfte? Einerseits hielt ich diesen Gedankengang für irrsinnig, andererseits beschäftigt mich dieser Zusammenhang bis heute immer wieder.

Ich hatte eine sehr gute Freundin verloren, die ein großes Loch in mein Leben riss. Om Aid war ein bisschen wie meine Oma gewesen. Sie hatte so viel Weisheit besessen und mich immer verstanden. Ich war sehr traurig, denn die Gespräche mit ihr würden ich immens vermissen, und auch ihr ansteckendes Kichern würde mir fehlen. Sie hatte so viel Humor besessen. Om Aid war fünfmal verheiratet gewesen. Wenn jemand wirklich die Probleme verstand, die ich mit meinem Mann hatte, dann war sie es gewesen. Wann immer ich zu ihr kam und mit ihr darüber redete, hatte sie mich mit ihrem Humor bezüglich der Männerwelt wieder aufgeheitert. Sie hatte immer alles so herrlich leicht genommen, obwohl ihr Schicksal alles andere als einfach gewesen war.

Mit ihrem ersten Mann war sie im zarten Alter von vierzehn Jahren vermählt worden. Er hatte sie sehr schlecht behandelt und oft wegen Kleinigkeiten geschlagen. Sie war sehr erleichtert, als er nach einigen Jahren Ehe plötzlich verstarb. Doch nach dem Glauben der Beduinen wurde man im Paradies mit dem ersten Mann wieder zusammengeführt. Ich hoffte für sie, dass ihr dies erspart bleiben würde. Ich wünschte ihr Frieden für ihre Seele.

Salama war mittlerweile fast ein Jahr alt und futterte alles, was er in die Finger bekam. Auf einem Kies- oder Sandboden war das fatal. In den Hochstuhl wollte er nicht mehr und ein Ställchen gab es nicht. So musste ich ihn jede Minute im Auge behalten und war abends oft sehr müde. Samir hatte ich schon einige Tage nicht gesehen. Bei unserem letzten Gespräch ging es um Sex. Ich war nicht mehr bereit, mit ihm zu schlafen, und sagte ihm das auch. Er spritzte sich das Heroin mittlerweile, und das Risiko mir Krankheiten einzufangen war mir zu hoch. Sollte er mal für längere Zeit den Drogen entsagen, würde ich darüber gern wieder mit mir reden lassen.
Ich war zu enttäuscht von ihm, manchmal regelrecht angewidert. Durch die Drogen sah er verkommen und ungesund aus. Oft war sein ganzer Körper dick und aufgedunsen von den Beimischungen, von denen niemand wusste, was sie beinhalteten. Es war mir nach wie vor ein Rätsel, wie jemand tagtäglich sein Leben aufs Spiel setzen konnte, wenn er eine Familie zu versorgen hatte. Außerdem hoffte ich auch, meine permanente sexuelle Verweigerung würde ihn wachrütteln oder dazu bringen, mich zu ver-

lassen. Ich bekam es nicht hin, mich von ihm zu trennen. Zu stark war der Wunsch in mir, meine »heile Familie«, die total erkrankt war, doch noch zu retten. Allerdings hatte dieser Mensch kaum noch Ähnlichkeit mit dem Mann, den ich einmal geheiratet hatte.
Wenn wir uns sahen und doch mal redeten, ging es Samir nur um mein Verhalten. Er sah nicht ein, dass er mit seinem Dasein als Zombie alle Gefühle in mir zunehmend zerstörte. Er versuchte gar nicht mehr, von den Drogen loszukommen, für ihn gehörten sie mittlerweile zu seiner schrecklichen Normalität.
Eines Nachts versuchte er, mich sehr vehement zum Sex zu überreden, aber ich wollte nicht. Er verließ laut fluchend unseren Hof, in dem ich in den Sommermonaten neben den Jungs schlief.
Am nächsten Tag begannen die Vorbereitungen für *Aid al-Adha*, das Opferfest. Zwei Tage zuvor hatte ich mit Farruja und ein paar Mädchen unsere Hände mit Henna bemalt. Die Beduinenfrauen und ich hatten uns neue Kleider genäht und schöne Schuhe gekauft.
Samir war unterwegs gewesen und hatte, als er heimkam, keine Ziege besorgt. Ich schämte mich für ihn. Wir würden die einzige Beduinenfamilie im Dorf sein, bei der es kein Fleisch geben würde. Um dieser Schmach zu entgehen, wollte ich am besten schon früh am ersten Feiertag zu meiner Freundin Sandra gehen, die mich eingeladen hatte. Trotzdem putzte ich am Vortag das Haus auf Hochglanz, fegte alle Wege, kaufte den Jungs neue Kleidung und richtete alles schön her. Schon mittags hatte ich Samir gefragt, ob er

noch Wäsche zu waschen hätte. Er schlief noch halb und verneinte es sehr mürrisch. Am Abend gegen 23 Uhr, als ich total geschafft eingeschlafen war, weckte er mich und wollte, dass ich sein Beduinentuch wusch.

»Samir, ich habe dich heute Morgen gefragt, ob du noch Wäsche hast. Ich habe den ganzen Tag geputzt und gebacken, war mit den Jungs zum Einkleiden und habe auch sonst alle Arbeiten allein erledigt. Ich bin müde und schlafe jetzt. Wasch dein Tuch selbst.«

Er packte mich plötzlich und vollkommen unerwartet bei den Haaren. Wutentbrannt zerrte er mich hoch und schlug mir mit der freien Hand äußerst hart ins Gesicht.

»Du bist meine Frau, du hast zu tun, was ich sage!«, schrie er vollkommen von Sinnen und drückte mich auf die Erde.

Ich riss mich von ihm los. Das kostete mich zwar einen ganzen Büschel Haare, aber ich ließ mich so nicht behandeln und entwickelte Bärenkräfte. Ich erhob mich, trat ihm mit voller Wucht zwischen die Beine und nutzte den Moment, als Samir sich schmerzverzerrt krümmte, das Haus zu verlassen. Wie vom Teufel persönlich gejagt, rannte ich mitten in der Nacht zu seinem großen Bruder. Schnell griff ich über die Holztür und löste das Schloss von innen. Hier schliefen schon alle. Wie bei uns lag seine Frau mit den Kindern in einer Reihe und ihr Mann schlief etwas abseits unter der *Arischa*. Ich weckte Mohammed, der nicht begeistert war, mich zu so später Stunde zu sehen.

Für das Fest morgen würden alle schon vor fünf Uhr aufstehen, zuerst duschen und dann beten. Am Festtag wollten sie besonders gut aussehen und gingen daher zeitig

schlafen.
Mohammed richtete sich auf, schaute mich an und fragte, was geschehen sei. Ich hatte Tränen in den Augen und sicher noch Samirs fünf Finger im Gesicht. Es fühlte sich geschwollen an. Als er meines Zustandes gewahr wurde, war er blitzartig wach.
»*Ja sater!«*, mein Gott! Was ist passiert?«, fragte er mich ein zweites Mal mit deutlicher Anteilnahme im Blick. »War das mein Bruder?«
»Ja!«, erwiderte ich und konnte die Tränen nicht zurückhalten. Schniefend und mit aller Gewalt versuchend, mich in den Griff zu bekommen, schilderte ich ihm, was vorgefallen war. Er rügte mich, dass ich mich falsch verhalten hatte, aber räumte wenigstens ein, dass dies kein Grund gewesen wäre, mich so heftig zu schlagen. Sofort zog er sich an und begleitete mich zu unserem Haus. Samir saß im *Magat*, dem Männerraum, und versuchte, als sein Bruder eintrat, schnell die Drogen zu verbergen, die er sich gerade einverleibt hatte. Mohammed sah jedoch genug. Mein Mann bekam eine Predigt, die sich gewaschen hatte. Wild schimpfend zog mein Schwager ihn unsanft hoch und zerrte ihn mit sich aus dem Haus. Er versprach mir, Samir würde dieses Haus für ein paar Tage nicht betreten. Er schubste ihn vor unser Haus, schloss die Tür und kam noch einmal zu mir zurück. Ich holte auf seine Anweisung einige von Samirs Sachen und gab sie ihm. Die lauten Zurechtweisungen verhallten allmählich, als sie sich gemeinsam von unserem Haus entfernten.
Ich setzte mich ans Feuer, legte ein wenig Reisig auf die

schwelende Glut und entfachte damit einige dickere Äste. Mir war, trotzdem wir schon März hatten und die Nächte warm waren, eiskalt. An Schlaf war nicht mehr zu denken. Meine Wange schmerzte, mein Kiefer auch und ich war wütend und hoffnungslos, wie selten zuvor in meinem Leben. Ich musste mich trennen. Wer einmal zuschlägt, tut es immer wieder. Und Samir unternahm nichts mehr, um die verfahrene Situation zu ändern. Er konnte es nicht. Die Droge hatte ihn völlig vereinnahmt. Ich bat ihn, Sheicha nochmals aufzusuchen, aber auch dafür fehlte ihm die Kraft.

Drei Tage später wurde ein *Magat,* eine Art Familiengericht, einberufen (das Wort Magat hat mehrere Bedeutungen). Samirs drei größeren Brüder, er selbst und ich waren anwesend. Alle redeten auf Samir ein und klagten ihn an. Mein Mann war jedoch so uneinsichtig, dass es darin gipfelte, dass Samir mich hasserfüllt ansah und dreimal laut aussprach: *»Inti tallag, inti tallag, inti tallag!«*, du bist geschieden, du bist geschieden, du bist geschieden. Wir waren alle fassungslos über diese plötzliche Wut, die verbunden mit Resignation und Kälte aus seinen Worten strömte und alle erstarren ließ. Seine Brüder sagten ihm, er sei komplett verrückt geworden und wollten weiter auf ihn einreden. Samir jedoch erhob sich und verschwand mit dem üblichen Zuschmettern unserer Eingangstür.

Licht und Schatten

»In jeder großen Trennung liegt ein Keim von Wahnsinn;
man muss sich hüten, ihn nachdenklich auszubrüten
und zu pflegen.«
- Johann Wolfgang von Goethe -

Ich war in einem Zustand der absoluten Leere, verstand gar nichts mehr. Alle Gedanken überschlugen sich und keiner erschien Sinn zu machen. Ich nahm meine beiden Söhne und ging an den Strand. Am Nachmittag verübte ich alle notwendigen Arbeiten und fühlte gar nichts. Ich weinte nicht einmal mehr, obwohl dies sicher gutgetan hätte. Mein Gehirn kam scheinbar mit dieser plötzlichen Wende nicht so schnell zurecht.

Ich hatte oft darüber nachgedacht, dass es besser wäre, wenn wir uns trennen würden, aber hätte es vorgezogen, dies zu tun, ohne einen so endgültigen Schritt zu gehen.

Eine Freundin kam vorbei und lange redeten wir über die unerwartete Lage. Sie sagte, jetzt sei ich wenigstens die Sorgen um ihn los. Aber stimmte das? Er war weiterhin der Vater meiner Kinder und der Mann gewesen, den ich tief in meinem Inneren über alles liebte.

›Gewesen!‹, ermahnte mich mein Verstand, ›diesen Samir, den es jetzt gibt, liebst du nicht, und den Samir, den du liebst, gibt es nicht mehr. Versteh das jetzt endlich!‹

Ich verstand, sträubte mich nicht mehr dagegen und ließ den Gefühlen der Machtlosigkeit und der Erkenntnis freie Bahn. Mit voller Kraft schossen sie mir in die Tiefen meines

Bewusstseins und lösten eine kaum auszuhaltende Traurigkeit in mir aus. In einer Sturzflut von bitteren Tränen ergoss sich meine Hoffnungslosigkeit.

Am Tag hatte ich mich im Griff, aber in den Nächten zerfraßen mich die Gedanken über meine Situation. Samir kam in den nächsten Wochen manchmal und schaute nach den Jungs. Ich war außerstande, mit ihm zu reden. Schweigend verließ ich das Haus und setzte mich an den Strand, bis er wieder ging.

Mein Traum, eine Familie zu haben, war zerstört. Das, was ich für meine Kinder am allerwichtigsten fand, war zerbrochen. Ich fühlte mich das erste Mal im Sinai allein und vor allem verlassen. Ich hatte diese große Familie und viele Freunde, aber in meiner tiefsten Sehnsucht war ich allein, denn meine eigene kleine Familie war zerfallen. Der Teil, der einer der Hauptstützen hätte sein sollten, war weggebrochen. Ich spürte eine ungeheure Last auf meinen Schultern, in Zukunft alles allein tragen zu müssen. Zwar hatte ich die letzten Jahre ohnehin fast alles ohne Samir gemacht, aber da war noch Hoffnung gewesen, dass er sich vielleicht doch wieder änderte. Diese Hoffnung war gestorben.

Samirs Bruder kam eines Abends in mein Haus und sagte mir, man hätte Samir vor einer Woche verhaftet. Er selbst hätte es auch erst vor einer Stunde erfahren. Ich hatte mich schon gewundert, dass er lange nicht vorbeigekommen war, um nach den Kindern zu sehen, hatte aber angenommen, er wäre in Ras Abu Galum versackt.

Im Moment schien das Glück sich vollends von uns abgewandt zu haben. Ich nahm mir direkt am nächsten

Morgen ein Taxi und fuhr zu ihm. Man ließ mich nach einem nicht geringen *Bagschisch*, Trinkgeld, mit ihm reden. Samir war aus seinem Drogenrausch aufgewacht und sehr klar im Kopf. Er hatte einen kalten Entzug hinter sich, und obwohl es ihm gesundheitlich sehr schlecht ging, war er kognitiv wieder zu sich gekommen.

Wir führten in etwa das gleiche Gespräch wie bei Salamas Geburt. Er bereute zutiefst, sich mir gegenüber so unglaublich kalt verhalten zu haben, und entschuldigte sich mehrfach für die heftige Ohrfeige. Er wollte mich nie bewusst so behandeln, wie er es getan hatte, aber die Drogen hatten ihn fest im Griff und er kaum noch Kontrolle über sein Verhalten. Mit der Scheidung habe er mich eigentlich schützen wollen und dies als einzige Lösung gesehen, mich nicht mehr zu verletzen. Doch ich wäre immer in seinem Herzen: Nachts beim Einschlafen, morgens beim Erwachen, nichts wäre ihm wichtiger gewesen, als die Jungs und ich. Die Sucht sei jedoch stärker, machte alle guten Vorsätze viel zu schnell hinfällig und hatte auch seine Hoffnung, dass er im Stande wäre, wieder für uns zu sorgen, langsam aber letztendlich komplett zunichtegemacht. Er hätte jetzt seit ein paar Tagen wieder einen klaren Kopf und wäre von den Drogen lang genug weg, um klarer zu fühlen und zu realisieren, dass seine Familie das Einzige ist, wofür es sich zu leben lohnt.

Die Hoffnung blühte wieder und er war zuversichtlich, diesmal bestimmt der Droge zu entkommen.

Man hatte ihn zu drei Monaten Haft verurteilt. Den Grund wollte er mir nicht sagen, aber versprach mir, diese Zeit zu

nutzen, um gesund zu werden. Ich fuhr sehr verwirrt nach Hause.
›Jetzt wird alles wieder gut‹, jubilierte die Hoffnung, aber der Zweifel war ungemein stark.
›Du machst dir etwas vor. Jetzt kommt er nicht an Drogen heran, aber sowie er wieder draußen ist, wird sich alles wieder ändern.‹
Der Verstand war auf der Seite des Zweifels, auch er glaubte nicht mehr an eine glückliche Wende.
›Aber ich möchte so gern, dass alles wieder gut wird‹, sagte die Liebe, ›dieser Mann gehört zu uns, deine Kinder brauchen ihn und ich auch, ich möchte wieder erblühen.‹
›Das verstehen wir alle‹, sprach die Vernunft, ›aber du vergisst oft, dich zu schützen, und bringst uns alle in viel größere Gefahren, als du dir vorstellen kannst. Du bist eben eine Gute und siehst das Unvollkommene in den Menschen nicht oder ignorierst es einfach. Hör zur Abwechslung mal auf mich und den berechtigten Zweifel. Wir alle müssen in die gleiche Richtung ziehen, damit du die Stärkste sein kannst.‹

Ich hatte viel Zeit nachzudenken. In eine eindeutige Richtung bewegte ich mich allerdings nicht. Der Zweifel hatte eine ungeheure Kraft entwickelt und wurde vom Verstand nach wie vor unterstützt.
Ich sprach viel mit Nancy und auch sie stand eindeutig mehr auf der Seite des Zweifels. Sie sagte mir, die Erfahrungen mit Heroinabhängigen sprachen eine klare Tendenz. Von hundert Süchtigen schafften es zwei, dem Teufelskreis zu entkommen. Die, die es schafften, waren zuvor meist ganz

unten angekommen. War mein Mann dort schon? Hatte er in den Tagen der Haft eingesehen, dass er alles zerstörte, was ihm heilig war? War dieser Fall schmerzhaft und erweckend genug gewesen? Wenn man doch nur die Gedanken ausschalten könnte.

Mein innerlicher Konflikt zerriss mich in den Wochen der Trennung. Abends, wenn die Kinder schliefen, packte mich das Gedankenkarussell und schleuderte mich am Ende oftmals in ein großes Loch. Ich musste für meine Kinder stark sein, aber es gelang mir nicht wirklich. Ich war müde, unausgeschlafen und drehte mich noch morgens im Kreis. Ich konnte nicht mehr hoffen, hatte das Gefühl, gegen die Vernunft zu arbeiten und mir etwas vorzumachen, wenn ich mir einredete, es würde alles gut werden. Zu oft schon war ich von meinem Mann enttäuscht worden. Zu oft hatte ich sehen müssen, wie mächtig diese Sucht war.

Das Schlimmste an der ganzen Sache war, dass ich rein gar nichts tun konnte. Es lag nicht in meinen Händen.

Ich hatte alles probiert und war mit jeder Idee gescheitert. Ich musste mir eingestehen, ich vermisste Samir und auch Ghanem fragte oft, wann der Papa endlich wiederkommen würde. In solchen Momenten war es eine Qual, mich zu beherrschen. Ich versuchte, mich der Situation anzupassen, es als gegeben und unumgänglich anzunehmen, dass mein Traum einer Familie ausgeträumt war, doch nie war mir etwas so schwergefallen. Es betraf nicht nur mich, sondern auch unsere Kinder. Zu spüren, wie auch der kleine Ghanem unter dem Verlust litt, schnitt tiefe Kerben in mein Herz - immer und immer wieder.

Samir kam überraschend schon zwei Tage früher als erwartet zurück. Mit seinem Bruder Said betrat er grinsend unser Haus. Er nahm mich an die Hand und bat mich, mit in den Männerraum zu kommen. Ich wollte ihnen erst mal Tee machen, aber Samir winkte ab. Er sah gut und sehr erholt aus.
Immer noch grinsend forderte er mich auf, mich ihm gegenüber zu setzen, und gab seinem Bruder sein Beduinentuch. Er nahm meine Hände wieder in seine und Said wickelte das Tuch um die Verbindung unserer Hände. Ich wusste überhaupt nicht, was hier gerade vor sich ging und bekam ein äußerst flaues Gefühl in der Magengegend.
»Samir«, sprach Said, »du hast mich gebeten, dich mit deiner geschiedenen Frau wieder zu vermählen.«
Meine Augen vergrößerten sich um das Doppelte. Instinktiv wollte ich meine Hände zurückziehen, aber Samir verstärkte seinen Griff und Said sprach weiter, ohne den Rückzugsversuch mitbekommen zu haben:
»Ich als dein großer Bruder möchte dich darauf hinweisen, dass dies kein leichtfertiger Schritt sein soll. Du hast in der Vergangenheit großes Unglück über deine und unsere Familie gebracht. Wir hatten ein langes Gespräch und du hast mir versprochen, von nun an ein guter Vater, Sohn, Bruder und Ehemann zu sein. Nun möchte ich zuerst, dass du dieser Frau, der Mutter eurer Kinder, ebenfalls dieses Versprechen gibst.«
»Ich verspreche es!«, sagte er mit diesem Grinsen im Gesicht, das immer wieder heftigste Gefühle in mir auslöste. Ich war so überrumpelt von der Situation, dass ich Samir

nur entgeistert ansah. Wieder grinste er und langsam wurde mir die Tragweite des Gesagten bewusst. Ich wollte wieder meine Hände aus Samirs lösen, als Said seinen Blick auf mich richtete. Ich hielt inne, als er zu sprechen begann:
»*Om Ghanem*«, Mutter von Ghanem, »bist du bereit diesem Trottel sein Fehlverhalten zu verzeihen und ihn wieder zu ehelichen?«
›Ja!‹, schrie die Liebe.
›Tu das ja nicht!‹, der Zweifel.
Ich war nicht fähig, etwas zu sagen. Die Situation und die sich widersprechenden Gefühlen überforderten mich.
»Bitte!«, hörte ich Samir sagen, »Gib mir, uns und unserer Familie eine letzte Chance. Ich werde dieses Zeug nicht mehr anrühren, das schwöre ich dir. Du hast gehört, welches Versprechen ich eben gab. Mir ist in den letzten drei Monaten klar geworden, dass dich und die Jungs endgültig zu verlieren, der größte Verlust meines Lebens wäre. Ich hatte euch verlassen, weil ich von dieser Droge besessen war. Ich werde von nun an nur noch für euch da sein, uns ein gutes Leben aufbauen und meine ganze Kraft in unsere Familie investieren.«
›Das glaubst du doch nicht wirklich‹, sprach der Zweifel. Aber die Liebe setzte sich durch und handelte mal wieder ohne Einverständnis der Vernunft, die lautstark ›Halt!‹ rief, aber nicht erhört wurde. Ich sprach:
»Ja, ich gebe uns eine letzte Chance und hoffe, du bist dir wirklich klar darüber geworden, dass alles wieder kaputt gehen wird, wenn du dieses Teufelszeug wieder in dein Leben lässt.«

Die Vernunft schüttelte resigniert mit dem Kopf und warf dem Zweifel einen vielsagenden Blick zu, der sich vor Unverständnis krümmte und mir ein Ziehen im Magen bescherte.
»Dann erkläre ich euch nun wieder zu Mann und Frau.«
Nachdem sein Bruder das Tuch gelöst hatte, küsste Samir mehrfach meine Hände und dankte mir für mein Vertrauen. Für einen kurzen Moment erwartete ich, gleich aufzuwachen, aber dies war kein Traum gewesen.
Noch vor zehn Minuten wusste ich nicht einmal, dass Samir früher nach Hause kommen würde und jetzt war ich wieder verheiratet. Das Ganze war so schnell vonstattengegangen, dass ich zwischenzeitlich nicht einen einzigen wirklich klaren Gedanken gefasst hatte. Ich hatte mich von der Liebe überrumpeln und mitreißen lassen. Warum war ich so impulsiv, warum hatte die Liebe so viel Macht über mich, dass kein anderes Gefühl auch nur ansatzweise zur Geltung kommen konnte?

Ich ging erst einmal Tee machen. Ich musste aus dem Zimmer raus, ganz schnell. Nachdenklich, hielt ich mich in der Küche am Tisch fest und versuchte, mich zu sammeln. Es gelang nicht. Ich schüttelte den Kopf, nahm den Teepott, befüllte ihn mit Wasser und stellte ihn auf den Kocher. Wieder hielt ich mich am Tisch fest und verharrte in dieser Position. Ein Stimmenwirrwarr sondergleichen spukte in meinem Kopf. Bei erneutem Schütteln fiel dem Verstand auf, dass ich vielleicht das Gas hätte anstellen sollen. Ich tat es.
›Hey Verstand, wo warst du eigentlich gerade? Im

Tiefschlaf?‹ fragte der Zweifel.
›Ich habe doch versucht, erhört zu werden, aber das ging mal wieder alles viel zu schnell. Alle riefen durcheinander und mitten in diesem Wirrwarr hat einfach die Liebe aus ihr gesprochen. Die ist nun mal die Stärkste und Vorlauteste hier.‹
›Wir hätten sie stoppen müssen‹, sprach der Zweifel.
›Haben wir aber nicht und hätten wir auch nicht geschafft. Schaut, wie die Hoffnung sich mit ihr in den Armen liegt! Wie dicke die beiden mal wieder sind‹, stellte der Verstand fest. ›Wenn die beiden zusammen agieren, haben wir alle anderen keine Chance. Das wissen wir doch, wenn wir ehrlich sind. Ob das nun gut ist, weiß im Moment niemand; das kann uns nur die Zukunft zeigen. Da es nun aber so ist, wie es ist, sollten wir hinter ihr stehen.‹
Alle Gefühle lauschten aufmerksam, als der Verstand seine Rede fortsetzte: ›Nur dann gibt es Hoffnung auf ein gutes Ende. Akzeptiert ihre Entscheidung. Zweifel, Argwohn und Skepsis, ihr haltet euch bitte zurück. Wenn das hier gelingen soll, dürft ihr drei uns keine Kraft rauben.‹
Ich hatte diese Entscheidung - wenn auch übereilt - so doch getroffen. Ich liebte Samir. Da war ein ungemein starkes Gefühl von Zusammengehörigkeit, das ich mit aller Kraft festhielt. Vielleicht nur, weil dieses loszulassen noch viel schwerer gewesen wäre.
Als ich den Tee hereinbrachte und Samir ein Glas reichte, grinste er wieder. Ich wusste, so lange ich davor die Augen nicht verschloss, würde ich ihm immer wieder eine Chance geben.

Ich wünschte mir von ganzem Herzen, Samir und ich würden es diesmal schaffen und hoffte, seine Liebe zu mir würde stärker sein als das Verlangen nach der Droge. Gleichzeitig merkte ich, wie sehr ich den Samir, der jetzt dort saß und nicht von der Sucht gejagt wurde, vermisst hatte.
Als Said ging, spielte Samir mit Ghanem und Salama. Salama konnte kaum etwas mit ihm anfangen. Für so einen kleinen Menschen waren drei Monate eine sehr lange Zeit. Er wirkte verstört. Samir ging noch mal fort und kam erst zurück, als die Kinder schliefen. Als er das Haus betrat, kam er zu mir und nahm mich sehr lange in den Arm. Wieder und wieder entschuldigte er sich für sein Verhalten in den letzten Monaten und dafür, dass er uns so im Stich gelassen hatte. Seine Worte wurden von einem tiefen Blick in meine Augen begleitet und ich kannte Samir gut genug, um zu wissen, dass er wirklich wollte, was er sagte. Ob er es schaffen würde, war eine andere Frage. Auch unsere Körper hatten sich sehr vermisst. Wir schliefen in dieser Nacht kaum und Samir verwöhnte mich, wie ich es mir nicht schöner hätte erträumen können. Allerdings war er etwas angesäuert, als ich ihm ein Kondom reichte. Meine geäußerte Vermutung, er hätte sich vielleicht durch die Injektionen etwas zugezogen, empfand er als Vorwurf, aber widerwillig beugte er sich meiner Bedingung. Allerdings hätten wir uns dies auch sparen können, denn das Kondom hielt nicht, was auf der Packung stand.
Am nächsten Tag hatte ich ziemliche Panik und hoffte, dass nichts passiert war. Immer wieder sagte Samir mir in der

kommenden Zeit, wie sehr ich ihm gefehlt hatte und dass er uns nie wieder so enttäuschen würde.
Ich wollte ihm so gerne glauben, aber der Zweifel hörte nicht auf die Anweisungen des Verstandes und warf immer wieder kleine Gedankenpfeile auf die Liebe. Noch konnte sie sich wegdrehen und ducken, aber der Zweifel machte ihr Angst, doch irgendwann wieder ins Ziel zu treffen und das Herz bis ins Innerste zu verletzen.
Mir war klar, dass wir eine Aufgabe brauchten, die Samir voll in Beschlag nehmen würde. Zwar hatte sich die Lage im Tourismusgeschäft leicht erholt, aber leider war es immer noch sehr schwer, genug zu verdienen, um mehr als gerade so über die Runden zu kommen.
Ich hatte circa einmal pro Woche Touristengruppen aus den umliegenden Hotels, aber das reichte bei Weitem nicht, um komplett ausgelastet zu sein. Samir wollte zurück nach Ras Abu Galum gehen. Ich hielt das für eine ganz schlechte Idee. Immerhin hatte dort das ganze Übel begonnen, und Ras Abu Galum war mittlerweile zu einem Junkietreff verkommen. Ein Paar Kilometer hinter unserem Platz, in Richtung Nuweiba, war eine kleine Fischersiedlung, die seit einiger Zeit von Drogenabhängigen in Beschlag genommen worden war. Da das Naturschutzgebiet ein für die ägyptische Polizei schwer zu erreichender Ort war, lungerten dort jetzt alle möglichen zwielichtigen Gestalten herum.
Ich riet Samir davon ab. Allerdings stimmte es auch, dass in Dahab momentan kaum Geschäfte zu machen waren. Mit einem sehr mulmigen Gefühl ließ ich ihn ziehen. Ich wollte nicht zu viele Bedenken äußern, Samir lieber durch mein

Vertrauen Kraft geben und ihm zeigen, dass ich an ihn glaubte.
Am Strand, vor unserem Haus kamen fast täglich Beduinen vorbei, tranken manchmal eine Glas Tee mit mir am Feuer, erzählten Geschichten und brachten oft auch andere Beduinen mit, die die deutsche Beduinin einmal kennenlernen wollten.
Manche überließen mir ihr Beduinenhandwerk. Sie stellten wunderschön gewebte Taschen und Teppiche her. Auch Schmuck, Tücher und Kamelaccessoires gaben sie mir, die ich an den Abenden, wenn ich für die Touristen kochte, in einem Basar ausstellte und für sie verkaufte. Ich spezialisierte mich auf alte B*urgas*. Bei den Beduinen war das ein etwa 20x40 cm breites rotes Tuch, das mit zwei Bändern am Kopf befestigt wurde. Zum Teil waren diese *Burgas* sehr alt und wertvoll, denn die Frauen nähten früher ihren ganzen Reichtum - wenn er nicht in Form von Schmuck getragen wurde - auf diesen Gesichtsschleier. Wenn die Frauen Ziegen verkauft hatten oder anderweitig zu Geld gekommen waren, kauften sie davon Silber in Form ziselierter Plättchen, die sie an die *Burgas* nähten. Auch teure Steine, große Türkise, Bernstein oder Korallenstücke wurden integriert. Manche *Burgas* waren richtige Prachtstücke. Leider trugen die modernen Beduininnen diese Art Schleier nicht mehr. Sie stammten aus der Zeit, als meine Schwiegermutter eine junge Frau gewesen war.
Meine Freundinnen, erwarben einige alte *Burgas*, um sie, gerahmt wie Kunstwerke, in ihre Wohnungen zu hängen.

Die Frauen vertrieben sich gern die Zeit mit kreativen Ideen.

Zeit war etwas, das es im Überfluss gab - Ablenkung dafür um so weniger. Dieses Gefühl, Zeit zu haben, war das größte Glück für mich. Die Stimmung, wenn ich mit den Frauen arbeitend zusammensaß, erinnerte mich immer an die Jahre mit meiner Großmutter, die sehr gerne Handarbeiten verrichtet hatte. Wir saßen damals zusammen in ihrem Wohnzimmer und die monotone Arbeit ließ viel Raum für Geschichten. In diesen Momenten hatte meine Oma immer die Muße, mir all die Fragen zu beantworten, die sich ein Kind sich beim Heranwachsen stellte.
Manchmal ging es bei den Beduinenfrauen an solchen Tagen sehr lustig zu. Je jünger sie waren, desto mehr wurde bei der Arbeit herumgealbert. Die Zeiten hatten sich geändert und auch in Dahab hatte der Fortschritt Einzug gehalten. Man hörte Autos mit lauter Musik vorbeifahren. Manchmal errötete daraufhin das Gesicht eines Mädchens und sie wurde deutlich nervös. Ein Zeichen, dass sie den Fahrer zu kennen glaubte, denn von den jungen Leuten wurde ein bestimmtes Lied als Erkennungsmerkmal ausgesucht. Fuhr der junge Mann dann am Haus des Mädchens vorbei, spielte er dieses Lied in unüberhörbarer Lautstärke und das betreffende Mädchen wusste, dass ihr Auserwählter ihr Aufmerksamkeit schenkte.
In Dahab war es für die Jugendlichen nicht einfach, sich zu treffen. Überall waren wachsame Augen.
In den Bergen war dies einfacher. Doch auch dort machten sich Eltern Gedanken, wenn die Tochter plötzlich freiwillig mit den Ziegen gehen wollte, um diese zu weiden. Oft schickten sie dann einen Bruder hinterher oder gingen

selbst, um sich zu überzeugen, dass ihr Mädchen sich nicht mit einem Jungen traf. Wurde ein Treffen entdeckt, gab es nicht selten einen großen Familienrat und alle überlegten gemeinsam, ob es eine gute Idee wäre, die beiden, die sich gefunden hatten, zu verheiraten. Die meisten Mädchen heirateten im Alter zwischen 16 und 18 Jahren. War ein Mädchen schon über Zwanzig, kam es oft vor, dass die Eltern dann einen passenden Bräutigam suchten.
Da die Mädchen dies wussten, bemühten sie sich lieber vorher, einen passenden Mann zu finden. Familie war den Beduinen etwas sehr Kostbares. Der ganze Clan achtete darauf, dass Regeln eingehalten wurden und es nicht zu einer Schande kam. Eine ungewollte Schwangerschaft war bei den traditionsbewussten Beduinen eine Katastrophe. Abtreibungen nahmen einige erfahrene Heilerinnen vor, aber niemand konnte mir sagen, wie dies vor sich ging, und alle Befragten kannten solche Geschichten angeblich nur als Gerüchte. Ich bekam selten ausführliche Antworten, wenn ich Fragen rund um dieses Thema stellte. Die ungewollt schwanger gewordenen Frauen wurden entweder schnell verheiratet oder mussten es heimlich irgendwo austragen. Manche Babys würden direkt nach der Geburt getötet. Das war eine äußerst schockierende Information für mich, auch wenn man mir beteuerte, dass dies sehr selten vorkommen würde. Manchmal war der rigorose Glaube doch eine sehr barbarische Angelegenheit und verursachte mir Albträume.

Samir schien sich tatsächlich gefangen zu haben. Wir hatten einige wirklich schöne Wochen, in denen er oft in Ras Abu Galum war und dort gute Geschäfte machte. Eines Abends kam ich jedoch in den Männerraum, da ich nicht schlafen konnte, und roch den typisch süßlichen Geruch von Opium. Samir versuchte, sich herauszureden, indem er mir sagte, ein Freund sei gerade da gewesen und hätte etwas geraucht. Erstens hatte ich jedoch niemanden gehen gehört und zweitens verrieten ihn seine Augen. Er hatte Pupillen wie Stecknadelköpfe, dass bei dem schummrigen Licht nur durch Drogenkonsum zu erklären war.

»Könntest du mir wenigstens nicht eiskalt und mitten ins Gesicht lügen? Glaubst du, ich bin dumm oder blind?«, fragte ich ihn verzweifelt.

Da er nicht reagierte, drehte ich mich traurig um, und ging zu meinen Kindern zurück.

Samir kam hinter mir her und wollte sich weiter rechtfertigen. Ich sagte ihm, ich wolle jetzt nicht reden und zog mir die Decke über den Kopf. Schweigend lag ich da, und Tränen rannen aus meinen Augen. Wenn mir jetzt nicht bald etwas einfiel, meinen Mann zu stoppen, würde alles von vorn beginnen. Wieder verbrachte ich eine nahezu schlaflose Nacht und suchte nach einer Idee. Wenn wir doch nur nach Deutschland gehen könnten. Aber Samir bekam keine Papiere, so lange er nicht bei der Armee gewesen war und dort würde ihn nur ein Einsatzkommando hinbekommen. Warum hatten sie ihn bloß nicht direkt nach seiner Verhaftung eingezogen, das wäre für Samir das Beste gewesen.

Am Morgen ging ich mit den Kindern vor unser Haus. Ich hatte am Tage zuvor eine Schaukel gebaut und ließ Ghanem sie ausprobieren. Lachend schaukelte er hin und her und

quietschte vor Vergnügen. Immer wieder sollte ich ihn anschubsen.
Vollkommen unerwartet schrie er plötzlich auf. Ich wusste nicht, was passiert war und nahm ihn auf den Arm.
»Aua, aua!«, schrie er.
»Wo denn, mein Herz?«, fragte ich.
Er deutete auf seinen Schritt. Sofort ging ich mit ihm ins Haus und entkleidete ihn. Auf der linken Seite, zwischen Hoden und Bauchnabel, hatte sich eine große Beule gebildet. Sofort rief ich ein Taxi und fuhr zu unserem Doktor. Der Arzt tippte auf eine Hernie und riet mir, gleich ins Krankenhaus nach Sharm El Sheikh zu fahren, was ich auch tat.
Im Krankenhaus bestätigte sich der Verdacht des Arztes nicht und sie behielten Ghanem dort. Man vermutete einen Abszess. Drei Schwestern versuchten nacheinander vergeblich, eine Vene zu finden, um eine Infusion zu legen. Mein Kind schrie bitterlich. Ich beschwerte mich über die Inkompetenz und verlangte nach einem Arzt. Erst als ich mich vor meinen Sohn stellte und ihnen weitere Versuche strikt verbot, ließen sie von ihm ab. Endlich kam ein Arzt und schickte mich trotz meines Protestes vor die Tür. Keine zwei Minuten später rief er mich wieder hinein, und endlich war die Infusion an ihrem Platz. Ich beruhigte mein Kind und legte mich neben ihn in sein Krankenbett. Salama schlief im Bett nebenan.
Am Morgen um acht Uhr sollte Ghanem operiert werden. Nancy wollte versuchen, Samir zu erreichen, aber fand ihn nicht. Stattdessen kam Samirs großer Bruder Mohammed

und brachte uns etwas zu essen.
Nachdem er gegangen war, legte ich mich wieder neben Ghanem und erzählte ihm Geschichten, sang alle Lieder, die ich kannte und war froh, als er endlich schlafen konnte. Ich hatte kein gutes Gefühl in diesem Krankenhaus und war nervös wie selten zuvor. Auch Salama wurde immer wieder wach. Hin und wieder nickte ich für Minuten ein, wachte aber sofort wieder auf. Gegen vier Uhr morgens erschreckte mich ein furchtbarer Albtraum: Ghanem hatte in unserem alten Haus auf dem Hof gespielt, als eine Schar Hunde aus den Bergen kamen. Ich rief Ghanem noch zu, er solle schnell hereinkommen, aber die Hunde liefen direkt auf ihn zu. Sie packten ihn an allen Gliedmaßen und zerrissen ihn vor meinen Augen.
Mit einem Schrei erwachte ich. Das war mit Abstand der schlimmste Traum, den ich je gehabt hatte. Ich drehte mich zu Ghanem um und bekam einen Schock. Wir lagen in einer riesigen Blutlache. Schnell erkannte ich, woher das viele Blut kam. Der Infusionsschlauch hatte sich gelöst und Ghanems Blut lief ungehindert aus ihm heraus. Schnell verschloss ich den Schlauch wieder und klingelte nach einem Arzt. Die Klingel funktionierte nicht. Hin und hergerissen, ob ich gehen oder bei meinem Sohn bleiben sollte, entschied ich mich, schnell Hilfe zu holen. Aber auf der gesamten Station war niemand zu finden. Ich rannte ein Stockwerk tiefer und fand endlich eine Schwester.
»Ich komme gleich«, sagte sie gelassen und ging mit einem Teeglas in die andere Richtung.
Ich nahm sie am Kittel und wetterte sie an, mir jetzt sofort

zu folgen. Als ich ihr meinen blutigen Arm zeigte, konnte ich sie endlich überzeugen. Mürrisch kam sie hinter mir her. Als sie das Zimmer betrat und meinen Sohn im Blut liegen sah, fluchte sie tatsächlich über das verdreckte Bettzeug. Ich dachte ich höre nicht richtig. Wütend fasste ich sie mit beiden Händen an die Schultern, schaute ihr ernst in die Augen und verlangte auf Englisch sofort nach einem Arzt.
»Bist du keine Beduinin?,« fragte sie mich plötzlich.
»Nein, ich bin Deutsche«, erwiderte ich zornig, »und wenn sie mir jetzt nicht sofort einen Arzt holen, zeige ich sie an.«
Es wirkte. Auf einmal wurde sie sehr freundlich und bewegte sich schnell zur Tür. Zum ersten Mal erlebte ich ganz krass, wie herabwürdigend manche Ägypter die Beduinen behandelten.
Ein paar Minuten später stand ein Arzt im Zimmer und überprüfte die Infusion. Er klebte den Schlauch sicherer an Ghanems Arm und entschuldigte sich bei mir für die Nachlässigkeit. Diese Nachlässigkeit hätte meinem Sohn das Leben kosten können. Wäre ich nicht wach geworden, wäre Ghanem jämmerlich verblutet.
Ich sagte dem Arzt, mein Sohn solle an diesem Morgen operiert werden. Seine Schicht endete um sechs Uhr, daher versprach er mir, mit dem operierenden Arzt zu reden. Ich war der Ansicht, dass sie ihn nach so viel Blutverlust unmöglich operieren könnten. Aber die beiden Ärzte, die am Morgen erschienen, waren anderer Meinung. Pünktlich um acht Uhr kamen sie, um meinen Sohn abzuholen. Ich versuchte, sie zu überzeugen, den Eingriff zu verschieben, aber sie erklärten mir mehrfach, die Operation wäre nur ein

kleiner Eingriff und ich solle mir keine Sorgen machen. In etwa zwanzig Minuten sei alles überstanden. Sie ließen keinen Einwand gelten und schoben ihn in den Operationssaal.

Nach dieser Nacht fiel es mir ungemein schwer, mir keine Sorgen zu machen, und die folgenden Minuten waren die schlimmsten meines Lebens. Nie zuvor hatte ich mich solch einer Angst stellen müssen. Ich lief in dem Vorraum auf und ab wie ein gefangener, wilder Tiger. Ich betete, weinte, betete und weinte in ständigem Wechsel. Ich probierte, mich hinzusetzen, aber meine Unruhe ließ mich nicht los.

Die zwanzig Minuten waren schon lange vergangen. Eine Schwester kam aus dem Raum, lief aber, ohne mir eine Auskunft geben zu wollen, einfach weiter. Meine Nervosität war nicht auszuhalten und die Angst hatte mich komplett im Griff.

Dreißig Minuten waren jetzt um und noch immer blieb die Tür des Operationssaales verschlossen. Mein Blick glitt ständig von der großen Uhr an der Wand zur Tür. Unendlich langsam schritt der Sekundenzeiger voran. Irgendwann realisierte ich, dass mein Kiefer schmerzte, weil ich die ganze Zeit die Zähne aufeinandergebissen und es nicht gemerkt hatte.

Nach fünfzig langen Minuten ging endlich die Tür zum Operationssaal auf und mein Sohn wurde hinausgeschoben. Er war käseweiß. Geschockt rannte ich zu ihm. Ich legte meinen Kopf auf seine Brust und stellte fest, dass er schwach atmete. Wie erleichtert ich war, ist in Worten nicht zu beschreiben.

Einer der Ärzte kam heraus und sagte mir, die Operation sei gut verlaufen, aber der Abszess sei wesentlich größer als erwartet gewesen. Er hatte nach Aussage des Arztes die Größe einer Apfelsine gehabt. Wir mussten noch einen Tag im Krankenhaus bleiben und durften am nächsten wieder nach Hause.

Wie vom Krankenhaus empfohlen, suchten wir zum Wechseln des Verbandes unseren Arzt in Dahab auf. Sehr unsanft riss er das Pflaster von der Bauchdecke. Im Krankenhaus hatten sie ein langes Stück Mullbinde in die Wunde eingeführt, das der Arzt ruppig herauszog. Ghanem schrie ohrenbetäubend und das Schreien meines Sohnes zerschnitt mein Herz. Der Arzt weichte ein neues Stück Verbandsmaterial, das sicher nicht steril war, in Jod ein und drückte es mit einer Pinzette, die auch nicht sehr sauber aussah, wieder in die Wunde. Mir war klar, hier würde ich mit dieser Wunde meines Sohnes nicht mehr auftauchen. Ich ging zu einer Freundin, die Krankenschwester war, und ließ mir erklären, wie ich das selbst machen konnte. Im Grunde war es richtig gewesen, was der Arzt getan hatte, aber sicher wäre es auch gefühlvoller und sauberer gegangen.
In den nächsten Tagen wechselte ich mit sterilen Binden und abgekochter Pinzette die Drainage selbst. Es war sehr schwer für mich, denn natürlich weinte Ghanem auch bei mir, aber wesentlich weniger als bei dem Arzt und langsam verheilte die Wunde.
Mit Samir hatte ich einen fürchterlichen Streit, als ich nach Hause kam. Er war nicht wie erwartet in Ras Abu Galum

gewesen. Sein Bruder, hatte einen Bekannten dorthin geschickt, um meinem Mann Bescheid zu sagen, dass sein Sohn im Krankenhaus lag. Er traf ihn nicht an und auch in Dahab hatte niemand gewusst, wo er sich aufhielt.
Als er dann heimkam, sprach sein Aussehen Bände und ich musste niedergeschlagen feststellen, er war schneller wieder zum Heroin gekommen, als ich befürchtet hatte. Immer, wenn ich ihn am dringendsten benötigte, war dieser Mann verschwunden. Und zu allem Überfluss war er wieder im Drogensumpf gelandet. Ich war unendlich enttäuscht und resignierte in Bezug auf ihn vollkommen.
Als ich abends im Bett lag und über alles nachdachte, fiel mir auf, dass ich meine Regel schon lange nicht bekommen hatte. Schnell stand ich noch mal auf und stellte mich vor den Spiegel. Langsam hob ich mein Shirt an. Obwohl ich Salama noch stillte, war mir in der Hektik der letzten Tage nicht aufgefallen, wie dunkel meine Brustwarzen sich gefärbt hatten. Dies passierte nur, wenn ich schwanger war
›Das darf doch nicht wahr sein!‹, empörte sich die Erkenntnis.
›Ist aber so!‹, stellte die Vernunft schlicht fest.
Mal wieder redeten all meine Gefühle durcheinander und machten sich gegenseitig verantwortlich. An Schlaf war bei diesem nicht enden wollendem Chaos, nicht zu denken.
Früh am Morgen ging ich sofort in die Apotheke, um einen Schwangerschaftstest zu holen.

Meine Vermutung bestätigte sich. Ich war wieder schwanger.
Freude und Verzweiflung stritten sich um die höhere Gel-

tung. Ich liebte Kinder und wollte schon immer einen ganzen Stall davon, aber in der momentanen Situation mit meinem Mann bereitete mir dieser Umstand Kopfzerbrechen. Ich wusste nicht, wie ich alles allein bewerkstelligen sollte. Auf Samir konnte ich mich nicht mehr verlassen, schon lange nicht mehr. Gerade war wieder ein Kampf gegen die Drogensucht verloren gegangen.

Eine Abtreibung war für mich noch nie in Frage gekommen. Ich verurteile niemanden, der dieses Vorgehen wählt, aber ich persönlich hätte mit solch einer Entscheidung nicht leben können. Mir war klar, meinem Gewissen war es unmöglich, so etwas zu verdauen. Es würde so lange und intensiv an mir nagen, bis es mich schließlich innerlich zerfressen hätte.

Ich teilte die Neuigkeit meinem Mann mit. Er freute sich überschwänglich, ohne meine Bedenken, die ich ihm offen mitteilte, auch nur im Geringsten zu verstehen oder unsere Problematik zu sehen.

Stattdessen erzählte er mir, in der Apotheke gäbe es ein neues Medikament, das er sich holen wollte. Damit könnte er die Entzugserscheinungen in den Griff bekommen. Gleich morgen würde er es sich besorgen, um diesmal endgültig von den Drogen loszukommen. Ich war sehr skeptisch, aber natürlich versuchte ich, Samir zu unterstützen, so gut ich konnte. Wirklich nähern konnte ich mich ihm nicht mehr. Seine erneute Rückfälligkeit und dass er mich im Krankenhaus allein gelassen hatte, bildete eine Mauer zwischen uns, die kaum noch zu überwinden war. Ich sagte ihm dies und bekam als Antwort, dass er es diesmal sicher schaffen

würde.
Wieder kam eine Zeit, in der mein Mann mit inneren Dämonen kämpfte. Während der ersten Tage litt er sehr und lag zusammengekauert im Zimmer. Mal schwitzte er, während sein Körper eiskalt war, dann verkroch er sich unter vier bis fünf Wolldecken, weil er vor Kälte zitterte. Oftmals trat er um sich und wälzte sich herum vor Schmerzen. Ständig lief ihm Flüssigkeit aus der Nase und manchmal aus den Mundwinkeln, das sich nach seiner Aussage wie heißes Wasser anfühlte. Seine Eingeweide rebellierten bis zum Äußersten. Er erbrach sich mehrfach und rannte ständig auf die Toilette. Zudem kratzte er sich die Haut blutig. Ich musste dem Ganzen hilflos zuschauen. Oft hatte ich Angst um ihn. Sein Zustand war einige Male so erschreckend, dass ich glaubte, er würde sterben.
Nach etwa einer Woche ging es Samir insoweit besser, dass er keine dieser extremen Entzugserscheinungen mehr hatte. Mit dem Opiat, das er von dem Apotheker bekam, konnte er einigermaßen schmerzfrei über den Tag kommen. Allerdings machte auch dieses Mittel langfristig abhängig, und ich sprach mit ihm über eine Verringerung der Dosierung. Dazu war Samir momentan noch nicht bereit. Nachdem, was ich die letzten Tage gesehen hatte, konnte ich ihn verstehen. Wir mussten uns in Geduld üben. Mittlerweile war ich lang genug mit diesem Thema vertraut, um zu wissen, dass mit Druck gar nichts zu erreichen war. Ich gab ihm Zeit.
Samir war durch das Opiat sehr tranig und hatte immense Schlafprobleme. Entweder schlief er bis zu fünfzehn

Stunden am Stück oder nächtelang überhaupt nicht.
Viele seiner sogenannten Freunde tauchten auf und klopften vehement gegen unsere Tür. Ich war sehr froh, dass Samir und ich uns einig waren und diesmal gemeinsam dafür sorgten, dass sie wieder verschwanden. Ich hielt sie ihm vom Leib, indem ich sagte, er sei nicht da. Einige wussten, dass ich sie anlog, und wollten mit mir diskutieren, aber ich schlug ihnen einfach die Tür vor der Nase zu. Wenn sie so dreist wurden, weiterhin gegen unsere Tür zu hämmern drohte ich, die Polizei zu rufen. Das funktionierte. Sie verschwanden schleunigst und kamen auch nicht wieder.
Samir hatte mir inzwischen einiges über die Strukturen der Abhängigen berichtet: Waffen-, Frauenhandel und Drogenschmuggel; die Abhängigen machten alles, um an Geld zu kommen.
Es gab sogar zwei Beduinen, die sich prostituierten. Das war etwas Unvorstellbares bei diesem stolzen Wüstenvolk mit seinen alten Regeln und Traditionen. Wenn ein Beduine unter normalen Umständen homosexuell war, bewegte er sich im Bereich des Verborgenen. Stillschweigend wurde er von den darum Wissenden toleriert. Die beiden Männer waren jedoch mittlerweile allen bekannt und ihre Familien schämten sich für sie. Solch eine für die Beduinen öffentliche Schande beging in diesem Land nur jemand, der keine andere Wahl mehr hatte.
Obwohl ich wusste, wie schlimm Heroin war, zeigte mir dieses Beispiel ganz besonders deutlich, wie stark diese Droge Menschen im Griff haben konnte. Es war gut, dass

Samir mir von all dem erzählte, denn damit machte er sich einmal mehr bewusst, wie schnell diese Teufelsdroge Menschen dazu brachte, etwas zu tun, das man normalerweise nicht mal im Traum gemacht hätte. Schließlich lebten wir in einem Land, in dem es noch die Todesstrafe gab oder wo man für manche Taten, insbesondere Drogenhandel, bis zu 25 Jahren Haft bekommen konnte.
Samir erzählte mir auch von seiner Zeit im Gefängnis. Man hatte ihn damals mit einer geringen Menge Marihuana erwischt und daraufhin tagelang verhört. Er wurde mit den Füßen an der Decke aufgehängt, während man mit einem Stock und Fäusten auf ihn einschlug und ihn mit Stromschlägen bearbeitete. Sie wussten, dass er heroinabhängig war, und wollten ihn zwingen, gegen andere Beduinen auszusagen. Dies verweigerte mein Mann trotz der Folter. Er machte krumme Geschäfte, aber er hätte nie einen seiner Stammesgenossen ans Messer geliefert. Er hatte noch Glück im Unglück, dass ein Offizier die Folter nach einigen Tagen unterbrach und ihn dem Gericht überstellte, das ihn dann zu drei Monaten Haft verurteilte. Samir sagte, wäre der Offizier nicht im richtigen Moment gekommen, hätten sie ihn sicher noch Tage lang gequält. Ich war hin- und hergerissen, ihn zu fragen, ob man ihn auch sexuell missbraucht hatte, aber ich traute mich nicht. Selbst wenn ich gefragt hätte, wäre die Wahrheit nicht ans Licht gekommen. Aber ich vermutete oder hoffte, dass er wenigstens um diese letzte Erniedrigung herum gekommen war. Jedoch hatte mein Mann seit der Zeit im Gefängnis eine noch viel geringere Reizschwelle.

Samir war dankbar für dieses Gespräch und dass er sich den ganzen Ballast endlich einmal von der Seele reden konnte. Es hatte ihn sehr viel Überwindung gekostet, mir das alles zu sagen, aber er fühlte sich danach deutlich erleichtert.
Ich verstand immer mehr, in welch einem Land ich mich hier befand, wie arglos ich gewesen war, als ich damals hier her reiste und von der ganzen Idylle so magisch angezogen war. Ich verstand die Sprache noch nicht und nach außen schien es eine heile Welt zu sein. Das ewige freundliche Lächeln und offene Lachen der Menschen hatte alle unschönen Dinge überdeckt. Nun bin ich aber auch eine Person, die gern nur das Schöne sieht, vor allem wenn es so eine bezaubernde Fassade hat. Mittlerweile guckte ich jedoch immer mehr hinter die Kulissen und wurde mir zunehmend bewusst, dass in diesem Land einiges im Argen war.
Solange man unter sich war, und die ägyptische Regierung einen in Ruhe ließ, war alles innerhalb der Stämme zu regeln. Aber Samir hatte uns in große Schwierigkeiten gebracht und ich fürchtete mehr und mehr um die Zukunft meiner Kinder. Ich bat Samir mehrfach, doch bitte mit mir zum Notar zu gehen, um mir sein Einverständnis zu geben, dass ich mit den Jungs das Land verlassen durfte. Aber das einzige Mal, als er dies tatsächlich in Betracht zog, verschob er es tagelang immer wieder, bis er es am Ende wieder kategorisch ablehnte. Er hatte Angst, ich würde vielleicht nicht zurückkommen und die Vorstellung, seine Kinder für Jahre nicht zu sehen, war zu furchtbar für ihn. Ich konnte seine Angst nachvollziehen, denn das war auch für mich

eine undenkbare Vorstellung, solange meine Kinder nicht erwachsen waren.
»Und was soll ich machen, wenn sie dich wieder inhaftieren oder dir etwas zustößt?«, fragte ich ihn verzweifelt.
»Dann wird sich meine Familie um dich und die Kinder kümmern.«
Seine großen Brüder aber hatten selbst Familie und sehr viele Kinder. Ich war der Ansicht, dass sie sich schon um diese nicht ausreichend kümmern konnten. Alle hatten genug zum Leben, aber ich musste feststellen, dass meine Ansprüche gewachsen waren, seit ich Kinder hatte. Ich wollte, dass es meinen Kindern an nichts fehlte und dazu brauchte man auch hier Geld.
Schon seit einiger Zeit sprachen meine Freundinnen und ich davon, für unsere Kinder einen Kindergarten aufzubauen. Hinzu kam, dass ich Deutschland mehr und mehr vermisste und gerne abwechselnd mit zweien meiner Kinder dort hingeflogen wäre. Da ich nun wieder viel mit den Europäern unternahm, hätte ich gern bessere Kleidung für die Jungs gehabt. Bei den Beduinen war es normal, wenn Löcher in den Hosen waren oder nicht mehr zu entfernende Teeflecken auf den Shirts. Bei meinen europäischen Freunden hingegen löste es Kritik aus.
Ich hatte durch die harte Zeit viel meines Selbstwertgefühls und meines Stolzes verloren und konnte über solche Mängel nicht mehr leicht hinwegsehen. Immer mehr Zweifel plagten mich, wo ich stand. Bisher hatte ich mich in beiden Welten wohlgefühlt und sie vereinbaren können. Etwas Grundlegendes hatte sich verändert. Vielleicht war es

schlicht die Tatsache, dass meine Familie im Zerfall war. Das nahm mir mein Fundament, auf das ich die letzten Jahre gebaut hatte und das mein Halt gewesen war.

Ghanem und Salama entwickelten sich prächtig. Wenn sie eingeschlafen waren, saß ich abends am Strand und malte ein Vorschulheft für den kleinen Ghanem. Besuch aus Deutschland bekam ich selten in diesen Zeiten des Terrors, und wenn ich wollte, dass mein Sohn wie in Deutschland langsam Farben, Formen, Buchstaben und Zahlen lernte, musste ich mir selbst etwas einfallen lassen. Meine künstlerische Begabung half mir dabei, ein Schulheft mit einfachen Übungen liebevoll zu gestalten. Ich malte einige Labyrinthe, Suchrätsel, Zahlen und Buchstaben zum Nachzeichnen und hatte eine Menge Spaß, mir immer neue Aufgaben auszudenken, die Ghanem schulen würden. Es war schön, dass die hiesigen Lebensverhältnisse mir für so etwas Zeit ließen. Allerdings stand die Zeit, wie lange ich an einer Seite saß und wie schnell Ghanem diese löste, in einem sehr unausgewogenen Verhältnis. Trotzdem machte ich weiter, da ich wusste etwas wirklich Wichtiges zu tun und war dankbar, dass mich das Malen und Zeichnen davon abhielt über meine Situation nachdenken zu müssen.
Drei Monate vor der Entbindung meines dritten Kindes, wurden die Kindergartenpläne konkret. Wir hatten eine Ägypterin kennengelernt, die von unserer Idee hellauf begeistert war und die nötigen Räumlichkeiten zur Verfügung stellte. Um die Gebühren, die recht hoch waren zu begleichen, wollte ich dort als Kindergärtnerin arbeiten. So besserte sich meine finanzielle Situation zwar nicht, aber

meine Kinder konnten mit anderen Kindern tolle Projekte entdecken und erste Strukturen erlernen, die es bei den Beduinen kaum gab.
In einer gemeinsamen Aktion begannen wir den Kindergarten herzurichten. Einige Eltern spendeten Mobiliar und Spielzeug. Mido, ein begnadeter Comicstyle-Maler, und ich machte uns an die künstlerische Gestaltung der Innen- und Außenräume. Tagelang waren wir damit beschäftigt, Unterwasser- und Kinderwelten an die noch weißen Wände zu pinseln. Es war eine fantastische Atmosphäre, in der alle Hand in Hand arbeiteten. Innerhalb kürzester Zeit entstand ein Platz aus dem Nichts, an dem unsere Kinder sich vom ersten Moment an wohlfühlten.
In den letzten Jahren hatten sich immer mehr Ausländer im Sinai niedergelassen und ich war sehr erstaunt, wie viele Mischlingskinder es in Dahab inzwischen gab. Kaum waren die Arbeiten im Kindergarten beendet, wuchsen in unseren Gedanken die Pläne für eine Schule. In langen Sitzungen und Gesprächen entstanden fruchtbare Ideen.
Meinem Mann gefiel es nicht, dass ich neuerdings so viel mit den Ausländern zusammensaß. Er sah, wie ich mich wieder mehr zu meiner alten Kultur hinwandte. Ich sollte öfter zuhause bleiben, anstatt in einem internationalen Kindergarten zu arbeiten. Ihm wäre es lieber gewesen, seine Söhne so wie alle Beduinenkinder aufwachsen zu sehen. Für einen Kindergarten so viel Zeit und Geld zu investieren, war für ihn unverständlich. Außerdem wollte er nicht, dass ich bei Ägyptern arbeitete. Dass ich trotz seiner Anweisung so auf meiner Ansicht beharrte, machte ihn

wütend. Meine Entwicklung und die immer wieder gestellte Bitte, mit mir zum Notar zu gehen, verstärkten seine Zweifel an mir. Seine Bedenken waren nicht unberechtigt, denn seit einiger Zeit stand ich wieder verstärkt mit der Botschaft in Kontakt und versuchte, einen Weg zu finden, wie ich mit meinen Kindern das Land verlassen könnte, falls Samir wieder komplett abstürzen würde. Der letzte Entzug war erschreckend gewesen. Der Schlag ins Gesicht war, wenn auch halbwegs vergeben, so doch noch lange nicht vergessen, und die Ängste und Zweifel bahnten sich immer wieder ihren Weg an die Oberfläche. Leider war die Situation bei der Botschaft unverändert. Man konnte mir dort nicht helfen.

Samir nahm zwar schon lange Zeit kein Heroin mehr, aber war jetzt von dem Opiat aus der Apotheke abhängig, was auch nicht viel besser war. Er schlief eigentlich nur und war meist sehr schlecht gelaunt. Die täglichen Arbeiten verrichtete ich fast immer allein und auch um seine Kinder kümmerte sich Samir kaum. Das alte Prozedere - ich distanzierte mich von ihm und die Mauer zwischen uns wuchs wieder.

Mittlerweile hochschwanger war ich selbst oft müde und wie mein Mann mit einer geringeren Toleranzgrenze ausgestattet.

Es war besser, wir gingen uns aus dem Weg.

Kurz vor dem Geburtstermin war ich mir nicht sicher, ob Samir nicht doch wieder Heroin nahm. Ich fragte ihn ein paarmal, aber er bestritt es. Ich glaubte ihm nicht, aber wollte es auch nicht wirklich wissen. Ich war zu sehr mit

meinen Kindern und der bevorstehenden Geburt beschäftigt. Ich musste uns schützen und brauchte keine zu nichts führende Eskalation in meinen vier Wänden. Zudem war ich mit der Arbeit im Kindergarten, die ich nur noch stundenweise ausübte und der Renovierung meines Schlafzimmers voll ausgelastet.
Der immer wieder aufkommende Nestbautrieb hatte mich veranlasst, wenigstens ein Zimmer von Grund auf neu zu gestalten. Ich hatte in eine Ecke des Zimmers ein Rechteck aus Zementblöcken gemauert und dieses mit Sand ausfüllen lassen. Während ich das Mauern von den drei Steine hohen Reihen noch selbst übernommen hatte, überließ ich das Ausfüllen und Betonieren der Oberfläche zwei *Saidis*, Ägyptern aus dem Gebiet um Luxor. Es entstand eine vier Quadratmeter große Liegewiese für uns. Der letzte Winter war bitterkalt gewesen, und ich hatte oft in diesem Zimmer geschlafen. In Zukunft würden wir dort auf viel Platz und nicht mehr ebenerdig liegen. Das war wieder ein sehr kleiner, aber sichtbarer Schritt in die Richtung meiner Kultur.
Die beiden *Saidi*-Brüder waren sehr lustige Zeitgenossen, aber anstatt sich mal an unseren Arbeiten zu beteiligten, unterstellte mir mein Mann, mit diesen Männern zu flirten. Wir hatten wieder eine Zeit, in der er mich nur noch nervte. Ich ging auf keine seiner Unterstellungen ein und ließ auch keine zu nichts führenden Diskussionen mehr zu. Ich hatte genug Distanz aufgebaut, dass mich solch infame Unterstellungen nicht mehr reizten.
Eines Abends fragte ich ihn sogar, ob er nicht vielleicht eine

andere Beduinin als Zweitfrau heiraten wollte. Ich hatte aufgegeben zu hoffen, dass Samir noch jemals für mich und die Jungs da sein würde und hatte immer weniger Lust, für ihn alltäglich anfallende Arbeiten zu erledigen. Mir ging es wesentlich besser, wenn er nicht im Haus war. Er war verblüfft über diesen Vorschlag und glaubte, ich würde ihn nicht mehr lieben.

»Nein, so einfach ist es nicht«, erklärte ich ihm, »aber den Samir, den du seit deiner Abhängigkeit verkörperst, liebe ich nicht.«

Dass ich inzwischen auch nicht mehr an ihn glaubte, sagte ich ihm nicht.

Langsam drohte mein Bauch zu platzen. Meine Schwiegermutter kam kurz vor der Geburt und ich hatte lange Gespräche mit ihr. Auch sie glaubte kaum noch daran, dass ihr Sohn wieder der Alte werden würde, und verstand meine Distanz zu ihm. Ich sprach mit ihr auch über eine eventuelle Scheidung, die sie zwar nicht für gut befand, aber tolerieren würde. Es tat mir gut, Rückendeckung von einer für mich wichtigen und sehr weisen Frau zu erhalten.

Die Geburt verlief ohne Komplikationen und ich bekam meinen dritten Sohn. Meine Schwiegermutter nannte ihn nach ihrem Bruder, Soliman. Es ist der arabische Name des Königs Salomon.

Ich war am Anfang dieser Schwangerschaft so verzweifelt gewesen, aber Soliman war ein Kämpfer seit seiner Zeugung. Er sollte geboren werden. Das war mir schon in der Schwangerschaft klar geworden. Als er sich so problemlos ans Licht der Welt schob und das erste Mal schrie, wusste ich, einen wahren Kämpfer in den Armen zu halten. In den kommenden Jahren bewies er mir dies immer wieder.

Samir zeigte abermals einige Tage danach Präsenz und bemühte sich, den guten Herren des Hauses zu spielen. Ich war ihm dankbar, dass er es wenigstens diesmal schaffte, da zu sein, aber es änderte nichts an meiner Resignation ihm gegenüber.

Als unser Haus wieder in den Normalzustand überging und nicht jeden Tag Besucher kamen, sah ich meinen Mann immer seltener. Wenn er kam, sah er furchtbar aus, und obwohl er immer noch bestritt, wieder Heroin zu nehmen, wusste ich inzwischen genau, dass er mich belog. Ich redete nicht mehr mit ihm darüber, sondern zeigte ihm die Konsequenzen auf, die ich ziehen würde. Er hatte in den letzten Wochen alles verkauft, das er in der Zeit, als es ihm einigermaßen gut gegangen war, angeschafft hatte.

»Samir«, sprach ich ihn eines abends ernst an, »wenn du den Teppich unter unseren Füßen verkaufst, bin ich weg. Merkst du es nicht, dass du uns alle zerstörst mit deiner Sucht? Ich kann bald nicht mehr. So oft komme ich zu euch in den Raum und ihr liegt da wie Leichen. Was soll ich tun, wenn du oder einer von deinen Kumpanen irgendwann hier tot im *Magat* liegt? Denkst du, das geht alles an mir vorbei? Dein Sohn ist jetzt bald soweit, um zu verstehen, dass sein Vater anders ist als andere und sich nicht um ihn kümmert. Willst du, dass er dich tagein-tagaus in diesem Zustand sieht und so aufwächst?«

Er zeigte keine Regung oder Ansätze einer Antwort.

»Samir, ich will nicht mehr. Ich bin kurz davor, hier auszuziehen. Ich werde auf keinen Fall zulassen, dass deine Söhne dich tagtäglich so sehen müssen. Entweder du änderst dich oder ich muss etwas verändern. Wenn du so weitermachst und irgendwann vielleicht sogar verhaftet wirst und mich mit den Kids hier ganz allein lässt, bleibe ich nicht länger bei dir. Wir leiden jetzt schon alle unter deinem Verhalten. Wenn du noch diese zusätzliche Schmach über uns bringst, sind wir weg. Wenn du mich auch nicht nach Deutschland gehen lässt, so werde ich mir doch ein anderes Zuhause suchen. Ich bin keine unselbstständige Beduinin, die einen Mann braucht, ich komme auch allein klar. Von dir kann man schon lange nichts mehr erwarten. Das sehen auch deine Brüder und deine Eltern so.«
Samir ließ mich wie vor eine Wand reden, nahm es unkommentiert zur Kenntnis und verschwand. Ebenso hätte ich mit Ghanems Stofftier reden können. An meinem Mann prallte alles ab. Er hatte aufgegeben, mir etwas vormachen zu wollen, und frönte seiner Sucht in vollen Zügen. Seine Freunde gingen Tag und Nacht ein und aus und manchen Morgen lagen sie so verkrümmt im Männerraum, dass ich all zu oft befürchtete, sie wären tot. Ich ging Samir, so weit es ging, aus dem Weg, und wir lebten ohne großen Kontakt nebeneinander her. Alles war schon oft genug diskutiert worden und niemandem kamen mehr neue Ideen.
Tatsächlich verkaufte Samir einige Wochen später den Teppich aus dem Männerzimmer. Ich weiß gar nicht genau, warum mir dies so bedeutend war. Vielleicht suchte ich nur einen Grund für den Absprung. Heute weiß ich, dass es mir

vor allem ganz klar gemacht hat, das dieser Mann uns im wahrsten Sinne des Wortes den Teppichboden unter den Füßen wegnahm.
Als er wiederkam, sagte ich ihm, dass wir von meiner Seite aus nun geschiedene Leute waren.
Ich sprach mit der Familie und die Brüder willigten ein, meinen Entschluss zu akzeptieren. Samirs großer Bruder untersagte ihm, mein Schlafzimmer zu betreten, und ermahnte ihn, mir keine Schwierigkeiten zu machen. Der Männerraum war durch eine Mauer mit Tür separiert. Diese Tür durfte er nur noch mit meinem Einverständnis durchlaufen. Ich hatte mich mit der Familie geeinigt, dass ich Samir noch ein halbes Jahr geben würde, in dem er eine letzte Chance bekommen sollte, von den Drogen loszukommen.
›Die wievielte letzte Chance ist das eigentlich?‹, fragte sich der Sarkasmus.
›Halt den Mund!‹, ermahnte sie der Verstand. ›Mit der Familie muss sie jetzt nicht auch noch Probleme bekommen. Sie macht das schon richtig.‹
Danach, so einigten wir uns, dürfte ich mir, wenn nötig, einen Anwalt nehmen und die Scheidung einleiten, falls Samir nicht von sich aus dazu bereit sein sollte.
Seine Familie redete viel auf ihn ein, aber hatten, wie ich, schon lange keinen Zugang mehr zu ihm. Sie waren genauso machtlos, enttäuscht und verärgert. Ich war unendlich froh, dass ich alle auf meiner Seite hatte. Samirs Familie mochte mich und ich hatte ihnen nie einen berechtigten Anlass zum Tadel gegeben. Sie verstanden, dass ich nur die Kinder und

mich schützen wollte und dieses Elend nicht mehr täglich mit ansehen konnte. Samir hielt sich meistens an das Verbot, in mein Reich zu kommen, aber es gab auch Tage, an denen er durch die Drogen wie von Sinnen war, und mich auf übelste Art und Weise beschimpfte. Ich nahm dann meine Kinder und ging zu Farruja oder meinen Freunden. Ich wusste, sobald er Geld für neuen Stoff aufgetrieben hatte, wäre die Situation wieder auszuhalten.
Ich kümmerte mich um den Kindergarten und versorgte die Jungs. Meine Freunde sorgten für genügend Halt und Abwechslung.
Aber immer wenn man denkt, es kann kaum schlimmer werden, belehrt das Schicksal einen eines Besseren.

Verlorene Freiheit

»Es nimmt der Augenblick, was Jahre geben.«
- Johann Wolfgang von Goethe -

Lautes Gepolter weckte mich aus dem Schlaf. Ich hörte aufgeregte Stimmen und sprang aus dem Bett. Schnell zog ich mir mein Kleid über und ging in den Vorraum unseres Hauses. Da wurde auch schon die Zwischentür aufgestoßen und eine Horde Männer stürzte herein. Einige von ihnen trugen Polizeiuniformen. Sie verteilten sich in unseren Zimmern und nahmen alles auseinander. In der Küche rissen sie alle Dosen und die Beutel mit den Beduinenkräutern aus den Schränken und Regalen und ergossen deren Inhalt auf die Arbeitsflächen und den Boden. Aus meinen Kleiderschränken rafften sie alle Klamotten heraus und warfen sie achtlos durch den Raum. Währenddessen schubsten sie Samir vor die Tür unseres Schlafzimmers. Sie boxten und schlugen auf ihn ein. Ich brüllte sie an, sie sollen mit diesem Wahnsinn aufhören. Doch der Anführer verbat mir den Mund.

In einer Ecke lag ein Seil, das ich einige Tage zuvor gekauft hatte, um meinen Jungs eine neue Schaukel zu bauen. Sie nahmen es sich und fingen an, Samir darin zu verschnüren. Sie fesselten ihn nicht, sondern schlangen es komischerweise, wie Kinder beim Spielen, immer und immer wieder um ihn herum. Ich sagte ihnen, dass dies mein Seil sei, wurde aber ignoriert. Samir schaute mich verzweifelt an

und sein Blick riet mir, besser still zu sein.
»Ana asif, ja ruhi!«, es tut mir leid, meine Seele!, sagte er noch und wurde schubsend abgeführt. Sie hatten ihm nicht einmal die Zeit gegeben sich anzuziehen. In langen Beduinenhosen und einem Unterhemd wurde er mitgenommen. Ich holte schnell seinen *Galabea* aus dem Männerraum. Aber der Mann, dem ich ihn in die Hand drückte, warf ihn achtlos auf den Boden und ging, gefolgt von dem Rest der Truppe. Nur der Anführer war geblieben.
Obwohl alles so schnell und grausam vonstattenging, hatte ich gesehen, wie einer der Ägypter mit einem kleinen Beutel Marihuana unser Haus betreten hatte. Der Polizeikommandant, der geblieben war, forderte mich auf mich ihm gegenüber zu setzen. Ich sagte ihm ins Gesicht, dass ich genau gesehen hatte, wie einer von seinen Leuten den Beutel Gras mit ins Haus gebracht hatte.
»Du hast gar nichts gesehen!«, sagte er überheblich, »Du willst doch sicher in diesem Land bleiben, oder?«
Ich verstand seinen Wink mit dem Zaunpfahl und verbiss mir jedes weitere Wort. Er schaute mich mit einem fiesen Grinsen an, nahm sich eine Zigarette aus Samirs Schachtel, zündete sie an, erhob sich, steckte sowohl Samirs Feuerzeug als auch seine Zigaretten in die Hemdtasche, drehte sich um und ging mit einem widerlich lachenden Gruß.

Wie durch ein Wunder waren meine Kinder nicht wach geworden und ich dankte Gott, dass sie diese Horrorszene nicht hatten miterleben müssen. Ghanem würde mich demnächst immer wieder fragen, wo sein Vater ist, das war schlimm genug.

Ich saß wie versteinert am Tisch und hätte gerne eine Zigarette geraucht.
Nachdem ich mich einigermaßen beruhigt hatte, schaute ich kurz nach den Kindern, zog meine Schuhe an und lief um die Ecke zu Farrujas Haus. Ich schaute über die Mauer und sah sie im Kreise ihrer Familie schlafen. Leise öffnete ich die Hoftür und schlich mich zu ihr. Bei der ersten Berührung ihrer Schulter wurde sie wach und setzte sich auf.
»Was ist passiert?«, fragte sie mich.
Mir schossen mit unglaublicher Wucht Tränen in die Augen und ich konnte nicht sprechen. Sie stand auf und ging mit mir zur Feuerstelle. Wortlos überreichte sie mir ihre Tabakdose. Darin war selbst angebauter Beduinentabak. Ich drehte mir eine ihrer höllisch starken *Chuderi*-Zigaretten und zündete sie an. Nach dem ersten Husten kam endlich meine Stimme zurück und heulend berichtete ich ihr, was gerade geschehen war.
»Das war ja abzusehen«, sprach sie aus, was ich die ganze Zeit schon gedacht hatte.
Sie tröstete mich noch eine Weile und füllte mir ein wenig von dem selbstangebauten Beduinentabak in einen kleinen Beutel. Ich dankte ihr, entschuldigte mich für die nächtliche Störung und eilte zurück zu meinen Kindern, die glücklicherweise immer noch tief und fest schliefen. Ich kochte mir einen Kaffee und setzte mich zurück an den Tisch. Ich weinte mit leerem Kopf. Ein paar Gedankenfetzen kamen auf, aber erstarben schon in ihren Ansätzen. Ich stand - beziehungsweise saß - vollkommen neben mir. Vor dem

Sonnenaufgang erhob ich mich und fing an, Ordnung zu machen. Ich wollte nicht, dass meine Söhne in diesem Chaos aufwachten. Ich fluchte und schimpfte innerlich, als ich in der Küche die von den Beduinenfrauen mühsam gesuchten Kräuter zusammenkehrte. Einige davon waren sehr schwer zu finden und verhältnismäßig teuer. Die Frauen hatten sie mir auf Kommission gegeben. Nun waren sie vermischt mit Salz, Zucker und anderen Gewürzen. Die Polizisten hatten nichts unberührt gelassen.
Ich glaubte nicht, dass sie wirklich etwas gesucht hatten, das war reine Zerstörungswut gewesen. Plötzlich fiel mir ein, dass Samir seine Drogenvorräte immer vor dem Männerraum im Boden vergraben hatte. Panik brach in mir aus. Was, wenn sie ihn verhörten und er das Versteck preisgab? Sie würden es finden und ich wäre die Einzige, die noch im Haus war. Würden sie mich dann auch mitnehmen?
Ich beschloss, schnell die Aufräumarbeiten irgendwie zu Ende zu bringen, und warf die gesamte Kleidung in den Schrank, ohne sie zusammenzulegen. Ich weckte die Jungs. Gemeinsam ging ich mit ihnen zu Farruja und bat meine Freundin, auf sie aufzupassen. Auf dem Weg dorthin hatte ich Joghurt, Brot und Marmelade für ihr Frühstück besorgt. Nachdem ich sie dort abgeliefert hatte, ging ich zu einem entfernten Cousin meines Mannes und fragte ihn, ob er sich trauen würde, die eventuell vorhandenen Drogen zu suchen. Ich sagte ihm, wenn er etwas finden würde, könnte er es wegschmeißen oder verkaufen. Er tat mir diesen Riesengefallen und kam etwa zwei Stunden später zu Farruja,

wo ich auf ihn gewartet hatte. Er hatte etwas gefunden. Wie viel und was genau, wollte er mir sagen - ich wollte es aber gar nicht wissen. Herzlich bedankte ich mich bei ihm und konnte endlich wieder in mein Haus, ohne Angst haben zu müssen, dass die Polizei dort noch etwas finden könnte.
Natürlich fragte Ghanem, wo der Papa sei und ich log ihn an. Ich erzählte ihm, der Papa sei gestern mit Freunden in die Berge geritten. Auf Dauer musste mir da etwas Besseres einfallen. Nun saß ich hier allein mit meinen Kindern. Ghanem wurde in drei Monaten fünf Jahre, Salama war drei und Soliman gerade einmal ein halbes Jahr alt. Ich wusste nicht, wie ich hier allein alles schaffen sollte. Doch eines war mir klar; ich würde es schaffen. Ich hatte meine Kinder und die Verantwortung, ihnen all das zu geben, was sie brauchen würden. Meine Freunde waren fantastisch und kamen an den folgenden Tagen oft vorbei, um mich aufzuheitern. Sie versprachen mir, immer für mich da zu sein, und waren es auch.

Langsam kehrte der Alltag zurück und ich beschloss, Samir jeden Abend einen Brief zu schreiben. Da niemand seiner Brüder herausfinden konnte, wo man ihn hingebracht hatte, blieben die Briefe liegen. Aber es tat gut, mir alles von der Seele zu schreiben. In dieser Zeit kam mir das erste Mal der Gedanke, meine Erlebnisse aufzuzeichnen und ein Buch zu schreiben. Jeden Abend saß ich allein am Feuer und schrieb Geschichten und Gedanken auf.
Ich schrieb über all die schönen Momente, wie ich Samir kennengelernt hatte, und dies entfachte eine ungemeine Sehnsucht nach dem Mann, der er einmal gewesen war. Oft

machte ich mir Vorwürfe, in einigen Situationen nicht verständnisvoll genug gewesen zu sein, und fühlte mich dadurch mitschuldig an dem, was geschehen war. Eine tiefe Traurigkeit legte sich auf mein Gemüt und ich beschloss, etwas dagegen zu tun. Ich würde das Haus renovieren.
Um das nötige Geld dafür zu verdienen, wollte ich, wie meine Freundin Lynn, die einige Zeit zuvor das Land verlassen hatte, Brot und Kuchen backen, um diese in den Tauchcentern zu verkaufen. Ich wusste, sie hatte gutes Geld damit verdient und machte es ihr nach. Aus dem Norden des Sinai ließ ich mir einen speziellen Brotofen schicken und knetete zwei Mal wöchentlich morgens um vier Uhr zwanzig Kilo Mehl mit Wasser, Hefe und Salz. Ich ließ immer einen Teil der Mischung übrig und stellte so meinen eigenen Sauerteig her. Der Ofen war hervorragend und das Brot schmeckte fantastisch. Es verkaufte sich in den Tauchklubs ohne große Anstrengung. Dazu buk ich 36 kleine Bananen- und Schokokuchen, die sich ebenfalls großer Beliebtheit erfreuten.
Als ich anfing, mit dem Geld Material für die Renovierung des Hauses zu kaufen, lief mir Hussein über den Weg. Ich hatte ihn schon öfter als Babysitter engagiert, wenn ich Touristen bewirtet hatte. Die Jungs liebten ihn. Doch schon nach kurzer Zeit hatte ich ihm sagen müssen, er könne nicht mehr bei uns arbeiten, da Samir sich in seinem Drogenwahn eingebildet hatte, ich hätte mit ihm geflirtet. Hussein war damals vierzehn Jahre alt gewesen! Jetzt war Samir nicht mehr da und Hussein konnte sich wieder um meine Kids kümmern, damit ich arbeiten konnte. Wir verstanden

uns prächtig und arbeiteten gut zusammen.
Als Erstes kaufte ich für mein Haus eine Badewanne, eine europäische Toilette, auf der man sitzen konnte und ein neues Waschbecken. Um genügend fließend Wasser mit dem dazugehörigen Druck zu bekommen, schloss ich mich mit dem Besitzer des großen Hauses neben mir zusammen. Er hatte auf dem dreistöckigen Gebäude einen Wassertank, den wir gegen einen größeren austauschten und eine neue Pumpe besorgten. Die Kosten teilten wir unter den Parteien auf. Das war für mich wesentlich günstiger, als mir einen eigenen Tank mit Pumpe zu bauen. An den Stromkosten, die neuerdings in Ägypten erhoben wurden, aber äußerst gering waren, sollte ich mich ebenfalls beteiligen. Ich selbst hatte eine Stromrechnung von lächerlichen zehn Pfund, die damals etwa drei D-Mark entsprachen.
Dann flieste ich mein Badezimmer mit lauter bunten Bruchfliesen. Leider gab es keinen Fliesenkleber und ich musste die Fliesen mit Zement anbringen. Schon nach zwei Tagen waren meine Fingerkuppen derart wundgescheuert, dass ich nicht weiterarbeiten konnte. Die Wunden waren nicht groß, aber brannten wie Feuer, was sicher an den vielen Nerven lag, die man in den Fingerkuppen hat. Die Handschuhe, die ich mir besorgte, waren entweder zu grob, sodass ich nicht genügend Gefühl zum Arbeiten hatte oder zu dünn, sodass sie viel zu schnell durchgescheuert waren. Mir blieb nichts anderes übrig, als die Arbeit an einen Saidi abzugeben. Eine Stunde ließ ich ihn arbeiten und dann wieder gehen. Er hatte zwischen den Fliesenstücken riesige Fugen gelassen und jede Einzelne unterschiedlich fest an-

gedrückt. Sein Werk sah furchtbar aus. Ich klopfte das von ihm verhunzte Stück wieder ab und machte mich nach einiger Zeit wieder selbst an die Arbeit. Es brauchte sehr lange, bis ich fertig wurde, da meine kaputten Fingerkuppen mich immer wieder dazu zwangen, die Arbeit zu unterbrechen. Als ich die letzte Fliese in den weichen Zement drückte, war ich ungemein stolz auf mich.
Mein Badezimmer war ein Unikat. Herr Hundertwasser hätte es geliebt. Es war wunderschön geworden, und endlich konnte ich auch hier in Dahab ein heiß ersehntes Vollbad nehmen. Das hatte mir immer sehr gefehlt. Ich liebte es, in der Badewanne zu liegen und dabei ein Buch zu lesen. Das warme Wasser war wie eine riesige, mich vollkommen umhüllende Umarmung, die Entspannung brachte.

Endlich hatten wir herausgefunden, wohin sie Samir gebracht hatten. Er saß in Wadi El Natrun, das man damals nur über Alexandria erreichen konnte. Die direkte Verbindung war militärisches Sperrgebiet und durfte von Touristen nicht durchfahren werden. Die Gegend war 850 km entfernt von uns. Ich mietete mir ein Taxi und fuhr mit meinem Lieblingstaxifahrer zwölf lange Stunden durch den Norden Ägyptens. Ich wollte Samir sehen und ihm einige Sachen bringen. Er hatte mich einmal anrufen dürfen und bat mich, ihm dunkelblaue Kleidung zu bringen, denn nur Kleidung in dieser Farbe war den Häftlingen erlaubt zu tragen. Ich kaufte außerdem einige Lebensmittel und Zigaretten. Mohammed, der Taxifahrer, sprach viel mit mir über meinen Mann und sagte mehrfach, was für eine

Schande es wäre, so abzustürzen, wenn man eine Frau und drei Kinder hatte. Er entstammte einer Familie aus El-Arish, deren Bildungsgrad recht hoch war. Ein Teil seiner Familie hatte sich in Dahab niedergelassen und alle waren sehr erfolgreich mit ihren Hotels, Tauchschulen oder Camps. Sie konnten die lässige Art der hiesigen Beduinen nicht verstehen. Für sie war es überaus wichtig, dass ihre Kinder eine gute Schule besuchten und fleißig lernten. Etwas, das den hiesigen Beduinen leider nicht so essenziell war.
Ich hatte den kleinen Soliman mitgenommen, da ich ihn noch stillte. Die Fahrt war sehr anstrengend für ihn und ich war jedes Mal froh, wenn er wieder eingeschlafen war. Der Kleine fühlte sich eingesperrt in dem Wagen, weil er die Enge nicht gewohnt war und tat seinen Unmut darüber laut kund, sobald er wach wurde. Ich versuchte, ein wenig zu schlafen, aber wann immer ich endlich ein wenig eingeschlummert war, kam wieder ein Checkpoint, wo man Mohammeds Papiere kontrollieren wollte. Ich zog mir dann immer mein Beduinentuch tief ins Gesicht und musste nicht ein einziges Mal meinen Pass zeigen, da die Beamten davon ausgingen, ich wäre eine Beduinin. Ich machte mir einen Spaß daraus, nicht als Europäerin erkannt zu werden, und schätzte die Vorteile der Verschleierung. Hätten sie gesehen, dass ich Deutsche war, hätten sie sicher viele Fragen gestellt und mir vielleicht sogar verboten, allein mit einem Beduinen so weit zu reisen. Man wusste nie, was einem widerfuhr mit der ägyptischen Regierung. Nach den Anschlägen in Luxor waren alle sehr nervös. Wir fuhren die ganze Nacht hindurch und kamen morgens in der Anlage

an. Es war nicht einfach, herauszufinden, wo mein Mann zu finden war. Mohammed übernahm das für mich. Es war unsagbar heiß und stickig in dieser Gegend. Das Gefängnisgelände war scheußlich dreckig. Unter einer Überdachung waren Sitzschalen aus Plastik, wie man sie aus einem Stadion kennt. Diese waren jedoch so verschmutzt, dass man sich einen Karton unterlegen musste, um dort Platz nehmen zu können. Unter keinen Umständen konnte ich den kleinen Soliman hier herumlaufen lassen. Überall lagen Essensreste verstreut auf dem Boden herum, die er sich hätte in den Mund stopfen können. So trug ich ihn nach der anstrengenden Nacht die ganze Zeit durch die Gegend. Er wurde immer unleidlicher, was ich gut verstand.
Mohammed hatte mich angemeldet und wir mussten warten, bis Samirs Name aufgerufen wurde. Nach zwei Stunden, die mir wie fünf erschienen, kamen wir endlich an die Reihe. Mohammed und ich stellten uns an zwei verschiedenen Schlangen an. Die Besucher sollten geschlechtergetrennt durchsucht werden. Das Versorgungspaket hatte ich vorher schon zur Untersuchung abgeben müssen. Als ich endlich zur Leibesvisitation dran war, stand mir eine ungepflegte, sehr korpulente Ägypterin gegenüber, die mich schelmisch anlächelte. Sie fragte, ob ich Ägypterin sei. Als ich verneinte, verwickelte sie mich in ein sehr persönliches Gespräch, das mir vom ersten Moment an unangenehm war. Sie flirtete ganz offensichtlich mit mir. Als sie meinen Körper abtastete, ließ sie ihre Hände ungebührlich lange auf meinem Hintern und zwischen den Beinen. Dann fing sie zu allem Überfluss auch noch an, meine Brüste regelrecht zu

kneten.
»Was soll das!«, fuhr ich sie an.
Sie antwortete mir, ich solle mal bitte leiser reden, ich wolle doch sicher in den Trakt hineinkommen. Ihr dreckiges Grinsen hätte ich ihr am liebsten aus dem Gesicht geohrfeigt. Was für eine widerliche Frau. Ihr gefiel mein Feuerzeug und sie fragte, ob sie dies als Andenken behalten dürfte. Mir war bewusst, dass ich in ihrer Hand war und so wünsche ich ihr viel Spaß damit.
›Ich hoffe, dass sie sich ihre fettigen Haare damit abfackelt!‹, rief der Zorn in mir.
Endlich ließ sie mich gehen. Nach einer weiteren halben Stunde Wartezeit durfte ich Samir sehen. Eine halbe Stunde wurde uns gewährt - ein absurdes Verhältnis gegenüber 24 Stunden Fahrtzeit und den hohen Kosten.
Ich ging mit Mohammed, der aus einer anderen Tür kam in einen Raum, in dem etwa zwanzig Häftlinge auf Decken am Boden saßen und auf ihren Besuch warteten. Samir sah sehr erholt aus. Er hatte zugenommen und machte einen guten und gesunden Eindruck. Er sagte, es ginge ihm gut. In zwei Wochen sollte er seine Verhandlung haben. Nachdem er ein wenig mit seinem Sohn gescherzt hatte, der ihn nicht erkannte und zu mir zurückwollte, fragte er mich, ob ich Bargeld hätte. Ich hatte noch etwas, wusste aber durch das Gespräch mit der dreisten Ägypterin, dass es verboten war, den Häftlingen Geld zu geben. Man durfte ihnen etwas hinterlegen und bekam eine Quittung dafür. Das Geld würde aber nur in kleinen Beträgen an die Gefangenen ausgegeben, hatte sie mir erklärt. Zweihundert Pfund hatte

ich Samir hinterlegt. Dies reichte meinem Mann jedoch nicht. Ich äußerte Samir gegenüber meine Bedenken, aber er ließ nicht locker. Ich sagte ihm, er sei verrückt und bekam als Antwort, ich solle mich jetzt beeilen, solange der Wächter in ein Gespräch mit einem anderen Wächter vertieft war.
Samir drängte: »Los, schnell jetzt, das ist die einzige Chance, gib es schon her.«
Ich schaute mich ängstlich nach den Beamten um, die uns den Rücken zugekehrt hatten und gab ihm schnell einen Fünfzig-Pfund-Schein. Jetzt hatte ich selbst zwar nur noch 30 Pfund für die Heimreise, aber das würde gerade so reichen.
Samir knüllte das Geld sehr klein zusammen, verpackte es in ein Stück Plastik, verschnürte es blitzschnell und schluckte es hinunter. Ich traute meinen Augen nicht. Was man alles in einem Gefängnis lernte und tat, war mir ein Graus. Ich hoffte, diese Zeit hier würde Samir ein für alle Mal die Augen dafür öffnen, wie tief er gefallen war. Viel zu schnell ging die Zeit um, und wir wurden aufgefordert zu gehen. Samir bat mich, gut auf seine Söhne und vor allem auf unser Haus achtzugeben. Er bat mich auch, wenn ich mich von ihm trennen sollte, auf keinen Fall aus dem Haus ausziehen, da er glaubte, seine Brüder wollten ihm das rentable Haus am Strand wegnehmen. Sein großer Bruder hatte das kleine Stück Land direkt davor gekauft, das Samir eigentlich haben wollte. Durch seine Sucht blieb dafür jedoch nie genug Geld übrig. Ohne das Stück davor, das bis an den Strand reichte, wurde unser Haus nahezu wertlos.

Nur zusammen waren beide Teile gerade groß genug, um dort etwas aufbauen zu können. Ich ärgerte mich sehr, dass Samirs Brüder nie mit mir darüber gesprochen hatten.
Ich verabschiedete mich von meinem Mann und stieg wieder zu Mohammed in den Minibus, wie die achtsitzigen Taxis in Ägypten genannt wurden. Der Besuch hatte mich ungemein mitgenommen. Ich war erschöpft und emotional total aufgewühlt. Ich legte mich mit Soliman hinten in den Bus, wo ich die Sitze als Schlafplatz umfunktionieren konnte und stillte Soliman, bis er eingeschlafen war. Als er friedlich schlief, ließ ich meinem Kummer freie Bahn und weinte mich aus. Nicht genug, dass mein Mann mich allein gelassen hatte, nun hatte ich auch noch seine Brüder im Nacken, die vielleicht versuchen würden, mich aus unserem Haus zu vertreiben oder umzusiedeln, um dieses gewinnbringende Fleckchen wirtschaftlich für sie zu nutzen.

Zurück in Dahab kam am nächsten Morgen der Beduine, dem das Haus neben mir gehörte und verlangte vierzig Pfund für die Stromrechnung. Das war mehr als das doppelte von dem, was ich für mein gesamtes Haus an Stromkosten bezahlen musste. Ich traute meinen Ohren nicht und diskutierte lange mit ihm herum. Er sagte mir, wenn ich nicht bereit wäre, ihm bis zur nächsten Woche den Betrag zu zahlen, würde er mir das Wasser abstellen. Ich gab ihm zehn Pfund und fügte hinzu, dass ich nicht bereit war, mehr zu geben. Er blieb hartnäckig und nannte mir einen Zeitraum, in dem ich den offenstehenden Betrag ausgleichen sollte. Ich nahm seine Worte nicht ernst, denn zehn Pfund waren mehr als fair für den Strom einer

einzigen Pumpe.
Am Morgen nach dem Stichtag stand ich auf und hatte tatsächlich kein Wasser mehr. Ich zog mich in der Dusche unverrichteter Dinge wieder an und wollte nachschauen, ob vielleicht irgendwas mit der Pumpe nicht stimmte, weil das gelegentlich vorkam. Aus irgendeinem Grund zog die Pumpe Luft und musste dann per Hand nachgefüllt und wieder angestellt werden. Ich brauchte aber nicht bis auf das Dach des Nachbargebäudes, denn als ich aus dem Haus trat, sah ich, dass der Hausmeister des gegenüberliegenden Hauses den Schlauch zu meinem Haus einfach zerschnitten hatte. Er kam auf mich zu und entschuldigte sich für sein Verhalten. Er fand es nicht richtig und äußerte sich missbilligend über seinen Chef, aber er musste tun, was dieser ihm sagte. Ich holte ein altes Stück Fahrradschlauch und verband damit die beiden Stücke wieder, ging in mein Haus und konnte duschen.
Leider war mein Nachbar gemeiner und gieriger, als ich dachte. Einige Tage später war der gesamte Schlauch verschwunden, den ich über dreißig Meter mühsam in der Erde vergraben hatte. Wütend ging ich zu seinem Haus in Assala am Ende des Dorfes. Dort traf ich leider nur seine Frau, die mir jedoch versprach, mit ihrem Mann zu reden. Er kam noch am selben Abend und beharrte auf seiner Forderung von vierzig Pfund. Alle Argumente prallten an ihm ab.
Ich war sehr wütend und beschloss, mir etwas anderes zu überlegen. Bis dahin kaufte ich Wasser von den umherfahrenden Händlern, die etwa zweimal täglich laut hupend

durch das Dorf fuhren. Da dies aber verhältnismäßig teuer war, wusch ich die Leinenwindeln meines Sohnes im Meer aus.
Als ich eines Nachmittags mit einem Berg Stoffwindeln gerade aus dem Meer kam, fuhr der Beduine, der mir das Wasser hatte abstellen lassen, gerade mit einigen Ägyptern am Strand entlang. Fünf Augenpaare gafften mich an. Meine Hände brannten vom Waschen im Salzwasser und das Brennen erhitzte mein Gemüt. Ich war dermaßen verärgert über den Beduinen, der sich mir gegenüber so wenig muslimisch verhalten hatte, dass ich ihm zornig und mit voller Wucht die nassen Windeln auf seine Windschutzscheibe schmiss. Wutentbrannt zeigte ich ihm meine hochroten Hände und fragte ihn, ob ihm dieser Anblick Spaß machen würde? Es war ihm ungemein peinlich, wie ich mich aufführte, und mit nervöser Stimme entschuldigte er sich bei mir. Die Ägypter in seinem Auto waren dem Anschein nach einflussreiche Leute.
Das war ein Zornesausbruch, der sich lohnte, denn am nächsten Tag war mein Schlauch zurück in der Erde und aus meinem Wasserhahn lief wieder das erfrischende Nass. Manchmal führten klar und deutliche vorgebrachte Demonstrationen durchaus zu guten Ergebnissen. Sein Blick, als die noch nassen Windeln an seiner Windschutzscheibe klebten und die deutliche Scham den Ägyptern gegenüber, war unvergesslich.

Abends saß ich fast täglich mit meinen Söhnen unter unserer *Arischa* am Strand. Dort lernte ich ein Ehepaar kennen, die ihr momentanes Domizil im Hotel direkt neben mir hatten. Der Mann war Palästinenser und die Frau Engländerin. Ich verstand mich prächtig mit den beiden. Als ich ihnen die Geschichte mit dem Wasser erzählte, schämte sich der Palästinenser sehr für seine Glaubensgenossen. Häschim beschimpfte die Geldgier einiger Leute, die soweit ging, einer Frau, deren Mann inhaftiert war, nicht nur nicht zu helfen, sondern auch noch zu versuchen, Profit aus ihr zu ziehen. Ich lud die beiden zu einem Essen bei mir ein und kochte ein leckeres Essen aus Huhn, Tomaten, Zwiebeln und Kartoffeln. Wir hatten einen sehr lustigen Abend in toller Sonnenuntergangsstimmung mit einer Flasche Wein, die meine Gäste mitgebracht hatten. Hin und wieder setzten sich einige Moslems gern mal über das Alkoholverbot des Islam hinweg. Beim Weggehen versprach mir der Mann, sich bezüglich des Wasserproblems etwas einfallen zu lassen.

Zwei Tage später kam er nachmittags zu mir herüber und übergab mir einen Umschlag. Verständnislos fragte ich ihn, was das wäre.

»Das Geld, das du für einen eigenen Tank und eine eigene Pumpe brauchst«, antwortete er mir. »Schaffst du es allein, die Arbeiter zu organisieren, oder soll ich mich darum kümmern?«

»Häschim, das kann ich nicht annehmen! Wie viel ist in dem Umschlag?«

»Darin sind 1500 Pfund, das ist der Betrag, den mir ein Arbeiter genannt hat. Damit solltest du dein Problem anständig lösen können. Aber bitte sag Susi nichts von dem Geld. Es könnte sein, dass sie damit nicht einverstanden

wäre. Sie ist manchmal nicht so hilfsbereit wie ich, wenn auch eine ganz tolle Frau. Das bleibt unser Geheimnis, ok?«
»Nein, ich möchte dieses Geld nicht«, erwiderte ich und gab ihm den Umschlag zurück.
»Mona, du bist Muslimin, stimmt`s?«
»Ja«, entgegnete ich.
»Dann weißt du also auch, dass es nicht gut ist, jemandem zu verwehren, etwas Gutes zu tun. Ich habe in meinem Leben viel Unsinn gemacht, und der Engel auf meiner linken Schulter hatte viel zu schreiben. Bitte gib mir die Möglichkeit, auch den rechten Engel endlich etwas Gutes im Buch meines Lebens aufschreiben zu lassen. Ich möchte dir wirklich gerne helfen. Nimm das Geld an. Du würdest mir damit eine große Freude bereiten. Nimm es für deine Kinder, wenn du es persönlich nicht willst. Deine Jungen brauchen fließendes Wasser und du Unabhängigkeit von diesem geizigen Nachbarn. Außerdem möchte ich dir ein Geschäft vorschlagen, das werde ich aber erst tun, wenn du das Geld jetzt endlich nimmst und dich um die Arbeiter kümmerst, anstatt sinnlos mit mir herumzudiskutieren.«
»Was für ein Geschäft?«, fragte ich ihn.
»Wie gesagt, das bleibt mein Geheimnis, bis du angefangen hast, dir diesen Tank zu bauen. Komm, nimm das Geld. Du weißt, wir haben in den Emiraten genug Geld verdient und glaub mir, es tut uns nicht weh. Bitte lass mich endlich mal etwas Gutes tun. Jetzt nimm schon!«, sagte er und drückte mir den Umschlag mit beiden Händen in meine.
»Eins noch«, hakte ich nach, »du erwartest aber dafür nicht irgendwelche Gegenleistungen von mir, oder? Ich habe

schon gemerkt, dass ich dir als Frau gefalle«, gab ich zähneknirschend zu bedenken.

Er nahm mich stürmisch in den Arm.

»Dir entgeht auch nichts«, sagte er lachend, »ich habe Susi und bin ihr treu. Du bist eine bezaubernde Frau und ich mag dich wirklich von ganzem Herzen, aber solange ich Susi habe, brauchst du dir keine Gedanken machen, dass ich dir zu nahe trete. Sollte sie mich allerdings mal verlassen, nimm dich in acht. Und jetzt *jalla*, los, sieh zu, dass du mit dem Tank anfängst.«

Er drehte sich herum und ließ mich verdutzt stehen. Ich war lange genug mit den Moslems hier vertraut, um zu wissen, dass es hier viele Menschen gab, die den Islam durchaus ernst nahmen und denen es eine Verpflichtung war, anderen zu helfen.

Direkt am nächsten Tag fingen die beiden *Saidis*, die auch mein Bett gebaut hatten, damit an, ein Loch für einen 1500-Liter-Tank auszuheben, während ich loszog und eine Pumpe besorgte.

Zwei Wochen später war der Tank fertiggestellt, die Pumpe installiert und ich hatte endlich mein eigenes Wasser, das von einem großen Tankwagen geliefert wurde und bezahlbar war. Ich kaufte ein Kilo des besten Fisches und lud Häschim und Susi zu einem feudalen Abendessen ein. Ich gewöhnte mich langsam an das Leben allein und kam endlich etwas zur Ruhe.

Samirs Gerichtsverhandlung nahte und die Familie sammelte Geld für den Prozess. In Ägypten waren Richter scheinbar bestechlich, denn aus den anfänglichen sechs

Jahren, die zur Verhandlung standen, wurden drei. Drei lange Jahre musste Samir für seinen Drogenkonsum büßen. Er tat mir unendlich leid, aber das hatte er sich ganz allein eingebrockt.
Es war furchtbar für mich, als ich den Gerichtssaal betrat und Samir mit einigen anderen Häftlingen, eingepfercht in einem Gitterkäfig, in einer Ecke des Saales erspähte. Ich ging zu ihm und konnte ein paar Worte mit ihm wechseln, bevor ein Wachmann mich rüde wegschickte. Von der Verhandlung verstand ich nicht viel. Es wurde ägyptisches Arabisch gesprochen und viel zu schnell hintereinanderkamen Wörter, die ich nicht verstand. Als das Urteil verkündet wurde, wusste ich nicht recht, ob ich ein bisschen erleichtert sein sollte. Drei Jahre waren zwar besser als die zu Anfang geforderten sechs Jahre, aber trotzdem eine verdammt lange Zeit.
Ich war vor allem ungemein traurig, aber auch sehr wütend auf meinen Mann. Warum hatte er es so weit kommen lassen? Ich hatte ihm nach der ersten Inhaftierung angedroht, ihn zu verlassen, sollte es je eintreten, dass er wieder verhaftet werden würde.
Nach der Verhandlung sah ich Samir noch einen kurzen Moment und sagte ihm, ich könne ihm nicht versprechen, dass ich auf ihn warten würde.
»Das verlange ich nicht«, erwiderte er sehr bedacht, »ich kann dich verstehen, aber bitte bleib in unserem Haus und kümmere dich gut um die Jungs.«
»Mich um die Jungs zu kümmern, kann ich dir versprechen, Samir, aber mehr auch nicht.«

Tief betrübt verabschiedeten wir uns voneinander.

Auf der Heimreise machte ich mir viel Gedanken um meine Zukunft. Ich wusste nicht, ob ich mit diesem Mann noch verheiratet sein sollte oder wollte. Samir hatte mit seiner Drogensucht unser ganzes Leben verpfuscht. Die Kinder hatten keinen Vater, der ein gutes Vorbild war und auf den sie hätten Stolz sein können. Dass er es jemals schaffen würde, von den Drogen loszukommen, war sehr unwahrscheinlich. Ich hatte bei dem Besuch im Gefängnis mitbekommen, wie einfach es war, dort etwas einzuschmuggeln und Gespräche mit anderen Beduinen, die schon einmal inhaftiert waren, bestätigten die Vermutung, dass es auch in Gefangenschaft möglich war, Drogen zu bekommen.
Vorerst kümmerte ich mich weiter um unser Haus, arbeitete einige Stunden im Kindergarten und verkaufte Brot und Kuchen. Zusätzlich bot ich nach wie vor Abende mit Beduinen-Dinner für Touristengruppen an.
Häschim kam eines Abends vorbei und berichtete mir von seinem Plan. Er schlug mir vor, gemeinsam unser Haus am Strand umzubauen. Unten wollte er ein professionelles Beduinenrestaurant eröffnen und in der zweiten Etage sollten zwei Wohnungen entstehen. Eine für meine Familie und eine für ihn und Susi. Er wollte für die gesamten Baumaßnahmen aufkommen und dafür eine Wohnung und 50 % des Restaurants, das wir gemeinsam bewirtschaften würden, bekommen.
Für mich schien der Deal fair und war eine echte Chance, aus dem baufälligen Haus etwas Anständiges zu machen. Ich redete mit Samirs Bruder Mohammed, der einen Termin

mit dem potenziellen Teilhaber vorschlug. Wir trafen uns und sofort sprach Samirs Bruder von Bargeld, das er vorab von Häschim haben wollte. Samir und ich sollten uns außerdem mit den Brüdern unsere Hälfte noch teilen, da sie den vorderen Teil unseres Hauses, der momentan nur eine freie Fläche war, gekauft hatten. Das würde bedeuten, Samir und ich hätten nur noch ein Viertel und ich die ganze Arbeit.
Ich war sehr entmutigt von dem Gespräch und Häschim sprang sogar ganz von dem Vorhaben ab. Die hohe Bargeldsumme, die von Mohammed vorab gefordert wurde, war vollkommen überhöht und unverständlich. Er bedauerte mich, eine Familie zu haben, die sich nicht schon bei dem Problem des Wassers gekümmert hatte und auch jetzt nur auf ihren Vorteil bedacht war. Auch ich war sehr enttäuscht von Samirs Bruder. Er hatte das Stück Land für einen lächerlichen Preis erhalten, da es ohne unser Haus mit dem dazugehörigen Land darunter genauso wertlos war wie unseres allein. Wir hatten ihm angeboten, ihn auszuzahlen, aber er wollte unbedingt dort mitverdienen. Bei Geld hört eben alles auf, nicht nur Freundschaft, sondern manchmal sogar die Familie. Samirs Eltern missfiel das Verhalten der Söhne sehr. Sie hätten gern gesehen, dass ich uns für meine Familie etwas aufbaue, aber sie hatten nicht mehr genügend Einfluss auf ihre Söhne und konnten sie nicht umstimmen, mir das Stück Land auf Kredit zu überlassen. Land direkt am Meer war Gold wert. Ich war schrecklich enttäuscht und wütend auf Samirs Brüder. Zudem wusste ich auch, dass Samir nicht mit seinen Brüdern zusammen arbeiten wollte, da er als der Jüngere immer den Kürzeren

ziehen würde. Bei den Beduinen hatten die Älteren ein stärkeres Stimmrecht, wenn es um Entscheidungen ging.
So machte ich also weiter wie bisher und verschönerte unser Haus Stückchen für Stückchen mit dem Verdienst aus dem Brot- und Kuchenverkauf. Ich ließ die Fassade streichen und verzierte sie mit meiner eigenen Hände Arbeit. Dafür holte ich mir schöne glatte Steine vom Strand, die ich wellenförmig, mit Muscheln durchsetzt, an die Wand zementierte. Keine leichte Aufgabe, denn der Zement verlor durch das Nachtrocknen schnell die richtige Konsistenz, um die großen Stücke zu halten. Das Mischverhältnis mit dem Wasser musste genau stimmen. Die Arbeit tat gut. Auch wenn wieder wochenlang meine Fingerkuppen blutig waren, ließ mich das Resultat den Schmerz ertragen und dämmte das Nachdenken.
Allerdings trübte der Gedanke, dass Samirs Brüder das Land vor unserem besaßen, meine Freude immer mehr. Wieder und wieder fragte ich mich, was ich machen sollte, falls sie sich entscheiden würden, das Land zu verkaufen. Samir war im Gefängnis und hatte momentan keinen Einfluss. Die Familie konnte durchaus einen Verkauf damit begründen, dass Samir nicht zurechnungsfähig war und sie sein Hab und Gut verwalten mussten.
Ich wurde immer unsicherer, ob dies noch mein Zuhause war. Hier wohnen bleiben konnte ich nur, wenn ich mit Samir verheiratet blieb. Würde ich wieder heiraten oder einen anderen Mann an meiner Seite haben, wäre ich gezwungen das Haus zu verlassen. So lange ich nur geschieden war, war es den Männern nach Stammesrecht

verboten, die Frauen aus den Häusern zu vertreiben.

Über ein Jahr war vergangen, seit Samir inhaftiert worden war. Ich bekam einen einzigen Brief von ihm und hatte aufgrund der Strapazen keine Möglichkeit, ihn nochmals zu besuchen. Die Kosten dafür waren immens und für den kleinen Soliman, der mittlerweile durch die Gegend lief, wäre die Fahrt eine Tortur gewesen. Da ich auch ihn, wie meine anderen Kinder zuvor mindestens zwei Jahre stillen wollte, konnte ich ihn auch nicht in Dahab lassen. Zudem nahm die Wut über das Verhalten meines Mannes deutlich zu, während das Vermissen langsam geringer wurde. Ich stellte fest, dass mein Leben ohne Samir sehr viel geregelter und weniger anstrengend war. Seit er den Drogen verfallen war, hatte er uns immer in den Strudel der Sucht hineingezogen und ich war mir sicher, nie wieder unter solchen Umständen leben zu wollen.
Der Gedanke, mich von meinem Mann scheiden zu lassen; drang zunehmend und vehement nach oben. Doch dieser Schritt machte mir Angst. Samir hatte mir oft genug angedroht, mir im Falle einer Scheidung von meiner Seite aus, die Kinder wegzunehmen. Er wollte sie in diesem Fall irgendwo in den Bergen bei einer Familie unterbringen, wo ich sie nie finden würde.
Da kannte er mich schlecht. Finden würde ich meine Kinder im Sinai immer, dazu tratschten die Beduinen genug, und Mischlingskinder fielen immer auf. Andere Kinder hätten es mir verraten. Ich hätte jeden Stamm und jede Siedlung abgeklappert. Der Sinai war nicht groß genug, um jemanden wirklich verstecken zu können. Ich wusste jedoch, wenn

Samir nicht wollte, dass ich meine Kinder sah, würde er es durchsetzen können. Und solch eine Eskalation zwischen den Eltern ist für Kinder etwas, das man tunlichst vermeiden sollte. Wie also kam ich von diesem Mann weg, ohne meine Kinder zu verlieren?

Das Haus wurde zweitrangig und ich erkundigte mich nach Möglichkeiten, mir irgendwo anders etwas eigenes aufzubauen. Am liebsten wäre ich nach Deutschland zurückgegangen. Ich versuchte erneut, eine gemeinsame Ausreise mit meinen Kindern zu finanzieren, und legte jedes zu entbehrende Pfund beiseite.

Hinzu war nämlich gekommen, dass Ghanem mittlerweile in die Schule gehen musste und die öffentliche Schule eine Katastrophe war. Alle paar Tage kam mein Sohn mit blau geschlagenen Händen nach Hause - und das in der ersten Klasse, in der Kinder erst mal Freude am Lernen erleben sollten. Ghanem hatte sich das ganze letzte Jahr sehr auf die Schule gefreut, aber schon nach der zweiten Tracht Prügel verständliche Abwehr gezeigt, sich morgens auf den Weg zu machen. Ich war direkt beim ersten Mal wutentbrannt zum Direktor gegangen und hatte mich über die Stockschläge auf die Hände meines Sohnes massiv beschwert. Mir wurde versichert, so etwas würde nicht wieder vorkommen. Das Versprechen hielt ganze drei Tage. Ich ging abermals bis zum Rektor, aber es kam wieder auf dasselbe heraus. Man versprach mir, es würde aufhören und ein paar Tage später geschah es wieder. Das lag vor allem daran, dass nahezu alle ägyptischen Lehrer an dieser Schule pädagogische Fehlbesetzungen waren. Sie kannten kein anderes Mittel, als sich mit Individuell- und Kollektivstrafen durchzusetzen. Es reichte nicht, dass mein Sohn sich allmorgendlich zum Singen der Nationalhymne aufstellen musste, was mir schon arg missfiel, nein, auch für kollektive Prügelstrafen musste er fast täglich, wie alle anderen Jungen, Aufstellung beziehen. Die Mädchen verschonte man. Es tat mir in der Seele weh, ihn in solch eine Einrichtung schicken zu müssen. Ich ging nach dem dritten gescheiterten Versuch mit dem Schuldirektor zur Polizei. Mittlerweile war es endlich auch in Ägypten offiziell verboten, Kinder in der Schule zu schlagen, aber meine Anzeigen, von denen ich insgesamt drei machte, verliefen im Sand. Niemanden interessierte dieses Gesetz. Ich hatte eher das Gegenteil erreicht. In der Schule grüßten mich die Lehrer nicht mehr und Ghanem bekam eher mehr Strafen als weniger. Eine Privatschule hätte ich mir für alle drei Kinder nicht leisten können und nur Ghanem in eine Private zu geben, wäre nicht fair gewesen. Ich sah nur noch einen Ausweg, ich musste so schnell wie möglich hier weg - zurück nach Deutschland.

Ich weihte nur zwei meiner besten Freundinnen in den Plan ein, da ich Angst hatte, dass er sich all zu schnell herumsprach. Die Brüder von Samir hätten beim Flughafen in Sharm El Sheikh ein Ausreiseverbot für mich veranlassen können. Sie hätten solch ein Davonschleichen ohne Samirs Wissen nie unterstützt und bestimmt versucht, mir die Ausreise irgendwie zu verbieten.
Nach ihrer Wichtigkeit sortierend packte ich alle notwendigen und persönlichen Sachen zusammen und verstaute

den Rest in Kartons, die ich unter einer Decke tarnte, falls jemand von der Familie vorbeikommen würde. Viel würde ich nicht mitnehmen können, da ich unterwegs allein meine drei Flöhe beaufsichtigen und zum Teil tragen musste. Ich wählte diesmal auch einen anderen Taxifahrer. Ich hatte große Sorge, dass jemand meinen Plan in letzter Minute vereiteln könnte.

Am Tag des Abflugs war ich ein stressüberladenes Teilchen auf Hochspannung. Mir war schon den ganzen Morgen übel. In der Nacht hatte ich nicht schlafen können und war daher extrem müde. Meine Nerven waren bis kurz vorm Zerreißen gespannt. Lange Zeit hatte ich jedes Pfund zurückgelegt, um die Tickets zu kaufen. Meine Mutter wusste Bescheid und wollte mich in Frankfurt abholen. Mit weichen Knien fuhr ich zum Flughafen.
Meinen Söhnen bläute ich ein, in der Abflughalle nur noch Deutsch mit mir zu sprechen. Sie spürten meine Anspannung und es übertrug sich auf sie. Ghanem und Salama stritten andauernd miteinander, das meine Nerven zusätzlich strapazierte.
Endlich wurde der Flug zum Einchecken freigegeben und ich ging an den Schalter, um mein Gepäck aufzugeben. Die hübsche Angestellte schaute in meinen deutschen Pass, in den alle meine Kinder eingetragen waren. Anstandslos stellte sie mir die vier Boarding-Tickets aus. Ich hatte mich bewusst für die weibliche Bedienstete entschieden und fuhr damit genau richtig. Die erste Hürde war ohne unangenehme Zwischenfragen nach dem Vater der Kinder übersprungen. Doch beruhigt war ich noch lange nicht. Bei der

späteren Passkontrolle überlegte ich mir ebenfalls gut, wo ich mich anstellte. Ich suchte mir einen alten, gemütlich aussehenden Beamten aus, da es dort keine Frau gab, und gesellte mich in die Reihe der Wartenden. Als nur noch drei Personen vor mir waren, kam ein anderer Beamter zu ihm und flüsterte mit ihm. Darauf erhob er sich und folgte seinem Kollegen in einen Raum neben der Abfertigung.

Wir warteten und meine Anspannung war kaum noch auszuhalten. Ich hoffte, mein Nervenkostüm würde nicht gleich in Fetzen explodieren. Nach ein paar Minuten kam ein anderer Beamter aus dem Raum und ich traute meinen Augen nicht. Es war der Beamte, der mich schon beim letzten Mal nicht hatte fliegen lassen und der mich schon beim Heraustreten ansah. Ich drehte mich schnell um und entfernte mich aus dieser Schlange. Ich ging mit den Kindern auf die Toilette. Ich wartete einige Minuten dort und stellte mich dann in eine Reihe weit entfernt von der vorherigen auf. Ich hatte noch genug Zeit, bis mein Flieger starten würde und konnte die längere Wartezeit in der neuen Schlange getrost in Kauf nehmen. Als ich an der Reihe war, erschien plötzlich der Beamte, der mich erkannt hatte; bei seinem Kollegen und flüsterte ihm etwas zu.

Der Kollege fragte nach dem Vater der Kinder und ich entschied mich, ehrlich zu sein. Ich erklärte den Beamten, dass mein Mann nun schon drei Jahre heroinabhängig sei und mittlerweile, seit über einem Jahr inhaftiert war.

»Wir können ihre Kinder leider ohne notarielles Papier nicht ausreisen lassen.«

Ich sagte ihnen, dass ich unbedingt sofort nach Deutschland

müsste, da meine Mutter sehr schwer erkrankt war. Das war nicht einmal gelogen, denn meine Mutter hatte gerade vor ein paar Wochen eine Bypass-Operation gut überstanden. Den Beamten ließ das kalt, er blieb wie damals stur und versagte mir die Ausreise. Mir liefen mittlerweile Tränen aus den Augen, aber auch die ließen ihn nicht erweichen. Er forderte mich auf, ihm mit meinen Kindern in einen Raum zu folgen. Dort angekommen erklärte er mir nochmals, diesmal sehr ruhig und freundlich, dass ich auf keinen Fall mit meinen Kindern ausreisen dürfte.
Ich hatte nur noch wenig ägyptisches Geld und versuchte ihn mit dem kümmerlichen Rest zu bestechen. Das machte ihn wütend und er fing an, mich zu beschimpfen. Ich verlangte nach seinem Vorgesetzten, aber er weigerte sich, mich zu ihm zu lassen. Eine schier endlose und hitzige Diskussion entbrannte, in der auch ich zunehmend wütender wurde, je mehr die Verzweiflung sich ausbreitete. Eine Viertelstunde vor Abflug hatte ich mich endlich durchgesetzt und wurde mit meinen Kindern in einen anderen Raum geführt. Ich betete und hoffte auf ein gutes Ende. Doch vorerst ließ man mich warten.
Fünf Minuten vor der Abflugzeit erschien dann endlich ein Beamter mit den nötigen Streifen auf den Schulterpolstern der Uniform. Er war sehr freundlich, aber auch er sagte mir, dass er die Ausreise nicht genehmigen könne, wenn ich nicht das notarielle Einverständnis meines Mannes hätte. Während ich hörte, dass mein Flug zum Boarding aufgerufen wurde, erklärte ich ihm noch einmal die Lage. Ich bettelte ihn an und versuchte alles, ihn umzustimmen, aber

er blieb unerbittlich bei seinem Entschluss. Er ließ mir einen Tee bringen und versuchte sogar, mich zu trösten, aber machte mir nochmals ganz deutlich, dass mein Flieger ohne mich starten würde. Er bot mir an, mir Papiere auszustellen, sodass ich eventuell die Tickets stornieren könnte, aber das verlorene Geld war meine kleinste Sorge. Über die verlorene Hoffnung, dieses Land mit meinen Kindern verlassen zu können, machte ich mir viel mehr Gedanken. Mit hängendem Kopf verließ ich den Raum, holte mein Gepäck und schlich aus dem Gebäude.
Jetzt musste ich Ghanem zurück in diese Schule schicken und meine Kinder mussten mit einem Vater groß werden, der vielleicht immer ein schlechtes Vorbild bleiben würde. Vollkommen niedergeschlagen saß ich im Taxi eines mir bekannten Beduinen und entfernte mich vom Flughafen.
Auf der Rückfahrt nach Dahab erinnerte ich mich an die Male, als ich schon im Taxi die Vorfreude auf Dahab kaum aushalten konnte. Diesmal graute mir davor, wieder dort anzukommen.

Meine Freundinnen, von denen ich mich zuvor rührselig verabschiedet hatte, freuten sich einerseits, mich wiederzusehen, andererseits waren sie sehr traurig, dass mir die Ausreise wieder nicht gelungen war. Einigen wurde mulmig bei dem Gedanken, dass ihnen das selbe Schicksal drohen könnte, falls zwischen ihnen und ihren ägyptischen oder beduinischen Männern mal Zwietracht herrschen sollte.
Im Laufe der kommenden Woche fuhr ich mit ein paar Freundinnen in die Wüste. Wir machten ein großes Feuer und ich kochte uns Huhn mit Reis, Zwiebeln, Tomaten und

Zucchini, mein beduinisches Leibgericht, um meine ungewollte Wiederkehr in ein schönes Ereignis umzuwandeln. Trotzdem wir einen wunderschönen Tag hatten, war ich nicht richtig glücklich.
Etwas Entscheidendes hatte sich geändert.
Der Sinai war immer meine große Liebe gewesen, aber er hatte sich für mich in ein riesiges Gefängnis verwandelt. Ich war nun genauso gefangen wie mein Mann. Meine Haftbedingungen waren um einiges besser, aber ich hatte meine Freiheit verloren, die für mich das höchste Gut der Menschheit war.

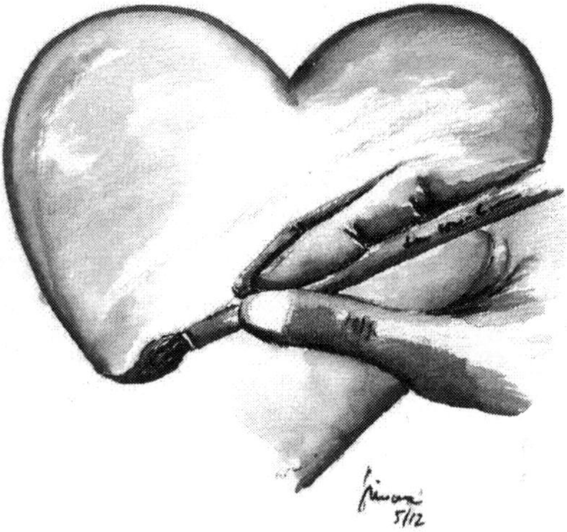

Epilog

»Auch das schlechteste Buch hat seine gute Seite:
die Letzte!«
- John Osborne.-

Dieses Buch wurde in Deutschland geschrieben.
Ich habe es also doch noch geschafft, mit meinen Kindern auszureisen. Dazwischen ist eine Menge geschehen, und die Möglichkeit auszureisen, zu der mir ein wunderbarer Zufall verhalf, ereignete sich erst im Jahr 2011.
Wenn es den Leser interessieren sollte, wie die Geschichte weitergeht, kann ich ihm nur raten, dieses Buch weiterzuempfehlen. Denn mit steigendem Interesse an meiner Geschichte steigt mein Interesse, es zu schreiben.

Und eines noch:
Verfolgt immer eure Träume und horcht auf eure Sehnsucht, denn nur wer seine Träume verwirklicht hat, wird am Ende nichts bereuen.
Ich bin im Sinai durch harte Zeiten gegangen, aber auch durch sehr viel gute Zeiten.
Ich habe unermesslich viel erlebt, ganz besondere Menschen getroffen und dabei immer dazugelernt.

Ich würde diese Entscheidung immer wieder treffen und auf den fliegenden Teppich aufspringen, wenn er verlockend mit den Fransen winkt.

Danksagung

»Nicht die Glücklichen sind dankbar. Es sind die Dankbaren, die glücklich sind.«

- Francis Bacon -

Ich möchte mich zuerst bei meiner lieben verstorbenen Mutter bedanken, die mir immer meine Freiheit ließ und der Meinung war, jeder muss sein Leben so leben, wie er oder sie es für richtig hält.

Mein zweiter Dank gilt meinem Vater, der mich ungewollt zu diesem Schritt veranlasst hat und mir gerade, während ich das Buch schreibe, viel Kraft gibt.

Ich bedanke mich herzlich bei meinen Geschwistern, die in der damaligen Zeit immer zu mir gehalten hatten und mir mit Rat und Tat zur Seite standen.

Ich bedanke mich ganz herzlich bei Samir, für seine Liebe, meine fantastischen Jungs und die wundervolle Zeit, die wir hatten, bevor er den falschen Weg einschlug. Ich habe sehr viel von ihm gelernt.

Meiner Schwiegermutter danke ich aus tiefstem Herzen, dass sie für mich wie eine zweite Mutter ist, immer zu mir stand und mir half zwei wundervolle Kinder zur Welt zu bringen.

Ich bedanke mich bei meinen Freunden Sandra und Tina, für ihre tolle Aktion und die schöne Zeit. Bei Nancy für unsagbar große Hilfe und ihre Freundschaft. Bei Rochelle und Gudrun für all die schönen Stunden in den Bergen und unsere guten Gespräche. Bei Miss Vicky für ihren selbstlosen Einsatz nach der Geburt meines Kindes. Bei Sahi, Karen, Lynn, Jane, Miss Seinab, Olivia, Marielle und all meinen anderen Freunden für eine fantastische Zeit.

Ein ganz besonders großer Dank geht an mein Lektorenteam, Lena und Oliver, für die Überarbeitung der Texte und die tolle Arbeit.

Ich danke Jörg, dass er viele Stunden Fragen über Fragen beantworten konnte und mich bei der Fertigstellung des Buches sehr unterstützte.

Der größte Dank geht an meine Kinder, die mir das Wichtigste im Leben sind und mir immer wieder die Kraft gaben, nicht zu verzweifeln und mein Leben mit unsagbar viel Liebe und Freude füllen.

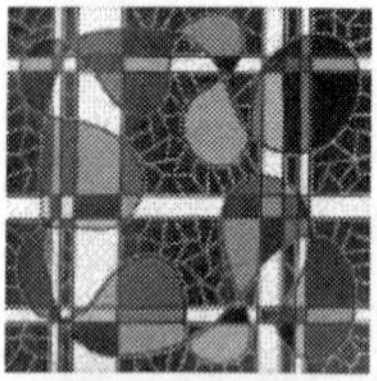

Besuchen Sie meine Website
www.simonewiechern.de

FSC
www.fsc.org
MIX
Papier | Fördert gute Waldnutzung
FSC® C083411

Zeitfracht Medien GmbH
Ferdinand Jühlke-Straße 7
99095 Erfurt, Deutschland
produktsicherheit@kolibri360.de